ORGANIZATION AND MANAGEMENT

프 레 임 으 로   이 해 하 는

조 직 과   경 영

리더를 위한 네 가지 관점과 전략

고수일

박영사

미국의 뉴잉글랜드 도시에 어떤 사람이 재미있는 빌딩을 세웠다. 그 빌딩은 네 개의 벽으로 이루어져 있었는데 벽마다 각기 다른 색깔의 유리창을 갖고 있었다. 빌딩 내부에서 살펴보면 유리창 색깔들이 선명하게 눈에 들어온다. 초록, 빨강, 갈색 그리고 파란색이다. 빌딩 밖에서 외부 경관을 바라보면 어떤 각도에서 보든지 비슷하지만, 빌딩 안에서 바깥을 바라보면 경관은 전혀 다르다. 초록색 창문으로 바라보면 신선하게 살아있는 듯한 식물과 함께 봄의 느낌에 젖어든다. 갈색 창문으로 보이는 경관은 마치 가을의 부드러운 우수를 불러일으킨다. 빨간색 창문으로 바라보면 세상은 여름의 열기 속에 있는 듯하다. 그러나 파란색의 창문으로 바라보면 차갑고 추운 겨울의 장면을 보는 듯하다. 빌딩 밖의 실제 경관은 어느 방향에서 보나 같지만 안에서 보는 경관은 어떤 창문을 선택하느냐에 따라 전혀 다르다. 세상을 바라보는 창문의 색깔에 따라 우리는 같은 상황이라도 전혀 다르게 해석할 수 있다는 메시지를 던지는 듯하다.

조직에서 발생하는 중요한 문제들은 단순하지 않다. 대부분 낯설고 복잡하여 바라보는 시각에 따라 문제의 본질도 전혀 다르게 보일 수 있다. 조직의 리더는 이러한 상황에서 조직이 무엇을 해야 할지 방향을 가리키고 앞으로 나아가게 해야 한다. 리더십에 방향을 안내하는 내비게이션이란 것은 있을 수 없다. 어떤 상황에서든 리더는 조직의 방향을 혼자 외롭게 결정해야 한다. 주어진 상황을 자신만의 창으로 바라보며 판단할지도 모른다. 하나의 창문이 아닌 여러 방향의 창문을 통해 바라본다면 상황을 보다 폭넓게 이해할 수 있겠지만 이는 쉬운 일이 아닐 것이다. 이곳은 어디이고 우리가 가야 할 곳은 어느 방향인가?

무언가 결정을 내려야 하는 순간, 부하들은 리더를 바라본다. 영화 <U-571>에는 그것을 잘 보여준 장면이 있다. 주인공인 타일러 대위는 함장 승진에서 밀려나 불만을 품고 있다. 그런데 적의 공격으로 잠수함이 침몰하면서 함장이 죽자, 갑자기 함장 역할을 수행해야 하는 매우 긴박한 상황에 처한다. 그는 갑자기 모든 지휘권을 갖게 되지만, 어떻게 판단을 내려야 할지 당황스럽기만 하다. 늘 원하던 리더 자리에 앉게 되었지만, 그의 결정을 기다리는 부하 대원들이 버겁기만 하다. "나도 몰라!"라고 말하는 그에게 기관장은 말한다.

> "중위님, 솔직히 말해도 될까요? 우리 해군에서 지휘관은 신과 같은 신분입니다. 경외와 존경의 대상이고, 전지전능하죠. 다시는 애들 앞에서 '모른다'고 하지 마세요. 그 석 자가 전 승무원을 죽일 수도 있습니다. 이젠 중위님이 함장입니다. 모르든 알든 함장이 모든 일을 결정합니다."

올바른 상황 판단과 의사결정을 내리는 능력은 리더에게 절대적으로 중요하다. 리더의 현명한 결정은 조직을 발전시키지만, 어리석은 결정은 조직 전체를 망칠 수도 있다. 그러나 인간의 합리성에는 한계와 제약이 있다. 옳은 판단과 선택을 한다는 것은 매우 어려운 일이라서 똑똑한 리더들도 종종 어리석은 의사결정을 한다. 자신의 판단과 결정이 가장 올바르다는 믿음이 자신의 귀를 막고 눈을 가리는 경우도 흔하다.

미국에서 교환교수로 있던 시절, 길을 물어보면 그곳 사람들은 주로 방향으로 길을 알려준다. "서쪽으로 가라", "남쪽으로 가라"... 그런데 어디가 서쪽이고 어디가 남쪽인가? 내비게이션이 보편화되지 않았던 시절이라 나침반을 구입해봤다. 비록 내비게이션만큼은 아니지만 이것도 제법 도움이 되었다. 최소한 방향만 맞아도 엉뚱한 방향으로 가는 일은 없기 때문이다.

이 책은 조직과 경영에 관한 다양한 프레임을 통해 주어진 상황을 통찰하고 방향을 안내해주는 나침반을 제공하려는 것이다. 이들 프레임은 산업사회 이후 조직이론으로서 순차적으로 등장하면서 조직과 경영관리에 대한 사고의 틀과 방향들을 우리에게 제시하며 경영세계를 이끌어왔다. 볼먼과 딜(Bolman & Deal)[1]은 이러한 사고의 틀과 이론들을 통합적으로 접근하여 문제 상황과 리더십에 적용하였다. 이 책은 그들에게서 많은 아이디어를 빌렸다.

이 책의 구성을 간단히 살펴보면 다음과 같다.

1장의 '프레임의 초대'에서는 조직과 경영을 보는 다양한 프레임이 왜 필요한 지에 대해 소개하였다.

2장부터 5장까지는 구조 프레임을 시작으로, 인간 프레임, 정치 프레임, 상징 프레임이 차례로 소개된다. 이들 프레임별로 중요한 이유와 함께 핵심 교훈들을 살펴볼 것이다.

6장의 '멀티프레임으로 바라보기'는 지금까지 살펴본 각 프레임들을 종합하고 응용해보는 것으로, 여러 가지 유형의 문제 상황들을 네 가지 프레임으로 통찰하는 방법에 대해 이해하고 실습할 것이다.

7장의 '멀티프레임 리더십'에서는 다양한 프레임에 입각한 리더십 전략들을 학습하게 될 것이다.

이 책이 초점을 두는 대상 독자는 현재 및 미래의 관리자와 리더이다. 이들이 조직의 문제 상황에서 보다 풍부한 통찰력과 대안들을 갖추는 데 이 책이 도움이 될 수 있을 것으로 믿는다. 또한, 경영학을 공부하는 학생들이 조직과 경영에 대한 통합적 사고와 창의적인 경영 사고를 키우는 데에도 적절한 교재가 될 수 있을 것으로 본다.

경영은 과학이라고 하기엔 예술이 너무나 필요한 분야이다. 정답도 없고, 어떤 것이 더 낫다고 말할 수도 없는, 그야말로 검증 불가능한 분야이기 때문이다. 이 책에서 독자들은 프레임을 통해 조직경영의 예술을 즐기길 바란다.

2024년 2월
고수일
(kobaksa@empas.com)

제1장

프레임의 초대

우리는 흔히 "나의 판단이 옳고 다른 사람이 틀렸다"라고 생각한다. 그러나 내가 알고 있는 옳은 부분은 겨우 일부분에 지나지 않을지도 모른다. 나의 판단과 가치관은 지극히 주관적이고 경험과 지식은 광활한 해변 속의 모래 한 줌에도 미치지 않는다. 세상일은 간단하지 않다. 대부분 복잡하고 명확하지 않다. 그런데 조직의 상황과 문제를 바라보고 판단하는 나의 눈은 과연 믿을만한 것인가?

▨ 동일한 사건, 서로 다른 해석

이 제목과 딱 어울리는 영화가 있다. 구로자와 아키라 감독이 1950년 도에 발표한 영화 <라쇼몽(Rashomon)>으로, 1951년 베니스영화제에서 황금사자상을 받은 영화이다. 이 영화는 살인 사건에 대한 네 사람의 다른 이해관계와 입장을 담고 있다.

그림 1-1 영화 <라쇼몽>의 한 장면

숲속에서 한 사무라이의 아내가 남편 앞에서 산적에게 겁탈당하고 사무라이는 살해당하는 사건이 있었다. 나무꾼이 도끼를 메고 나무를 베러 숲길을 가다가 사무라이의 시체를 발견한다. 곧 산적은 살인 혐의로 잡혀오고 재판이 진행된다. 법정에서 산적과 나무꾼, 승려, 행인, 피해자인 사무라이의 아내, 그리고 죽은 사무라이의 혼이 무당의 입을 통해 각각 이 사건에 대해 증언한다. 그러나 그들의 진술은 곳곳에서 어긋나고 사건의 윤곽은 제대로 드러나지 않는다. 서로가 진실이라고 주장하며 증언하지만 그들의 주장은 일치하지 않고 제각각이다. 증언자인 그들은 자신의 입장에서 숨기고 싶은 내용은 숨기고 그 숨긴 내용을 윤색하기 위해 꾸며진 이야기를 진술한다. 처음엔 산적만이 범인인 것 같았으나 그들의 엇갈린 증언이 계속되고 결국 범인이 누구인지 도저히 알 수가 없다.

이 영화는 매우 흥미로운 철학적 시사점을 던지고 있다. 우리는 동일한 사건을 놓고 사람들이 그 사건의 원인에 대해 서로 다르게 해석하고 다른 견해를 말하는 모습을 종종 본다. 자신이 옳다고 목소리를 높이기도 한다. 자신이 옳다고 믿는 상당 부분이 자신의 편견과 가치관의 산물이라는 것을 깨닫지 못한 채로 말이다.

우리가 알아야 할 것은, 자신의 시각에만 머무른다면 더 넓은 세상을 볼 수 없다는 사실이다. 하나의 관점만 가지고 있으면 상황을 한 방향으로만 보게 된다. 자신의 주장이 논리적이며 타당하다고 생각하지만 한쪽으로 치우친 이런 편견으로는 문제를 올바르게 파악하기 어렵다. 문제를 올바르게 진단하지 못하니 적절한 처방을 기대할 수도 없는 것은 물론이다. 자신의 시각만이 진리인 듯 보이지만, 알고 보면 세상을 바라보는 나 자신의 지각도 믿을만한 것이 못 된다.

▨ 믿는 것만 보인다

당신이 길을 걷는데 한 사람이 지도를 들고 다가와 길을 묻는다고 상상해보자. 지도를 보며 방향을 알려주고 있는데 갑자기 커다란 간판을 옮기는 사람들이 나타나더니 당신과 그 사람 사이를 지나간다. 당신은 그들이 지나가기를 기다렸다가 길을 마저 알려준다. 간판을 옮기는 사람들이 지나가는 동안 길을 물었던 상대의 목소리나 키 등이 완전히 다른 사람으로 바뀌었다면 당신은 그 변화를 알아차릴까? 이 흥미로운 실험에서 50%가 넘는 사람들이 눈치채지 못했다고 한다. 자신이 믿고('같은 사람일 것이다') 집중하는 것만 보이는 까닭이다.

이와 비슷한 실험이 1999년 하버드대학교 심리학과 건물에서 진행되었다. 연구팀은 6명의 학생들을 두 팀으로 나눠 한 팀은 검은색 셔츠를, 다른 한 팀은 흰색 셔츠를 입게 한 뒤 농구공을 패스하게 했다. 조금 후 고릴라 복장을 한 사람이 공을 주고받는 학생들 사이를 가로질러 지나가면서 무대 중앙에 잠시 멈춰 가슴까지 쳤다. 이 과정이 고스란히 영상에 담겼는데 1분의 재생시간 중 고릴라가 출현하는 장면은 약 9초 정도였다. 연구팀은 이 영상을 많은 사람에게 보여주면서 흰 셔츠를 입은 학생들이 공을 패스하는 횟수를 세도록 했다. 사람들의 주의를 한곳에 집중시키기 위해서였다. 이들은 영상을 본 사람에게 횟수를 물은 후 또 다른 질문을 했다. "공을 던지는 학생들 사이를 가로지르는 고릴라를 보았나요?" 이 질문에 약 절반 정도의 사람들이 고릴라를 보지 못했다고 답했다(내가 수업 중에 이 동영상을 보여줬더니 고릴라를 보았다는 학생이 아무도 없었다). 공을 주고받는 횟수에 집중한 나머지 다른 정보들을 모두 놓쳐버린 것이다. 특정한 부분에 주의를 집중할 때 주변의 변화를 알아채지 못하는 현상이다.

그런데 이 실험 결과에서 더 의미 있는 것은 고릴라를 보지 못한 사람들 중에 자신이 보지 못했다는 사실을 쉽게 받아들이지 못하는 경우가 많았다는 점이다. 사람들은 자신의 인지능력을 과신하는 경향이 있다. 또한 자신에게 익숙하거나 비교적 초기에 인지된 정보를 신뢰하고 그것과 배치되는 정보는 외면하는 경향이 크다. 자신이 보고 싶은 것만 보고, 실제로 존재하는 많은 사실들을 자신의 생각의 경계에서 자연스럽게 제거하는 것이다. 이런 편향으로 인해 인간은 일단 하나의 결정을 내리면 다른 좋은 선택지가 나타나도 절대로 자신의 생각을 바꾸지 않는다.

사람들이 정보를 더 찾는 이유는 자신이 믿는 사실이 정확한지의 여부를 확인하고, 필요하다면 이제껏 굳게 믿어왔던 신념을 과감히 버리기 위해서가 아니다. 진짜 목적은 기존의 신념을 확증해줄 정보를 찾기 위해서다. 그러니 신념이 바뀔 일은 절대로 없다.

▨ 같은 것을 보면서 다르게 지각

그림 1-2 무엇일까요?

출처: Sandro Del-Prete(1987), The message of dolphins.

위 그림을 보면 무엇이 보이는가? 사람들의 생각은 초기값에 의해 크게 영향을 받는다. 이것을 '닻 내리기 효과(anchoring effect)'라고 한다. 닻을 내린 곳에 배가 머물듯이 처음 입력된 정보가 정신적 닻으로 작용해 전체적인 판단에 영향을 미치는 현상이다. 각자가 가지고 있는 지식이나 경험 등에 따라 같은 현상도 다르게 보이게 된다. 그래서 위 그림과 관련된 직·간접 경험이 전혀 없는 어린이들 눈에는 돌고래밖에 보이지 않지만 어른들 눈에 돌고래는 쉽게 보이지 않는 것이다.

　사람들은 각자 서로 다른 경험과 지식들, 많은 것을 당연하게 생각하게 하는 고정관념을 가지고 있다. 그리고 그것들을 기초로 우리는 어떤 사물을 바라보거나 판단한다. 무슨 일이 일어나고 왜 일어났는지 충분히 생각하지 못한 채 일을 처리하기도 한다. 사물을 특정 방식으로 보는 데 익숙해서 거기에 다른 측면이 있는지 보지 못한다. 그 결과 무의식적으로 어떤 정보를 걸러 내거나 자신의 믿음에 의해 정보를 선택해서 받아들이고 왜곡한다.

　우리는 동시에 제공되는 정보들 때문에 매우 빈번하게 의사결정의 오류를 범하기도 한다. 워싱턴포스트 선데이 매거진은 미국이 낳은 세계적인 바이올리니스트 조슈아 벨이 출근시간 지하철역에서 연주하는 실험을 했다. 총 45분간 이 세계적인 연주가의 연주를 주의 깊게 들은 사람은 그 앞을 지나친 1,097명의 시민 가운데 단 7명이었다. 지하철역이라는 공간에 관한 정보가 함께 제공되면서 사람들은 세계적인 바이올리니스트의 연주를 '거리의 악사'의 평범한 연주로 섣불리 판단해 버린 것이다.

　누구나 자신만의 사고방식을 가지고 있으며 다양한 정보와 믿음을 가지고 있고 이를 통해 의사결정을 한다는 것은 자연스러운 일이다. 하지만 지금까지 살펴본 것만으로도 인간이 얼마나 많은 오류의 위험에 놓여있는지 알 수 있다. 이러한 오류를 범하는 가장 큰 이유는 완전히 객관적인 눈으로 보지 않으려고 한다는 데에 있다. 대부분의 사람은 자신의 지각이 외부 세계가 아닌 내부의 요인에 의해 이루어진다는 사실을 깨닫지 못한 채, 자신의 가치관이나 경험으로 의미를 찾고 판단을 한다. 게다가 그렇게 성급하게 내린 판단을 쉽게 바꾸려고 하지도 않는다. 인간이 더욱 어리석어지는 순간이다. 여기에 해당되는 프랑스 철학자 베르그송(Henri Louis Bergson)의

명언이 있다.

"우리의 눈은 마음이 이해할 준비가 되어 있는 것만 본다."

▒ 프레임, 생각의 틀

우리는 늘 의사결정의 순간에 직면한다. 대학교와 전공을 결정해야 하고 졸업 후의 진로도 결정해야 한다. 결혼을 언제 할지, 누구와 할지 결정해야 한다. 직장에 들어가면 온통 의사결정을 해야 할 일로 가득하다. 그러나 의사결정은 쉽지 않다. "죽느냐 사느냐 그것이 문제로다". 셰익스피어의 <햄릿>을 안 읽었어도 이 말은 들어봤으리라. 정보가 많아지면 의사결정에 도움이 될 거 같지만 오히려 홍수처럼 밀려온 정보로 쉽게 결단을 내리지 못한다. 오늘 점심 메뉴를 고르는 것이 인생 최대 고민이라는 우스갯소리도 있지 않나.

우리는 의사결정을 위해 다양한 정보를 보고 해석한다. 이 과정에서 객관적인 실체나 현실보다는 그것에 대한 우리의 지각이 중요한 변수로 작용하기도 한다. 앞에서 살펴보았듯이 정보를 받아들이는 사람의 개인적 특성이나 상황적 특성으로 인해 정보에 대한 해석은 전혀 다르다. 동일한 사실을 보거나 들으면서도 다르게 지각하기 때문이다.

프레임(frame)은 생각의 틀이다. 세상을 바라보는 방식이며 세상을 바라보는 눈이다. 사람들은 세상을 바라보고 이해하는 자신만의 방식이 있다. 자신의 방식이 옳다고 생각하고 그 방식으로만 세상을 본다면 그 세상만이 보일 뿐이다. 인지과학에 의하면, 사람들은 자신의 프레임을 기준으로 생각하고 판단한다. 어떤 진실이 사람에게 받아들여지려면, 그 진실은 그 사람이 원래 가지고 있던 프레임에 부합해야만 한다. 그래서 자신의 프레임과 맞지 않으면, 어떤 얘기도 귀에 아예 안 들어오거나 수용하지 못한다고 한다.

우리는 "사람은 기본적으로 합리적인 존재이므로, 진실을 알려주면 누구나 올바른 결론을 도출할 것이다."라고 생각할지 모른다. 안타깝게도 대부분의 사람들의 관점과 마음이 그렇게 열려있지 않은 듯하다. 자신만의 생각과 프레임으로 세상을 바라보면서 그것이 한쪽 세상일 뿐이라는 사실을 깨닫지 못하는 사람이 대부분이다. 그러한 경향은 의외로 성공을 경험한 리더에게서 종종 발견된다. "이렇게 하면 성공하게 되어 있어."라면서 예전에 성공한 경험으로 얻은 자신만의 믿음에 집착하여 예전과 상황이 다르다는 사실을 무시하거나 다른 사람들의 의견에 귀를 기울이지 않는 것이다.

프레임은 어떤 영역을 이해하고 접근하기 위한 정신적 지도(map)의 역할을 한다. 낯선 곳을 지도 없이 찾아간다는 것은 쉽지 않은 일이다. 좋은 지도가 있을 경우 그 장소를 찾아가기가 그만큼 쉬워질 것이다. 프레임이 지도와 같다면 리더들은 길을 찾는 운전자와 같다. 리더들은 자신의 프레임을 지도 삼아 현재 상황을 판단하고 목적지를 찾아간다.

그런데 리더가 직면하는 문제들은 대부분 모호하고 복잡하다. 게다가 지금의 세상은 예측 불가능하다고 하지 않는가? 영국의 경영학자이자 미래학자인 핸디(Charles Handy)는 이미 오래전에 현대를 '비합리성의 시대(Age of Unreason)'2)라고 불렀다. 세상은 합리적으로 돌아가지 않는다는 것이다. 세상 모든 일이 합리적으로 이해할 수 있는 것이 아닌 만큼 "왜 이런 일이 일어나게 되었는가?"를 명확하게 이해하는 것은 종종 리더의 인식 한계를 넘어선다.

따라서 리더는 정신적 지도 또는 세상을 보는 렌즈가 여러 개 필요하다. 상황이나 문제들을 올바르게 해석하기 위해 다양한 시각을 갖고 통찰할 수 있어야 한다. 세상이 온통 파랗게만 보이는 것은 자신이 걸치고 있는 파란색 선글라스 때문이라는 사실을 깨달아야 한다.

▨ 프레임의 통찰

　　오래전 아내 친구와 부부동반으로 남이섬에 놀러간 적이 있다. 그곳 레스토랑에서 주문을 기다리던 중 나는 화장실에 다녀오다가 테이블 바로 옆 창가에 세워놓은 커다란 돌을 건드리고 말았다. 돌은 유리창 방향으로 툭 쓰러지더니 그 커다란 통 유리창에 서서히 금이 가고 내 얼굴은 붉게 달아올랐다. 잠시 우리 일행의 침묵이 흐르는 순간 나타난 레스토랑 매니저가 꼭 저승사자 같이 느껴졌다. 그런데 이 매니저의 반응이 정말 놀라웠다. 놀라게 해드려 죄송하다며 내게 정중히 인사하는 게 아닌가? 그리곤 웨이터를 불러 이런 위치에 돌을 배치하니 손님들이 오며 가며 건드리기 쉽지 않겠느냐며 지적하였다. 내 부주의가 아니라 배치된 구조에 문제의 원인을 돌렸던 것이다(너무나 훌륭하신 분!).

　　사람마다 성향이 다르니 어떤 문제를 바라보는 시각도 다르기 마련이다. 어떤 문제가 발생했을 때 사람이 원인이라고 생각한다면, 사람을 제대로 뽑거나 교육이 필요할 것이다. 구조가 원인이라면 구조적 결함을 해결해야 할 것이다.

　　그런데 대부분의 문제들은 사람의 문제이면서 동시에 구조의 문제이거나, 다양한 측면의 원인으로 발생한다. 하나의 시각으로 명확하게 이해될 수 있는 경우도 있지만, 여러 개의 시각으로 동시에 바라보지 않으면 정확하게 해석되지 않는 경우가 대부분이다.

　　프레임을 통찰한다는 것은 어떤 사건이나 상황을 한 가지 이상의 시각으로 바라보는 것이다. 다양한 프레임 또는 시각으로 바라보면 그만큼 편협한 시각에서 벗어나 상황을 다양한 측면에서 해석할 수 있을 것이다. 물론 프레임을 통찰한다는 것은 어려운 일임에 틀림없다. 특히 한 가지 관점을 고집하는 사람이나 하나의 정답을 찾는 사람들에게 상황에 따라 관점을 옮긴다는 것은 쉽지 않은 일이다. 그 결과 고정된 시각에서 모든 것을 해석하기 때문에 벽에 부딪친다.

새로운 통찰력과 행동 대안들을 불러일으키기 위해서는 다양한 관점으로 생각하는 습관이 필요하다. 상황을 새로운 각도로 바라보면 새로운 통찰력이 떠오를 수도 있으며, 더 폭넓고 다양한 행동 대안들이 나올 수 있을 것이다. 그런데 이런 식의 말이라면 누구나 할 수 있다. 우리의 통합적 관점을 인도하는 일종의 체크리스트나 도구가 있어야 비로소 실질적인 도움이 될 것이다. 지금부터 살펴보자.

▨ 조직을 보는 네 가지 프레임

세상을 어떤 눈으로 바라볼 것인가? 우리에게 조직은 무엇이며, 우리는 조직에서 일어나는 일을 어떻게 해석할 것인가? 우리가 세상을 바라보고 이해하기 위한 사고의 틀, 즉 프레임의 종류를 열거하자면 수없이 많을 것이다. 사람들은 저마다 나름대로의 사고의 틀을 가지고 있으니, 아마도 프레임의 종류는 사람의 수만큼 많다고도 할 수 있을 것이다.

그렇다면 조직과 경영을 이끄는 지침이 되고 경영자의 관점을 지배해온 프레임은 어떤 것들이 있을까? 테일러의 과학적 관리법을 출발점으로 하는 소위 기계적·전통적 관점이 지배했던 시대에는 합리성이 지배적인 프레임이었다. 이후 다양한 이론들과 프레임들이 등장하면서 조직과 경영의 방향을 지배해왔다.

우리는 이 책에서 조직을 지배해온 대표적인 프레임을 구조, 인간, 정치, 상징의 네 가지로 분류하기로 한다.3)

첫째, 구조 프레임은 테일러의 과학적 관리법을 비롯하여, 구조의 합리성에 초점을 맞추는 조직학에 의해 강조되어 온 프레임이다. 상황에 적합한 합리적이고 효과적인 조직구조, 역할 및 책임체계, 일관된 원칙은 구조 프레임이 추구하는 세상이다.

둘째, 인간 프레임은 인간의 본성에 주목하는 심리학에 의해 중시되어 왔다. 인간 프레임에 의하면, 인간의 역량, 태도, 욕구 등이 모든 문제의 원인이며 해결책이다. 따라서 이들 인간적 요인들에 대한 이해가 필수적이다.

셋째, 정치 프레임은 정치적 역동관계에 초점을 맞추는 정치학에 의해 발달되었다. 정치 프레임에 의하면, 조직에서 사람들의 이해관계는 종종 얽혀있고 자원은 제한되어 있다. 따라서 사람들은 생존을 위해 정치적 행위가 필요하다는 점에 주목한다.

마지막으로, 상징 프레임은 보이지 않는 상징과 의미에 관심을 가지는 문화인류학과 관련이 있다. 상징은 추상적이고 모호하지만 어떤 구체적인 언어보다 훨씬 더 강력한 메시지를 전달하곤 한다. 인간은 그 상징에 의미를 부여하며, 어떤 사건이나 물건 그 자체보다는 거기에 부여한 상징적 의미가 무엇이냐가 중요하게 작용할 수 있다.

구조 프레임과 인간 프레임은 효과적인 리더십을 위해 합리성이 우선이냐 인간성이 우선이냐를 놓고 오래전부터 지금까지 비교되어 온 상반된 프레임이라고 할 수 있다. 현실과 생존적인 측면을 강조하는 정치 프레임과 상상과 의미에 초점을 둔 상징 프레임은 앞의 두 프레임을 보완해주는 새로운 시각을 제시해준다.

이러한 네 가지 프레임은 어떤 상황이나 문제를 이해하고 접근하거나 경영세계를 바라보는 가장 대표적이며 포괄적인 프레임이라고 할 수 있다. 네 가지 프레임 가운데 무엇이 더 옳으냐는 논쟁은 의미 없을 것이다. 네 가지 프레임은 우리가 복잡한 현상들을 보다 다양한 관점에서 통찰하도록 서로 보완적으로 활용될 수 있기 때문이다.

우리가 만들고 이끄는 조직에 대해서도, 네 가지 프레임은 다양한 관점에서 조직을 이끌어 왔고, 우리가 조직에서 발생하는 복잡한 현상을 통찰할 수 있게 해주는 기본적인 틀이 되어 왔다. 따라서 네 가지 프레임을 가지고 있으면 리더는 선택 가능한 대안을 보다 폭넓은 시각에서 찾을 수 있을 것이다.

세상일은 그리 간단치 않고 어제는 통했던 방법이 오늘은 통하지 않기도 한다. 그러니 언제나 통하는 정답 또는 'one best way'는 기대하기 어렵다. 논리와 구조로 문제를 해결할 수도 있지만, 때론 사람들의 감정이 모든 문제의 핵심인 경우도 있으며, 상징적인 언어가 모든 것을 바꾸어 놓기도 한다. 이미 오래전인 1987년에 어느 회사의 노동자들이 임금 200% 인상을 요구하며 파업을 해서 화제가 된 적이 있었다. 나중에 밝혀진 그 원인은 공장 감독자가 노동자들을 비인격적으로 대우한 데에 있었다. "임금을 200% 올리면 이 정도는 감수하겠다."라는 '감정의 표현'이었던 것이다. 이런 상황을 논리로 접근한다면 방향을 한참 잘못 짚은 셈이다.

이러한 이유로 리더는 다양한 프레임을 갖고 다양한 관점에서 문제를 조명할 수 있어야 하며, 선택 가능한 모든 대안들을 검토할 수 있어야 한다. 네 가지 프레임은 조직에서 발생하는 상황이나 문제를 바라보고 적절한 방향을 제시하기 위한 네 가지 시각과 도구를 제공해 줄 것이다.

체크포인트

1 세상일은 간단하지 않다. 대부분 복잡하고 명확하지 않다.

2 인간의 지각은 불완전하여 어떤 사건을 명확하게 통찰한다는 것은 매우 어려운 일이다.

3 많은 리더들이 주어진 문제나 현실을 다양한 각도에서 보지 못한 채 편협된 사고를 가지고 문제에 접근하고 그 결과 실패를 맛본다.

4 리더는 정신적 지도(map) 또는 세상을 보는 렌즈가 여러 개 필요하다.

   • 상황이나 문제들을 올바르게 해석하기 위해서는 다양한 프레임을 갖고 다양한 관점에서 문제를 조명할 수 있어야 한다.

5 구조, 인간, 정치, 상징 등의 네 가지 프레임은 조직과 경영을 이끌어 온 대표적인 프레임으로서, 조직의 문제를 통찰하기 위한 기본적인 방향을 제시한다.

실습 : 지구 재건 서바이벌

때는 2348년. 극심한 환경오염에 물든 지구를 떠나 새로운 지구를 건설하기로 하였다. 그런데 지구를 탈출할 우주선에는 여섯 명밖에 탈 수 없다. 다음 중 우주선을 탈 여섯 명을 선택하고 그 이유를 설명하자.

수녀 (종신 서원을 했으므로 결혼할 수 없는 상태)

의사 (공산주의자)

장애 소년 (시각장애)

여교사 (극우 일본인)

갱생한 매춘부 (그러나 언제라도 이전 생활로 돌아갈 소지가 큰 상태)

여가수 (품행이 나쁘기로 소문남)

정치가

(여성) 핵물리학자

농부 (청각장애자)

나 자신 (아무런 기술도 능력도 없는 백수 상태)

제2장

구조 프레임

산업사회에서 합리성은 조직이 추구해온 가장 대표적인 가치다. 조직의 성과는 그 조직의 구조와 프로세스, 제도가 얼마나 합리적으로 구축되어 있느냐에 의해 결정된다고 믿었기 때문이다. 그렇다면 조직의 구조를 어떻게 설계해야 할 것인가? 구조 프레임은 바로 이러한 조직의 구조적 측면에 초점을 두면서 합리적인 구조와 합리적인 사고를 위한 지침을 제공한다. 이 장에서는 구조 프레임을 발전시켜온 역사적 기원을 살펴보고 합리적 구조 설계를 위해 고려해야 할 요인들을 파악한다.

1. 합리성의 세상

▨ 사람은 구조에 따라 움직인다

인간을 정의하는 가장 보편적이고도 흔한 표현으로 "인간은 이성적 동물"이라는 말이 있다. 인간이 동물과 구분되는 핵심 특성이 바로 이성이라는 말이니, 이성이 인간에게 어떤 위상으로 자리 잡고 있는지 알 수 있다.

수천 년 전의 플라톤 이후 이성을 숭배해온 합리주의 전통의 영향 탓인지 합리적인 것은 비합리적인 것보다 더 효율적이고 이치에 맞아 보인다. 객관적으로 무엇이 더 합리적인지를 따져보고 그것을 기초로 판단을 하는 것이 주먹구구식이나 감정적으로 결정을 하는 것보다 더 바람직하다고 우리는 믿어왔다. 특히 경영의 세계는 우선적으로 합리성을 추구해왔다. 합리적인 구조, 합리적인 결정, 합리적인 프로세스 등은 산업사회 이후 경영의 기초이면서 최고의 미덕이 되어 왔다.

합리성을 추구하는 구조 프레임은 조직을 하나의 기계와 같다고 생각한다. 조직은 상호 관련된 여러 부분들로 구성되고 이들 부분들이 각자에게 주어진 명확한 기능을 수행할 때 전체가 기계처럼 빈틈없이 돌아간다고 보는 것이다. 그러나 이러한 사고방식이 늘 효과적인 것은 아니다. 예외적인 상황에 처했을 때는 임기응변적이고 융통성을 발휘해야 하는데 기계적인 사고방식은 오히려 그것을 방해한다. 이러한 경우는 평소에도 흔히 경험한다. 예컨대, 업무담당자들조차 예외적인 상황이어서 융통성 있게 다루는 것이 합당하다는 것을 알고 있음에도, '규정 때문에' 어쩔 수 없다고 말한다. 이럴 땐 마치 사람을 위해 규정을 만든 것이 아니고 규정이 사람 위에 군림하고 있다는 생각마저 든다.

　그렇다면 어떤 조직이 합리적이라고 할 수 있을까? 높은 성과를 내는 팀이나 조직을 들여다보면 공통적으로 목표 지향적이며 합리적이고 명확하게 업무를 조정하는 구조를 가지고 있다. 그러한 구조 속에서 사람들 개개인의 노력이 전체적으로 서로 조화를 이루면서 최상의 결과를 끌어낸다는 것을 알 수 있다.

　반면, 정반대의 조직을 생각해보자. 예컨대, 구성원들의 역할이나 목표가 모호한 상태이거나 다른 사람과의 역할 관계가 명확하지 않은 경우, 또는 적절하게 사람들을 조정하는 장치나 사람이 없어 중복적으로 일을 하거나 서로 일을 미루는 경우 등이다. 이런 조직에서는 사람들이 아무리 열심히 일하려는 의지가 있다고 해도 일이 제대로 진행되기 어려울 것이다.

　아마도 팀 과제를 해 본 학생이라면 쉽게 실감할 것이다. 팀원들이 과제를 성공적이고 만족스럽게 수행했던 경우와 엉망이 되었던 경우를 비교해보면 어떤 차이가 있었는지… 팀원들의 역할이 합리적이고 명확하게 분담되고 과제가 목표를 위해 일정대로 잘 진행되면서 팀원들의 노력들이 효과적으로 조정이 되었다면 그 과제는 좋은 결과로 마무리될 가능성이 높을 것이다. 학생들에게 팀 과제를 마친 후 후회되는 점을 말하라고 하면 거의 빠지지 않고 등장하는 것이 역할과 책임 문제다. 각자가 해야 할 역할과 책임을 처음부터 명확하게 했다면 팀원들 간에 갈등도 발생하지 않고 과제도 보다 효율적으로 진행되었을 것이라는 얘기다. 각자의 역할을 명확하게 정하지 않은 채 그냥 "잘해보자"는 식으로 과제를 진행하다 보니 서로에 대한 역할 기대와 실제 역할에 대한 차이가 일어나서 과제도 제대로 진행되지 않고 서로 간에 불만과 스트레스의 원인이 되는 것이다.

　구조는 전체 조직도만을 의미하지 않는다. 조직 내부에 있는 구성원들에 대한 역할 기대와 책임, 상호관계의 형태 등을 의미하며 경우에 따라서는 제도나 정책까지 포함하는 개념이다. 이런 점에서 구조는 조직의 가장 기본이 되는 뼈대이다. 조직의 구조를 어떻게 설계하느냐에 따라 조직과 그 안에 있는 사람들은 전혀 다른 모습으로 움직이게 될 것이다.

구조가 모든 것을 해결해준다고는 말하기는 어렵다. 그러나 구조가 얼마나 잘 설계되어 있는지에 따라 사람의 자율성을 방해할 수도, 신바람을 일으킬 수도 있다. 구조에는 바로 사람이 어떻게 행동할 것인가가 규정되어 있기 때문이다. 그렇다면 우리의 과제는 현재의 상황에서 가장 합리적인 구조를 찾는 일이 될 것이다.

▒ 구조 프레임의 기원

과학적 관리법

아담 스미스(Adam Smith)의 <국부론>은 조직이 어떤 구조를 가지느냐에 따라 생산성이 크게 달라질 수 있음을 선명하게 보여 주었다. 그는 분업의 중요성을 설명하기 위해 핀 제조공장의 예를 들었다. 그 공장에서는 핀이 18가지의 공정을 거쳐 만들어지고 있었다. 먼저 철사를 펴고, 똑바로 다듬고, 그것을 자른 후, 뾰족하게 만들고... 이처럼 18개의 공정을 한 사람의 노동자가 전부 하는 것이 아니라 10개의 공정으로 나누어 한 사람이 한두 가지의 일만 하도록 분업시켰다. 그 결과 10명이 하루에 생산한 핀은 무려 48,000개였으니 1인당 생산량이 4,800개나 되었다. 만약 혼자서 핀을 만들었다면 하루에 20개 정도도 만들 수 없었다고 하니 '분업'을 통해 생산성을 240배 정도 높일 수 있었던 것이다.

그 후 분업의 원리가 산업 현장에 본격적으로 적용된 것이 그 유명한 테일러(Frederick W. Taylor)의 '과학적 관리법(Taylorism)'이다. 테일러는 작업에 대한 시간과 동작연구(Time and Motion Study)의 창시자였다. 그는 과업을 최소한의 작업단위로 분할한 후 표준화하여 최소한의 시간과 최소한의 동작으로 최대의 작업성과를 올릴 수 있도록 하였다. 그 결과 생산성은 급속하게 배가되었다. 이러한 과학적 관리법은 당시 주먹구구식 경영으로 일관하던 공장관리에 일대 혁신으로 충격을 안겨주었으며, 생산성을 획기적으로 증대시켰다. 그런데 경영학원론을 배운 학생들에게 과학적 관리법에 대해 물어보면 대답은 대부분 비슷하다. "사람을 기계의 한 부품으로 봤다"는 등 비인간적인 이론이라는 것이다(이 학생들에게 그러한 비판 위에 등장한 인간관계론은 참으로 인간적으로 보이는 듯하다). 하지만 과연 그런가?

세상 사람들이 아무리 그를 비난해도 테일러는 효율적인 공장경영과 생산체계를 제안하면서 경영을 최초로 과학적으로 접근한 경영의 아버지라고 할 수 있다. 인사관리에 관한 어떤 교재든 인사관리 기능 가운데 가장 먼저 소개되는 내용이 무엇인가 보라. 바로 직무분석이다. 이것이 무엇을 의미하는가? 직무분석이 그 이후에 나오는 채용이나 교육, 평가, 보상 등 모든 인사관리의 기초이며 출발점이 된다는 것이다. 바로 이 직무분석을 최초로 시도한 사람이 테일러이다. 이러하니 기계적인 인간관이니 어쩌니 하면서 단순히 비난하고 넘어갈 일은 아니지 않을까?

테일러의 이론은 1910년대 헨리 포드를 만나면서 한 단계 진화한다. 포드는 한 사람이 하던 모터 조립을 84개 작업으로 나누고 컨베이어를 도입해 조립 시간을 10분의 1로 줄였다. 1000달러가 넘던 자동차 값은 300달러로 떨어져서 일반 대중들도 자동차를 구입할 수 있을 정도로 자동차 가격을 낮출 수 있었다. 판매량은 폭증했고 포드 노동자의 임금도 두 배로 뛰었다.

과학적 관리법의 원리는 제조업에만 적용되는 것이 아니다. 유통기업이나 일반 사무실 등 다른 종류의 조직에서도 흔히 볼 수 있다. 예컨대, 패스트푸드 체인점을 생각해보자. 전체 생산과정을 분석한 후, 가장 효율적인 작업 과정을 발견하여 이것을 정확하게 수행할 수 있도록 훈련받은 직원들에게 구체적인 개별 과업을 할당하는 방식으로 직무가 세밀하게 조직화되어 있다. 이와 같은 합리적인 조직화는 오늘날 맥도날드와 같은 패스트푸드 체인점의 핵심이라 할 수 있다.

관료제

과학적 관리론이 추구하였던 합리성에 관한 생각과 축을 같이 하면서, 조직이 합리적인 구조를 갖추도록 영향을 미친 또 하나의 대표적인 배경은 베버(Max Weber)의 관료제(bureaucracy)이다. 20세기 초반까지 조직설계의 중심 원칙은 합리주의가 아닌 가부장주의였다. 가부장적 조직에는 한 집안의 가장 같은 절대적 권한을 가진 인물이 있어서, 이 우두머리가 자기 마음대로 직원들을 배치시키고 보상, 처벌, 승진, 해고 등을 할 수 있었다. 베버는 이러한 자의성에서 벗어나 합리적인 규범을 극대화할 이상적 조직구조 형태로 관료제를 제안하였다. 관료제는 개인의 주관성이 아닌 합리성을 기준으로 고정된 분업체계와 계층구조를 가지고 공적인 것과 사적인 것의 분리를 강조하는 구조라 할 수 있다. 즉, 관료제는 비인격화(de-personalization)를 지향한다.

관료제 조직의 원칙으로 베버는 (고정된) 분업의 원칙, 명령체계의 원칙, (전문성에 따른) 공개채용(혈연주의 배제), 임명식 관료채용의 원칙, 경력에 따른 고정급 지급, 사용자와 직원의 구분 등을 제시했다. 이처럼 목표나 과업 내용을 명확히 하고 책임소재를 분명하게 하며, 합리적으로 직무와 지위에 따라 과업을 수행하게 만드는 것이 관료제가 지향하는 소기의 목적이다. 그런데 오늘날 관료제는 양면성을 띤다. 관료제 하면 생각나는 단어가 관료주의다. 그리고 관료주의는 많은 사람들에게 흔히 개혁의 대상이며 조직의 병폐로 인식되고 있다. 많은 사람들이 이 두 단어를 혼재해서 쓰고 있지만, 관료제는 관료주의가 아니다. 예전에 어떤 기관에 가서 컨설팅을 했을 때의 일이다. 우리 컨설팅팀은 사무실을 하나 배정받았는데, 입구에 걸린 값이 제법 나가 보이는 멋진 현판이 눈에 띄었다. 'ㅇㅇ의 중장기발전계획 컨설팅' 식의 문구로 기억한다. 넉 달 동안의 컨설팅을 위해 이렇게 현판에까지 비용을 지불할 필요가 있을까 생각했다. 사무실에 들어가니 모든 책상과 컴퓨터, 소파 등이 새것으로 준비돼 있었다. 그날 일을 마치고 담당자가 와서 묻는다. "혹시 불편하신 점이 있으셨나요?" 우리는 둘러보며 휴지통이 하나 있으면 좋겠다고 말했다. 그랬더니 그분이 하는 말, "아, 그건 예산에 안 잡혀있어 구입이 곤란합니다". 그리곤 우리를 고급 한정식집에 데려가 음식을 대접하는 게 아닌가? 당연히 이건 예산에 포함되어 있었을 것이다.

　이런 현상이 이해가 안 되는 것은 아니다. 예산은 계획대로 집행되어야 하고 그 예산의 근거는 사전에 합리적으로 설정되었기 때문이다. 명확한 책임소재와 함께 예산이 계획대로 집행되기 위해서는 형식과 통제가 불가피하다. 때문에 간단한 일 처리에 대해서도 공문요청을 하곤 한다. 관료제가 형식주의 또는 문서주의의 폐단을 가져오는 원인이 되는 것이다.

　이처럼 관료제가 가지는 형식주의와 통제주의는 관료주의로 비난의 대상이 되고 있지만 관료제 자체에 문제가 있다고 볼 수는 없을 것이다. 조직운영의 원칙에서 합리적 기준과 규범을 제시하면서 합리적인 조직운영을 지향하기 때문이다.

　테일러의 과학적 관리나 베버의 관료제는 기계적인 합리성에 초점이 맞추어져 있지만 구조 프레임이 모두 이러한 특성을 강조하는 것은 아니다. 어떤 구조가 최적인가는 조직의 특성이나 상황에 따라 다를 수 있기 때문이다. 구조는 조직의 질서와 예측 가능성을 높여준다는 점에서 기계적 합리성에 초점을 두는 구조 프레임은 적어도 경영환경이 안정적이었던 시기나 상황에 타당성이 있다. 목표나 과업 내용이 명확하거나, 과업의 수행내용에 일관성이 요구되는 경우, 또는 안정적 과업환경의 경우 합리적으로 직무와 지위에 따라 의무와 책임을 분명하고 자세하게 규정해놓은 관료제 구조의 유용성은 부정할 수 없을 것이다.

모든 일이 사전에 정해진 규칙과 방식, 명령체계에 의해 처리되는 구조가 효율적인 경우도 있지만 그 반대의 경우도 있다. 즉, 상황이나 조직 특성에 따라서는 유연성과 자율성을 중시한 구조가 필요한 경우도 있다. 여기에 대해선 조금 후에 살펴보자.

▨ 표준화

"지긋지긋한 시험! 사람은 결코 '표준화'될 수 없다." 켄 로빈슨(Ken Robinson)이 <학교혁명>4)에서 한 말이다. 로빈슨 교수는 '표준화'라는 명목 아래 전 세계적으로 행해지는 '획일적 교육'의 폐해를 신랄하게 비판하였다. 여기에서 표준화라는 말은 부정적인 의미로 사용되지만 적어도 산업현장이나 조직분야에서의 표준화는 큰 도움이 된다. 표준화는 인간이 구조 프레임을 가지고 생각해낸 대표적인 아이디어 가운데 하나다. 표준화란 특정 상황에 적합하다고 판단되는 행동 모델을 설정해 놓은 것을 의미한다. 일의 절차나 처리 방법을 미리 정해 놓아 그대로 행동하게끔 하는 것이다.

표준화되어 있지 않다면 과업 담당자가 임의로 과업을 수행할 것이고 그 결과, 과업이 어떻게 수행될지는 아무도 예측할 수 없을 것이다. 예컨대, 닭고기 제조업체의 생산직 사원들에게 임의로 닭고기 가공을 맡긴다면 제품마다 다른 닭고기가 생산될 것이며 생산계획도 전혀 예측할 수 없을 것이다.

표준화하여 공식화(문서화)하면 누가 그 일을 맡게 되더라도 사전에 기대한 행동을 하게 되므로 예측이 가능하고 신뢰성이 보장된다. 맥도날드(McDonald)사는 햄버거대학을 만들어놓고 견습생에게 햄버거를 만드는 법, 포장하는 법, 요금계산방법 등을 훈련시킨다. 훈련을 마친 이들이 매장에 투입되면 매장에서는 이들에게 별도의 규정이나 교육을 할 필요가 없다. 포장담당인지, 햄버거 제조담당인지, 아니면 요금계산담당인지만 말해주면, 세계 어느 곳에서 일하든 이들은 햄버거대학에서 배운 그대로 표준적인 방침에 따라 똑같은 맛의 햄버거와 서비스를 제공할 것이다.

다만, 과업 수행에 대한 표준화는 햄버거와 같이 비교적 단순하고 반복적인 작업의 경우에만 가능할 것이다. 특히 맥도날드와 같이 표준화된 서비스를 기본 전략으로 삼는 패스트푸드 체인점에서 표준화는 효율성 측면에서 경쟁의 바탕이기도 하다.

그런데 표준화된 절차나 규칙, 규범 등에 지나치게 의존하면 예기치 못한 상황이나 융통성이 필요한 경우 능동적으로 대처하지 못하게 되는 문제가 발생한다. 모든 일 처리가 사전에 예측되어 표준화된 매뉴얼로 진행되기는 어려울 것이다. 표준화가 어느 정도의 수준이 되어야 하느냐는 조직의 상황이나 특성에 따라 결정되어야 할 문제이다. 직원이 자율적인 판단을 갖고 대응할 수 있는 유연성이 엄격한 규범이나 규칙보다 중시되어야 하는 경우도 있고, 때론 그 반대의 경우도 있을 것이다.

2. 분업과 조정

　　대학 시절, 수업시간에 어떤 학생이 이런 질문을 했던 것이 생각난다. "조직이 되기 위한 최소한의 인원은 몇 명인가요?" 지금 생각하면 좋은 질문이다. 조직의 조건이나 특성을 묻는 질문이기 때문이다. 그런데 사람 숫자는 조직의 조건이 아니다. 백 명이 있다고 조직이고 세 명밖에 안 된다고 조직이 아닌 것은 아니다. 그렇다면 조직의 조건은 무엇인가?

▒ 분업

사례 : B.A.R. and Grill 레스토랑

　　밥과 아만다(Bob and Amanda Richards: B.A.R.)[5]는 1985년에 햄버거, 핫도그, 프렌치프라이, 과일파이 등을 전문으로 하는 1950년대 스타일의 "B.A.R. and Grill" 레스토랑을 열었다. 초기에는 웨이터 한명만을 더 고용하였을 뿐, 밥과 아만다가 주방에서의 음식 조리와 홀에서의 손님 시중드는 일을 번갈아 가면서 하였다. 이들이 제공하는 적절한 메뉴의 조합이 고객들에게 어필되자 밥과 아만다가 감당해야 하는 일이 너무 많아지기 시작했다. 그들은 재료 구입, 음식 준비, 회계장부 정리 등 식당 운영에 필요한 모든 일을 처리하느라 새벽부터 자정까지 일을 해야만 했다. 밥과 아만다는 웨이터, 웨이터 보조, 접시 닦는 사람들을 고용하였는데, 식당이 문을 연 후 3개월 뒤에는 전

일 직원과 시간제 직원을 합해 총 22명의 직원을 두게 되었다.

이렇게 식당이 커지자 밥과 아만다는 새로운 문제에 직면하게 되었다. 두 사람이 모두 주방에서 일을 하다 보니 홀에서 무슨 일이 일어나고 있는지 살펴볼 시간이 별로 없었기 때문이다. 그들은 손님들의 욕구에 부합되는 서비스 기준을 마련해야 하고, 한 사람은 주방에서의 업무를 관리하고 다른 한 사람은 홀을 관리하면서 웨이터와 웨이터 보조들을 감독해야 된다는 사실을 깨달았다. 그리하여 아만다가 홀 관리를 맡았으며 주방 관리를 맡은 밥은 자신을 대신할 수 있는 두 명의 주방장을 새로 고용하여 음식을 조리하면서 주방 업무를 감독하는 것이 가능해졌다.

식당의 규모가 커지자 카운터를 전담할 출납 계원과 바텐더를 고용하였고 식당에 필요한 재료를 구입하고 식당 설비를 유지 보수할 지배인을 고용했다.

밥과 아만다는 새로운 식당에 대한 아이디어를 갖고 18개월 후에 와플과 팬케이크 전문식당을 개업하였고 그 후 1년 뒤에는 피자집을 개업하였다. 식당이 이렇게 성장을 하자 밥과 아만다는 "B.A.R. and Grill"에서 그들이 하던 일을 그만두고 각 식당을 운영할 지배인들을 고용하고 구매, 마케팅, 회계, 주방장의 훈련, 메뉴와 마케팅 계획의 개발 등 경영지원 활동을 하는 데 시간을 보냈다. 세 군데 식당의 우수한 서비스와 음식의 질을 동일하게 보장하기 위해 주방장, 웨이터, 그 밖의 다른 직원들에게 요구되는 사항들을 규칙과 절차 등의 형식으로 성문화하였다. 식당을 시작한 지 5년 만에 그들은 세 군데의 식당에 150명의 직원을 거느리게 되었으며, 그들의 매출액도 연간

200만 달러를 넘게 되었다.

출처: Gareth R. Johns, Organization Theory, 3rd ed., Englewood Cliffs, N.J.: Prentice Hall, 1995, 50-52쪽

조직에서 이루어지는 일이나 역할들이 분업이 되어야 하고 그 분업된 일들은 목표를 위해 체계적으로 조정이 이루어져야 조직다운 조직이라고 할 수 있을 것이다. 그래서 가장 그럴듯한 조직의 정의는 다음과 같다.

> "조직은 노동과 기능의 분업, 그리고 권한과 책임의 위계체계를 통해 공동의 명확한 목표를 달성하기 위한 많은 사람들의 활동의 합리적인 조정체이다."[6]

조직의 가장 기본적인 과제는 해야 할 일(노동)들이나 역할을 어떻게 각 개인이나 집단에 분배할 것이며, 또 분배된 역할들을 다시 어떻게 조정할 것인가의 문제이다. 학생들이 팀 과제를 할 때도 이 문제는 중요하다. 학생들에게 팀 과제의 성공요인을 물어보면 예외 없이 지적하는 것이 팀원 간 역할 분담이다. 역할 분담이 잘 이루어지고 각자의 역할들이 잘 조정이 이루어져야 과제도 순조롭게 진행될 뿐 아니라 무임승차도 막을 수 있다.

위 사례에서도 처음에는 밥과 아만다가 식당에서의 모든 일을 맡아 했고 분업도 이루어지지 않았다. 그러나 식당의 규모가 커지자 이들은 식당을 좀 더 '조직화'할 필요를 느꼈다. 즉, 분업해서 각 업무마다 수행할 사람을 배치한 것이다.

분업이란 조직이 수행해야 할 전체 과업들을 구성원들 각자에게 관리 가능한 직무나 직책을 부여하는 문제이다. 예컨대, 각 개인들에게 생산, 마케팅, 영업, 관리 등 고유한 직무를 주는 것이다. 그리고 유사한 직무를 수행하는 사람들이 여러 명이 되면 이들을 다시 한데 묶어 생산부서, 영업부서, 관리부서 등의 부서로 만들 수 있다.

분업을 하는 이유는 앞서 아담 스미스가 제시한 예에서 보듯이 생산성을 높이기 위한 것이다. 전체 업무의 종류가 몇 개 되지 않거나 조직의 규모가 작은 경우는 분업이 크게 요구되지 않을 것이다. 편의점처럼 한 사람이 상품진열에서 시작하여 회계, 재고조사, 주문 등을 모두 할 수도 있다. 그러나 조직의 규모가 커지면 한두 사람이 모든 일을 하기 어렵고, 할 수 있다고 해도 비효율적인 경우가 많다. 이럴 때 분업을 하면 한 개인이 수행해야 할 과업의 수가 적어지므로 같은 작업의 반복을 통해 짧은 시간 내에 숙련될 수 있고 능률이 높아져 생산성을 높일 수 있다.

그러나 분업이 생산성 향상에 긍정적인 효과만 주는 것은 아니다. 분업에 의한 능률 향상은 어느 수준 이후 크게 감소한다는 사실도 보고된 바 있다. 단순 반복 작업에 의한 지루함과 피로 그리고 스트레스가 분업에 의한 숙련효과를 상쇄한다는 것이다.

전문화 수준을 어느 정도로 할 것인지에 대한 문제도 있다. 업무 성격상 몇 사람으로 업무를 나누거나 전문화하는 것이 오히려 업무 능률을 떨어뜨리거나 효과적이지 못한 경우가 종종 있다. 그래서 요즘은 업무를 개인별로 나누기보다는 팀별로 나누는 경우나, 여러 부서가 같이 어떤 특정 업무를 공동으로 수행하는 경우도 많다. 이는 조직의 성격이나 주어진 상황에 따라 결정해야 할 것이다.

░ 조정

과업들이 분업되면 이들 분업된 과업들을 전체 차원에서 조정 및 통합해야 한다. 조정(coordination)이란 분업화된 과업들이 서로 유기적인 연관성을 갖도록 조직 전체 차원에서 조율 및 관리하는 일을 말한다. 조정이 제대로 이루어지지 않는다면 과업들은 조직의 목표 및 방향과 서로 어울리지 않은 채 수행될 것이다.

조정은 수직적으로 이루어질 수도 있고(수직적 조정) 수평적으로 이루어질 수도 있다(수평적 조정). 수직적 조정이란 공식적인 위계체제와 계획을 통한 위에서 아래로의(top-down) 조정, 정책, 감독 등에 의한 조정이다. 전통적으로 이런 것들은 기본적인 조정 방식이었다. 특히 가장 보편적인 수직적 조정은 권한에 의한 방법이다. 이는 권한을 가진 사람이 수직적 명령계통을 통해 업무 지시를 하면서 담당 영역 내에서의 여러 과업들에 대한 조정 활동을 하는 것이다. 예컨대, 어떤 상급자가 자신의 부하들에게 업무에 대한 명령을 내리면서 그들의 업무들이 서로 상충되지 않고 효율적으로 움직일 수 있도록 하는 것이 바로 권한을 통한 조정이다.

조직의 목표달성은 어느 한 종류의 기능만이 아닌 여러 종류의 기능들이 합쳐져야 이루어진다. 생산만으로 또는 영업만으로 조직이 움직일 수는 없다. 소비자의 욕구를 발견하고, 이를 상품으로 개발도 해야 하고, 영업도 해야 하며, 생산량은 영업실적에 따라 조절되어야 할 것이다. 이들 여러 기능들의 조정을 위한 것이 수평적 조정이다.

이들 기능 간의 조정은 상위 권한을 가진 사람에 의해 이루어질 수도 있다. 그러나 조직이 복잡해지고 환경이 급변해가고 있기 때문에 좀 더 신속하고 유연한 대응을 위해서는 수평적 의사소통과 조정의 필요성이 증대되고 있다.

흔히 볼 수 있는 수평적 조정 수단으로는 부서 간 업무조정을 위한 공식적인 위원회 또는 비공식적인 미팅, 회의 등을 들 수 있다. 권한이 비슷한 사람이나 부서의 업무 관련자들이 상호 커뮤니케이션을 통해 과업의 내용 등을 조정하는 것도 수평적 조정이다.

좀 더 공식적으로는 조정 담당자나 별도의 조정부서를 설치할 수도 있다. 특정 문제를 위해 해당 부서에서 대표들이 모여 문제해결 방안을 모색하고, 문제가 해결되면 해체되는 태스크포스(Task Force)도 대표적인 수평적 조정이다.

태스크포스가 임시적인 문제를 다룬다면, 계속적인 전략적 문제를 다루기 위한 것이 업무팀이다. 예컨대, 제품개발팀과 같이 여러 부문의 전문가들로 구성되어 제품개발 문제를 다루는 것으로 임시가 아닌 계속적으로 그 임무를 수행하게 된다.

표 2-1 조정 방법

수직적 조정	공식적인 위계체제(권한), 계획, 정책, 감독
수평적 조정	위원회, 비공식적 미팅, 회의, 조정 담당자나 부서, 태스크포스, 팀
수직+수평적 조정	매트릭스

매트릭스(Matrix) 조직은 수직적 조정과 수평적 조정을 동시에 처리하기 위한 방법이다. 구성원들은 자기가 속한 부서나 기능 이외에 주어진 프로젝트의 팀에 따라 일을 해야 하는 두 가지의 역할을 해야 한다. 물론 보고해야 하는 상사도 부서장과 프로젝트 팀장 등 두 명이 된다. 전통적인 명령일원화의 원칙에서 벗어나는 것이다. 이러한 이중보고체계는 혼란을 가져올 수도 있어 널리 채택되고 있지는 않지만 전력 관련 산업에 속하는 다국적 기

업 ABB는 이와 같은 매트릭스 조직의 성공 사례로 한때 자주 거론되곤 했다.

일반적으로 매트릭스 조직은 연구개발과 관련된 조직에서 볼 수 있다. 구조와 기능, 기능과 프로젝트에 따라 수시로 X축과 Y축이 변화무쌍한 매트릭스 조직으로 구성되었다가 와해된다. 예컨대 <그림 2-1>에서 하나의 프로젝트를 담당하는 프로젝트 팀장(음영부분)은 A부서의 직원 a1, B부서의 직원 b1, b2, C부서의 직원 c1과 함께 프로젝트를 수행하게 되는 것이다. 내가 예전에 소속된 연구원에서도 바로 이런 조직구조를 가졌다. 이런 구조가 제대로 돌아가려면 구성원들의 열린 마음이 중요하다. 관리자들이 서로 힘겨루기를 하려고 하거나 자신의 업적만 챙기려 한다면 제대로 돌아가기 어려울 것이다.

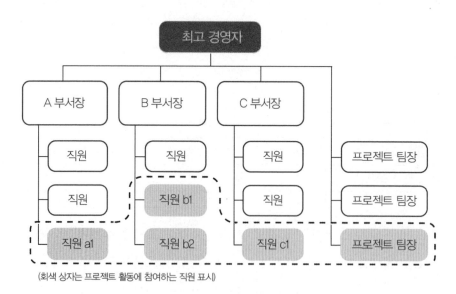

(회색 상자는 프로젝트 활동에 참여하는 직원 표시)

그림 2-1 매트릭스 구조

3. 구조의 설계

▨ 집권과 분권의 조화

직장생활을 해본 사람이라면 이런 경험이 있을 것이다. 별로 크게 어렵거나 중요한 사안도 아닌데 왜 진행이 안 되냐고 물으면 아직 윗사람의 결재가 안 끝났다는 것이다. 예전에 어떤 기관에서 컨설팅을 할 때 경험한 일이다. 어떤 사안에 대해 윗사람의 결재가 필요하다고 하면서 결재를 받으러 갈 때 같이 들어갔다. 그 사안에 대한 담당자의 설명에 윗사람이 잘 이해를 못하니까 담당자는 다시 상세히 설명, 그러더니 결재하였다. 도대체 이런 결재가 왜 필요한지 모르겠다. 그 사안에 대해 가장 잘 알고 있는 담당자에게 권한을 주면 될 일 아닌가? 사실 결재가 정말 필요하기보다는 관행적으로 계층을 나누고 윗사람이 결재를 하는 경우가 많다. 백지 상태로 돌아가서 질문을 던져야 한다. 누구에게 어느 정도의 권한을 주는 것이 효과적인지, 그 업무가 집권이 필요한지 분권이 필요한지 말이다.

분업은 업무를 나누는 것이고 분권은 권한을 나누는 것이다. 분업은 횡적 개념이고 분권은 종적(상하간) 개념이다. 의사결정 권한이 상위계층이나 어느 한 곳에 집중된 상태를 집권화라고 하고, 담당자에게 위임되어 있거나 여러 곳으로 분산된 경우를 분권화라고 한다.

최근 자율성과 분권이 강조되고 있지만 집권화도 장점이 있고 반드시 필요한 경우가 있다. 집권화와 분권화의 장점과 단점을 살펴보자.

집권화의 장점

- 높은 권한을 가진 사람이 의사결정을 하게 되어 여러 가지 관련된 업무들을 교통 정리하기 쉽다.
- 목표달성을 위한 일사불란한 업무 처리와 통제가 가능하다.

집권화의 단점

- 모든 일이 윗사람의 지시에 의해 진행되므로 의사결정의 속도가 늦어지고 신속한 업무 처리가 어려울 수밖에 없다.
- 상위층은 일상적인 업무까지 신경을 써야 하므로 보다 장기적이고 전략적 업무에 할애할 시간이 부족해진다.
- 상급자가 부하들의 모든 업무를 완전히 파악한다는 것은 매우 어렵다. 따라서 부하들에 대한 감독이 형식적으로 이루어질 수도 있다.
- 부하가 업무 현황을 일일이 상사에게 설명해줘야 한다는 것은 낭비가 아닐 수 없다.

분권화의 장점

- 하위층 또는 단위 부문이 현장에서 신속한 의사결정을 할 수 있어 조직의 적응력이 높아진다.
- 일선관리자들이 자율성을 부여받아 보다 책임 있는 자세로 일을 추진할 수 있으므로 동기부여에도 도움이 된다.

분권화의 단점

- 권한에 의한 수직적인 조정이 이루어지지 않으므로 계획과 조정활동이 그만큼 어려워지고 조직 전체에 대한 통제력이 약화될 수 있다.
- 각 부문들이 전체 조직의 이익이 아닌 자신들의 이익을 추구하려는 경우도 발생할 수 있다.

집권화와 분권화, 통제와 자율, 이 상반되는 두 가지 가치를 어떻게 적용해야 할지는 조직을 운영하는 리더에게 항상 고민스러운 문제이다. 잘 운영되는 조직은 집권화와 분권화가 완벽하게 조화를 이루고 있다. 초우량 기업들을 살펴보면, 소수의 중요한 부분들은 중앙집권적으로 통제를 하고, 다른 부분들은 구성원들에게 자율권을 가지고 일할 수 있도록 하고 있다.[7] 예컨대, 세계적 배송회사인 페덱스(Fedex)의 배송인력들은 엄격히 통제돼 있는 것처럼 보이지만 그들의 방식대로 일할 수 있는 자유를 즐기고 있다.

미국 노드스트롬(Nordstrom) 백화점의 사원 규칙은 분권화 및 자율성의 끝판왕을 보여준다.

노드스트롬의 규칙

규칙 1 : 어떤 상황에서든 귀하의 훌륭한 판단력을 발휘하십시오.
　　　　그 외에 다른 규칙은 없습니다.

이러한 규칙은 철저한 고객 서비스를 위해 규칙에 얽매이지 않는 직원들의 능동적인 처리를 강조하고 있고, 이는 이 백화점의 성장 배경과 경쟁력으로 손꼽힌다. 이 회사의 일화를 살펴보자.

세일이 끝난 지 채 며칠 지나지 않은 어느 날 시애틀의 한 노드스트롬 백화점. 여자 고객이 찾아와 특정 브랜드의 바지를 사고 싶어 했다. 하지만 매장에는 그 고객에게 맞는 치수가 다 팔린 뒤였다. 판매원은 시애틀의 다른 노드스트롬 매장 다섯 곳을 수소문하여 고객이 원하는 치수의 바지를 찾아봤지만 역시 허사였다. 그런데 길 건너편 경쟁 백화점에 바로 그 치수의 바지가 있다는 것을 알았다. 판매원은 망설이지 않고 매장 지배인에게 돈을 빌려 그 바지를 정가에 구입, 찾아온 고객에겐 세일가격으로 판매했다.

오리건주 포틀랜드에 본사를 둔 대형 소매점의 중역인 스미스 씨는 잦은 출장 관계로 양복이 필요하여 세일 중인 노드스트롬 매장을 방문했다. 세일 품목 중 마음에 드는 정장 한 벌과 세일 품목이 아닌 것 등 두 벌의 정장을 구입한 그는 그 자리에서 수선을 맡기고 돌아갔다. 이튿날 그가 다시 백화점을 찾았을 때 전날 옷을 팔았던 판매원은 그의 이름까지 기억하며 반갑게 그를 맞이했다. 하지만 수선한 옷을 찾으러 갔던 그 판매원은 잠시 후 빈손으로 돌아왔다. '구매한 옷의 수선은 다음날까지' 해주는 것이 원칙이지만 세일기간 중에 구매한 옷의 수선은 예외여서 아직 수선이 되어 있지 않았기 때문이었다. 할 수 없이 스미스 씨는 새로 산 양복을 입지 못한 채 시애틀로 출장을 가고 말았다.
그렇게 시애틀의 호텔에 도착했을 때, 그가 발견한 것은 98달러의 배달료가 지급된 페덱스(FEDEX) 특송 소포였다. 발신인은 노드스트롬이었다. 소포를 풀어본 그는 깜짝 놀랐다. 소포 속에는 수선된 양복 두 벌이 단정하게 들어 있었고 그 위에 주문하지도 않은 25달러짜리 실크 넥타이 석 장이 놓여 있었기 때문이다. 물론 무료 증정품이었다. 그리고 그의 집으로 전화를 해 그의 여행 일정을 알아냈다는 내용과 함께 수선이 늦어진 점에 대한 판매원의 정중한 사과 편지도 함께 들어있었다.

노드스트롬에서는 어떻게 이와 같은 서비스가 가능한 것일까? 답은, 고객 서비스를 위해 직원들에게 다른 어떤 기업보다 큰 권한과 자율권을 부여하는 '단 하나의 규칙'에서 찾을 수 있다. 어떤 상황에서든 판단은 매장 직원 자신이 내리는 것이며, 그가 최대의 권한을 가지고 있는 것이다.

▒ 기계적 조직 vs. 유기적 조직

2차대전 중 미육군 특공대(U.S. Army commando team) 사례는 매우 흥미롭다. 이 특공대는 매우 위험한 배후전선 전투를 포함하여, 부여된 모든 임무를 훌륭히 완수했다. 덕분에 이 부대는 전 미군부대 중 사상자가 가장 적었다. 비결이 무엇일까? 어떤 연구팀이 이 부대의 성공요인을 조사한 결과, 특공대의 성공은 부대의 구조를 상황에 맞게 변화시킬 수 있는 능력에서 생겨난 것이라는 점이 밝혀졌다. 특별임무수행을 위한 전술을 수립할 때, 이 특공대는 민주적인 방식을 도입하였다. 즉, 병과와 계급을 불문하고 누구나 자기 견해를 제안하는 것을 허용하였고 의사결정은 합의에 의해 이루어졌다. 이러한 신축적 역할체계, 수평적 조정과 위계구조는 사병들의 자발적 참여와 창의성을 촉진시켰고 그 결과 전투계획은 특공대원이 제시한 가장 우수한 의견들을 반영할 수 있었다. 그리고 특공대가 실전 전투임무를 수행할 때, 그 구조는 이전의 느슨하고 자유분방한 형태에서 정교하고 엄격한 명령계통 체제로 바뀐다. 즉, 이 특공대는 전투상황에 돌입할 경우 전통적인 군대식 구조를 따라 각자에게 명확한 책임을 부여하였으며, 지휘관의 결정사항을 부하들이 실행에 옮겼던 것이다. 이처럼 상황에 맞는 최적의 구조적 특성이 이 특공대의 성공적 전투비결이었던 것이다.

조직구조에는 다양한 형태가 있을 수 있겠지만 크게 기계적 조직과 유기적 조직으로 분류될 수 있다. 기계적 조직이란 조직 구성원의 행동이 예측 가능하도록 설계된 '엄격한' 구조를 의미한다. 의사결정 권한은 집권화되어 있고 의사소통도 명확한 지위계층을 따라 위에서 아래로 이루어진다. 구성원들의 모든 행동과 의사결정은 철저히 감독 및 통제된다. 이처럼 기계적 조직에서의 구성원들의 역할과 상호 간의 관계는 매우 분명히 정의되어 있고 반드시 그 범위 안에서 일을 수행해야 한다. 구성원들의 업무는 전문화되어 있고 자신의 책임과 권한 역시 분명하다. 서로의 과업 간의 조정은 주로 표준화나 지위계층에 의해 이루어진다. 내가 속한 대학조직도 이 기계적 구조에 해당된다. 간혹 행정조직에 뭔가를 문의하는 경우 담당자가 자리에 없으면 팀장을 포함하여 아무도 내 문의에 답변을 하지 않는다. 분업단위가 개인별이라 그 담당자가 돌아올 때까지 기다려야 하는 것이다.

반면 유기적 조직이란 조직이 유연한 대응이 가능하도록 설계된 '느슨한' 구조이다. 유기적 조직에서는 변화하는 환경에 신속한 대응이 가능하고, 상황에 따라 융통성 있게 업무를 처리하는 것이 가능하다. 의사결정 권한이 분권화되어 있고, 역할이 명확하게 정의되어 있지 않기 때문에 한 사람이 다양한 과업을 수행할 수도 있다. 그리고 각기 다른 전문성을 가진 구성원들이 어떤 문제를 해결하기 위해 함께 일을 할 수도 있어서 서로 다른 기능의 업무에도 관여하게 된다. 태스크포스나 팀은 유기적 조직의 대표적인 예로서 서로 다른 기능이나 전문적인 업무들을 통합하고 조정하기 위한 방법이다. 이 업무들의 조정은 일반적으로 위계상의 지위가 아닌 수평적인 상호조정을 통해 이루어진다.

표 2-2 기계적 조직과 유기적 조직의 특징

구분	기계적 조직	유기적 조직
의사결정 권한	집권화	분권화
의사소통 방식	하향적	수평적
과업 및 역할의 정의	명확	불명확
분업 단위	개인별	집단(팀)별 또는 조직 수준
과업간 조정	수직적, 표준화	수평적, 상호조정, 자율적 판단

▨ 조직의 환경에 따라 구조를 결정

　기계적이란 말은 대체로 부정적인 의미로 사용된다. 앞에서 언급한 과학적 관리법도 기계적인 접근방식이라는 말로 부정적으로 매도당하고 있으니 말이다. 그에 반해 유기적이란 표현은 왠지 바람직해 보인다. 그렇다면 조직구조도 기계적인 특성보다는 유기적인 특성을 가지도록 설계하는 것이 바람직할까? 그건 조직이 처한 환경 특성에 달려있다. 일반적으로 기계적 조직은 안정적이고 변화가 적어 융통성 있는 업무 처리가 요구되지 않는 환경에 적합한 조직이라고 할 수 있다. 예컨대, 대부분의 일들이 표준화된 업무 처리 방침이나 규칙에 의해 처리되는 관공서와 같은 공공기관, 맥도날드와 같은 패스트푸드 회사 등이 여기에 해당한다고 할 수 있다. 또한 비교적 안정적인 시장을 가지고 있거나 환경의 변화가 적은 기업, 또는 원가우위전략을 추구하는 기업의 경우도 기계적 조직이 적절하다.

　반면, 유기적 조직은 불확실성이 높은 환경에 적합한 조직구조라고 할 수 있다. 오늘날 대부분의 조직은 불확실한 환경에 놓여있기 때문에 유기적인 조직 특성을 갖추려고 노력하는 조직들이 늘어나는 추세이다. 심지어 기계적 구조의 대표적인 조직이라 할 수 있는 공공기관조차도 일부 기능들을 유기적으로 변화시키고 있다. 구성원들에게 최대한 자율성과 상호조정을 권장함으로써 예외적으로 발생할 수 있는 상황에 융통성 있게 대처하기 위해서다.

순수한 기계적 조직이나 유기적 조직은 매우 드물다. 기계적 조직이나 유기적 조직의 특성 중 어느 특성을 좀 더 강하게 갖느냐의 문제이다. 일반적으로, 조직이 효과적으로 움직이려면 필요에 따라 두 가지 유형의 특성이 모두 나타날 수 있도록 설계되어야 한다. 은행에 가보면 이런 유사한 현상을 볼 수 있다. 은행은 금융법을 기초로 다양한 규정이 되는 금융서비스를 제공하고 있어, 매뉴얼 기반의 직무교육이 철저한 조직이다. 특히, 본인 신분확인 및 서류검증 등 철저한 규정관리가 필수인 기계적 특성을 가지고 있다. 그러나 고객을 응대하는 직원에게 일정 권한을 부여하여 우량고객에게는 수수료 면제나 사은품 증정 등이 가능하도록 해서 고객만족을 실현하려고 한다. 또한 고객응대 과정에서 발생하는 갈등(불만족)을 해결하기 위해 융통성을 발휘하기도 한다. 군대의 경우에도 평상시에는 위계질서와 보고체계가 분명한 기계적 조직의 특성을 보이지만 전쟁이 일어났을 때에는 긴급 상황에 대처하기 위해서 평상시보다 유기적으로 운영된다.

회사의 경우에는 부서별로 다른 유형의 구조를 가질 수 있다. 능동적이고 신속한 대응이 요구되는 마케팅부서나 창의적 분위기가 필요한 연구개발부서는 좀 더 유기적 구조의 특성을 많이 갖도록 해서 효과적으로 움직이게 하는 것이 좋을 것이다. 그러나 생산부서나 경리부서는 기계적 구조가 적절할 것이다. 생산 프로세스나 절차는 반드시 정해진 대로 실천해야지 자율성이 부여된다면 생산계획이나 품질은 전혀 예측할 수 없기 때문이다. 물론 앞에서 언급한 미육군 특공대의 사례처럼 하나의 조직이 상황에 따라 다른 구조를 가질 수도 있을 것이다. 즉, 전술수립과정에서는 유기적 조직의 특성을 가지지만 일단 전투상황에 돌입한 후에는 기계적 조직의 특성을 보여준 것이다.

선호하는 조직 유형은?

당신은 기계적 조직과 유기적 조직 가운데 무엇을 더 선호하는 가? 기계적 조직과 유기적 조직은 많은 점에서 다르기 때문에 사람에 따라 선호도가 다르다. 다음은 조직의 여러 가지 업무 조건에 대해 선호하는 유형이 무엇인지 묻는 문항들이다. 문항별로 자신이 선호하는 것 하나를 선택해보자.

1. 나의 과업과 관련된 의사결정을 해야 할 때는, 항상 (   )(가) 했으면 좋겠다.
   a. 나 혼자
   b. 나의 상사

2. 당신은 어떤 종류의 일이 더 좋은가?
   a. 매우 제한적인 범위의 전문화된 일
   b. 여러 가지 다른 종류의 일들

3. 당신이 선호하는 업무 환경은?
   a. 변화가 심한 환경
   b. 일반적으로 변화가 없는 환경

4. 일정한 규칙과 규정에 따라 일을 한다면?

  a. 매우 편할 것이다

  b. 매우 불편할 것이다.

5. 나는 산업별로 적용되는 정부의 규제는?

  a. 모든 사람들에게 최선이라고 생각한다.

  b. 어느 누구에게도 별로 도움이 되지 않는다.

[점수 계산]

다음과 같이 대답했다면 1점을 준다 : 1=b, 2=a, 3=b, 4=a, 5=a. 이 점수는 기계적 조직에 대한 선호도이다. 따라서 5점에 가깝다면 기계적 조직을 선호한다고 볼 수 있으며, 0점에 가깝다면 유기적 조직을 선호한다고 할 수 있다.

출처: Jerald Greenberg, Robert A. Baron, Behavior in Organizations, 7 edition, N.J.: Prentice-Hall, 2000, 549-550쪽

4. 구조의 결정요인

어떤 회사로부터 조직구조에 관한 컨설팅을 의뢰받았다고 가정해보자. 이 회사의 조직구조를 어떻게 설계하는 것이 최상일까를 고민하다가 요즘 잘 나가는 회사는 어떤 구조를 가졌는가를 살펴본다. 구글이나 애플처럼 설계해볼까? 그런데 이 회사는 닭고기를 생산하는 회사다. 괜찮을까?

서로 업종이 전혀 다른 두 회사를 비교하면서 어느 쪽이 더 효과적인 구조를 가졌느냐고 묻는 것은 바보 같은 질문일 수밖에 없다. 그 이유는 두 조직이 전혀 다른 성격을 가지고 있기 때문이다. 모든 조직은 분업과 조정이라는 공통적인 기본 원리를 가지고 구조를 설계하더라도 조직의 상황에 따라 전혀 다른 구조를 가지고 있다.

교훈은 간단하다. 보편적으로 어디서나 통하는 구조는 없다. 가장 효과적인 구조는 그 조직이 하는 일이 무엇이고 목표가 무엇이며 일하는 사람들이 누구인지에 달려있다. 전통적인 톱-다운(top-down)의 피라미드는 표준화된 방식이 정형화된 과업과 안정된 환경, 미숙련의 근로자에게 적합하다. 그러나 애매한 과제, 복합적인 목표, 높은 전문 인력에 대해서는 더 평평하고 횡적으로 조정되며 유연한 업무환경이 필요할 것이다. 모든 조직은 일의 특성과 환경을 평가해보고 자신의 조직에 합당한 수평적인 조정과 수직적인 조정의 최적 결합을 만들어야 한다.

조직의 구조 형태에 영향을 미치는 요인으로는 조직의 규모, 환경, 전략, 기술 등이 있다.

░ 규모

어떤 부부가 조그만 편의점을 운영한다면 이들은 서로 간의 과업을 조정하기 위한 방법에 대해 고민하지 않을 것이다. 어느 정도 역할 분담은 하겠지만 상황에 따라 상대방의 일을 하기도 하면서 서로 적절히 조정할 것이다.

그러나 조직의 규모가 커질수록 분업의 숫자는 많아지고 분업된 과업들의 관계는 더욱 복잡해진다. 그리고 이 복잡해진 과업들을 효과적으로 관리하기 위해서는 수직적 조정 또는 수평적 조정 등에 더욱 의존하게 된다. 즉, 조직은 가급적 구성원의 행동을 표준화하려 하고, 이에 따라 업무 처리 절차나 규정 등이 증가하게 된다. 이 과정에서 행동의 표준화나 규칙 등을 지나치게 중시하게 되면 대규모 조직에서 종종 볼 수 있듯이, 규정 지상주의에 빠지게 되고 관료주의 병폐의 원인이 되기도 한다. 이렇듯 조직의 규모가 점차 커지면 관료화될 가능성이 높아진다.

대규모의 조직은 규모의 경제가 가능하다는 장점이 있다. 규모가 크면 자본, 기술, 인재 등 필요한 자원을 그만큼 쉽게 얻을 수 있어 도전과 과감한 투자가 가능하고 보다 높은 경쟁력을 갖출 수 있게 된다. 시장에 한 번만 진출해도 작은 기업보다 안정적으로 오래 점유할 수 있다.

그러나 "큰 것이 아름답다"는 생각은 요즘 시대에서 이미 낡은 개념이 되어 버렸다. 예측하기 어려운 환경의 변화와 치열한 시장 경쟁 여건 속에서 버티기 위해서는 민첩한 대응이 필요한데 큰 몸집으로는 어렵다. 그래서 대규모 조직의 장점을 유지하면서 작은 규모의 장점도 살리기 위해 몸집이 큰 기업들은 조직을 작은 단위로 사업부화하거나 자율적으로 사업을 수행하는 소규모 조직을 만들고 있다. 예컨대, HP에는 권한분산 원칙이 있어 한 사업부의 매출이 1억 달러에 이르면 그 사업부를 둘로 나눈다.

세계 최대 세라믹업체인 일본 교세라의 이나모리 회장은 직원들이 능력을 최대한 발휘할 수 있고 보람을 느끼며 열심히 일할 수 있는 방안을 고민하다, 직원 모두가 창업 당시의 열정을 끝없이 유지할 수 있는 '아메바 조직'을 창안했다. 아메바 조직이란 고정된 형체가 없는 아메바처럼 회사 전체를 공정별, 제품군별로 몇 개의 작은 조직으로 나눈 후 독립채산제로 운영하는 것으로, 교세라에는 3,000개가 넘는 아메바조직이 꾸준하게 세포분열을 하고 있다.

최근에는 구글, 페이스북, 아마존을 비롯한 많은 거대 기업에서 빠른 의사결정과 민첩한 시스템 구현이 가능하도록 '애자일 조직'을 도입하고 있다. 애자일 조직(Agile + Organization)이란 민첩한 조직이라는 의미로, 부서 간 경계를 허물고 필요에 맞게 소규모 팀을 즉시 구성해 업무에 대응할 수 있는 유기적인 조직이다. 구성원들이 업무에 자율성과 권한을 갖고 끊임없이 상호작용하며 신속하게 시장 변화에 대처하기 위한 것이다.

▨ 환경

코카콜라는 참으로 축복받은 회사다. 수십 년 전이나 지금이나, 또 앞으로도 콜라에 대한 소비자 입맛은 변할 것 같지 않다. 그러니 환경의 변화에 대응할 만한 것도 별로 없어 보인다. 물론 음료수 시장도 각기 상황이 다르기 때문에 다른 회사에 비해 상대적인 비교일 것이다. 예전에 비락식혜가 돌풍을 일으켰을 때 그 회사의 담당자는 오래 가야 3년이라고 예상했는데, 정말로 식혜의 열풍은 3년 정도 간 듯하다.

일반적으로 대부분의 조직은 많은 환경적 요인의 영향에 대응하면서 생존하고 발전해나간다. 정치, 경제, 문화, 기술, 소비자 욕구 등 조직의 활동과 관련된 환경은 무수히 많다. 조직은 이들 환경으로부터 자원을 얻는 동시에 이 환경에 조직의 서비스와 부가가치를 제공하기 때문에 환경의 변화에 무심하게 있다가는 생존하기 어렵다. 조직을 둘러싸고 있는 환경의 특성이 무엇이며, 환경의 변화를 어느 정도 예측할 수 있느냐는 조직의 구조를 결정하는 데에 고려해야 할 중요한 요인 가운데 하나이다.

조직마다 밀접한 관련을 가지고 있는 환경적 요인과 그 특징은 다르다. 어떤 조직은 비교적 안정적인 환경 속에서 활동을 한다. 두드러진 경쟁자도 없고, 새로운 기술의 발전도 특별히 조직에 영향을 주지 않고, 정부로부터의 압력도 거의 없는 환경 속에 있다. 예컨대, 코카콜라처럼 축복받은 조직인 셈이다. 반면, 그 반대의 환경에 처한 조직도 있다. 치열한 경쟁 속에 있고, 기술의 속도는 상당히 빨라 자칫하다가는 뒤처지게 되며, 소비자의 기호는 끊임없이 변하는 환경 속에 있는 조직도 있다.

의사결정자가 충분한 정보를 가지고 있지 못해 외부 변화를 예측하기 어려울 때 환경이 불확실하다고 말한다. 반면 환경이 충분히 예측 가능한 경우 안정적인 환경이라고 말한다. 안정적인 환경에 놓여있을 때 그 조직은 흔히 기계적인 구조를 가진다. 의사결정은 소수의 상급자에게 집중되어 있고 업무 처리는 미리 정해진 합리적인 규칙이나 절차에 의해 이루어진다. 예측하기 어려운 변화는 발생하지 않으므로 신속한 의사결정이나 능동적 대응은 요구되지 않는다. 관공서나 공조직에서 흔히 볼 수 있고, 햄버거와 같은 제품 특성을 갖는 기업에서도 많이 찾아볼 수 있다.

그러나 기술 수준과 시장이 급변하는 환경에 놓여있는 조직은 고도의 유연성과 적응력이 필요하다. 이를 위해 정보의 흐름이 종적·횡적으로 원활히 이루어지고 표준화 정도가 낮아 신속하고 신축적인 의사결정 및 업무 조정이 가능한 유기적 구조를 갖추어야 한다. 많은 기업들이 의사결정 권한을 대폭 하부로 위양하거나 소사장제 등을 강조하는 것도 이러한 유기적 구조를 갖추기 위한 노력이다.

환경이 복잡해지면 조직은 흔히 분권화된다. 복잡한 환경을 한 사람이 완전히 이해하여 의사결정을 하고 처리하기 어렵기 때문에 의사결정 권한이 아래 단계로 위임되고 분산된다. 이때 분권화는 부서별로 선별적으로 이루어질 수 있다. 마케팅과 같이 다양한 소비자 욕구에 차별적으로 대응할 필요가 있는 경우는 분권화하지만 회사 전체 차원의 통제가 필요한 분야는 집권화할 필요가 있을 것이다.

▒ 전략

1980년대 중반 질레트(Gillette)[8])는 극심한 변화를 맞았다. 질레트는 오랫동안 면도기 업계에서 시장을 주도해 왔었지만, 1980년까지 서투른 마케팅과 일관성 없는 성장전략으로 인해 회사의 수익이 떨어지기 시작했으며 회사의 미래는 어두워 보였다. 게다가 1985년 들어서 면도기 산업의 경쟁기반이 변화하였다. 즉 윌킨슨 스워드(Wilkinson Sword)와 빅(Big Co.)에 의해 값싼 일회용 면도기가 소개되면서 면도기 제조업체들의 경쟁이 치열해졌다. 윌킨슨 스워드와 빅은 품질이나 모양이 아니라 가격, 즉 싼 가격으로 승부를 걸었다. 이들 회사는 일회용 면도기와 생활용품을 생산했는데 이익 마진은 매우 적었지만 저렴한 가격으로 점점 시장을 키워나갔다.

그러다가 1985년 모클러 2세(Mockler, Jr.)가 질레트를 인수하면서 변화가 시작되었다. 시장점유율을 회복하기 위해 모클러는 빅이나 다른 회사들과 경쟁할 수 있는 저렴한 가격의 일회용 면도기의 개발에 착수했다. 중산층 이상의 고객을 대상으로 하는 면도기의 시장점유율과 품질을 개선하기 위한 제품개발 프로그램도 마련하였다. 그리고 각 프로그램의 담당자들에게 자유재량권의 폭은 물론 의사결정 권한도 확대해주었다.

1990년, 면도기 사용자의 얼굴 윤곽을 따라 움직이면서 면도해주는 센서면도기를 시장에 내놓으면서 질레트의 연구개발에 대한 투자는 성과를 보이기 시작하였다. 한편, 새로운 고급면도기를 비롯하여 기존의 면도기, 일회용 면도기에 대한 각각의 고객확보, 판로개척, 광고활동 등이 요구되었으며 이외에도 제품에 대한 고객만족도, 새로운 면도기의 개발을 위한 의견수집 등의 활동도 필요하다고 판단되었다. 이에 질레트는 이 세 가지 제품의 대상 고객의 특성이 다르다는 점을 고려하여 마케팅부서를 면도기 수준별로 하위수준으로 나누었다. 그리고 각 제품별 부서 경영자의 의사결정의 폭을 넓혀주었다. 이러한 연구개발에 대한 투자와 마케팅 활동에 대한 관심의 증대로 질레트는 큰 성공을 거두게 되었다.

이 사례에서 보듯이, 위기에 빠진 질레트의 최고경영자가 내린 전략은 크게 두 가지였다. 하나는 혁신전략으로서, 새로운 제품이나 서비스를 시장에 내놓는 전략이다. 이를 위해 필요한 조직구조는 무엇일까? 질레트는 소비자의 욕구를 좀 더 정확하고 빠르게 파악하여 이를 반영한 제품을 개발하기 위해 연구개발부서에 더 많은 재량권을 부여하고 의사결정의 폭을 넓혀주었다. 조직을 좀 더 유기적으로 바꾼 것이다.

또 다른 전략은 다양한 계층의 욕구를 충족시키기 위해 면도기의 수준을 구분하고 사용계층에 따라 차별적으로 대응하는 차별화전략이다. 이를 위해 질레트는 각 제품에 맞는 판매촉진 활동을 효과적으로 수행하기 위해 부서를 나누었다.

챈들러(Chandler)는 "조직구조는 전략에 따른다"라는 유명한 명제를 제시하였다.[9] 조직구조는 전략의 유형에 따라 달라진다는 것이다. 조직구조는 조직의 전략적 목표를 달성하기 위한 수단이다. 따라서 성공적인 전략의 수행을 위해 요구되는 기능과 과업이 무엇인지를 파악한 후 이를 효과적으로 수행하기 위한 구조를 설계해야 한다.

예컨대, 회사의 전략을 크게 원가우위전략과 차별화전략으로 구분해보자. 원가우위전략이란 비용절감이나 현 제품의 효율성 향상에 초점을 두는 전략을 말한다. 이러한 전략을 위해서는 엄격한 통제, 초과비용의 최소화, 규모의 경제와 같은 방법을 통해 효율성을 이루어야 한다. 전체 회사 차원의 비용통제와 관리를 위해 의사결정은 상층부에서 이루어지는 집권화가 적합하다. 따라서 원가우위전략을 선택하는 경우, 기계적 조직이 적합하다고 할 수 있다.

반면, 차별화전략을 취할 경우라면 유기적 조직이 적합할 것이다. 차별화전략의 목표는 기업이 제공하는 제품이나 서비스를 차별화함으로써 산업 전반에 걸쳐 그 기업이 독특하다고 할 수 있는 그 무엇을 창조하여 경쟁우위를 달성하는 것이다. 이러한 전략을 취하는 기업에서는 품질의 우수성, 애프터서비스, 혁신적인 디자인 등을 강조하게 된다. 이를 위해서는 규정을 최소화하거나 느슨하게 하여 상황에 따라 능동적으로 대처할 수 있게 해주는 것이 필요하다. 그리고 차별화된 상품 개발 및 마케팅을 독자적으로 수행하도록 하기 위해서는 분권화가 적합할 것이다. 앞의 질레트의 경우가 이 차별화전략의 대표적 성공사례이다.

기술

기술이란 조직이 제품이나 서비스 또는 부가가치를 생산하기 위해 사용하는 것이다. 조직마다 사용하는 기술은 다르기 마련이다. 예컨대, 자동차회사라면 자동차를 만들기 위해 필요한 부속품을 만들 수 있는 기술, 그리고 관련된 장비나 기계를 사용할 수 있는 기술들이 필요할 것이다. 대학교라면 학생들에게 전달할 지식을 비롯해 가르치는 데 필요한 방법과 도구 사용법 등이 기술에 해당된다.

기술을 사용하는 방법이나 과정이 어느 정도 일상적으로 이루어지는가에 따라 조직의 종류를 분류해보면 <그림 2-2>와 같다.

그림 2-2 일상적 기술과 비일상적 기술의 연속성

기술이 일상적(routine)이라는 것은 과업이 다양하지 않고 예외의 상황이 거의 없다는 것을 말한다. 대량생산 조립 라인이나 단순 사무보조직이 그 예이다. 비일상적 기술이란 소량생산에 사용되는 기술과 같이 정형화하기 어려운 기술을 의미한다. 연구개발이 대표적인 예가 된다.

이런 기술의 차이가 조직의 구조와 관련을 가진다. 우선 조직에서 사용되는 핵심기술은 명료성, 예측성 등에 있어서 차이가 있다. 햄버거를 예를 들어보자. 햄버거를 만드는 일은 아주 단순하며 미리 예정된 기계적인 행위이다. 얼마간의 교육만 받으면 누구든 할 수 있으며 평소에 요리를 잘하는지 못하는지는 전혀 상관없다. 여기서의 일들은 모두 명확하고, 발생 가능한 문제들 대부분이 이미 알려져 있어 예측 가능하다.

이처럼 단순한 기술로 인해 맥도날드는 주로 수직적 조정에만 의존해서도 효과적인 조직운영이 가능하다. 대량생산의 경우, 생산 프로세스는 정해진 절차와 정해진 시간에 의해 진행된다. 창의력을 발휘할 필요도 전혀 없다. 중요한 것은 규정과 표준절차의 준수이다.

반면, 훨씬 더 복잡하거나 예측하기 어려운 기술, 비일상적인 기술을 사용하는 조직의 경우, 업무 처리를 표준화하기란 거의 불가능하다. 사용하는 기술이 고객마다 다르거나 문제가 발생했을 때 해결 방안이 정형화되기 어려운 경우 자유재량권을 부여하지 않는다면, 문제가 생길 때마다 윗사람에게 물어봐야 할 것이다. 따라서 높은 수준의 분권화와 느슨한 구조 형태, 즉 규칙이나 책임영역이 엄격하지 않은 구조를 취할 수밖에 없을 것이다.

조직의 구조 진단

다음은 조직의 구조적 특성과 관련된 내용이다. 현재의 조직에 해당되는 정도를 측정해보자.

전혀 아니다 = 1   아니다 = 2   보통이다 = 3   그렇다 = 4   매우 그렇다 = 5

1. 조직 구조는 사람이 아닌 객관적인 업무 특성을 기준으로 설계되어 있다.
(   )

2. 모든 구성원들은 자신의 목표와 역할을 명확하게 알고 있다.   (   )

3. 부서(팀) 간의 업무조정 및 협조는 원활히 이루어진다.   (   )

4. 주어져 있는 권한과 책임의 정도는 조직이 추구하는 전략과 깊은 관련이 있다.
(   )

5. 업무에 대한 책임소재가 모호하여 갈등이나 문제가 발생하는 경우는 거의 없다.
(   )

6. 현재 조직의 특성에 비추어보았을 때, 업무의 처리 속도는 적절한 편이다.
(   )

7. 규정이나 책임관계 때문에 업무를 융통성 있게 처리하지 못하는 경우는 없다.
(   )

8. 조직 전체의 효율성을 위협하는 부서이기주의는 없다.   (   )

9. 불필요한 결재단계나 통제는 없다.   (   )

10. 서로 업무를 미루거나 중복적으로 이루어지는 업무는 없다.   (   )

11. 조직의 구조적 특징은 조직이 처해있는 환경 및 전략과 밀접한 관계가 있다.
(   )

12. 구성원들은 업무의 중요도와 특성에 합당한 권한과 책임이 주어져 있다.
( )

13. 구성원들의 업무 배정은 적재적소원칙에 의해 이루어졌다. ( )

14. 조직 전체의 효율성 및 생산성 측면에서 구성원들에 대한 규정이나 책임의 범위들은 적절하다. ( )

15. 업무 프로세스들은 합리적으로 구성되어 있어 불필요하거나 비능률적인 프로세스는 거의 없다. ( )

점수 합산 후 다음과 같이 진단할 수 있다.
• 60점 이상 : 훌륭한 구조
• 45~59점 : 무난한 구조이나 개선이 필요
• 44점 이하 : 재건축이 요구됨

체크포인트

1 사람은 구조에 따라 움직인다. 잘못된 구조는 인간의 행동을 구속하고 조직에 유해하다.

- 현재의 구조가 소기의 목적과 기능을 제대로 실현하고 있으며, 생산성에 어떤 영향을 주고 있는지 점검해야 한다.

2 명확한 역할 분담과 권한 관계는 조직에 질서를 주고 과업의 효율성을 높인다.

3 구조는 상황에 적합해야 한다.

- 톱-다운식의 수직적 조정과 과업의 표준화는 안정된 환경 속에서 단순 반복적인 과업인 경우 최적의 효율성을 기대할 수 있다.

- 예측하기 어렵거나 급변하는 상황에 적응하기 위해서는 신속한 의사결정 및 업무조정이 가능한 유기적인 구조가 필요하다.

4 효율성과 유연성, 집권화와 분권화, 통제와 자율, 이 상반되는 두 가지 가치의 균형을 추구해야 한다.

실습 1

한 조직을 대상으로 그 조직의 구조적 특성을 다음과 같은 차원에서 조사해보자.

1. 집권화되어 있는가, 또는 분권화되어 있는가? 무엇을 보고 그렇게 판단할 수 있는가?

2. 횡적 조정을 위한 수단은 어떤 것들이 있으며 원활하게 조정 기능이 이루어지는가?

3. 조직의 업무 처리들은 어느 정도 표준화되어 있는가?

4. 이 조직은 유기적 조직이라고 할 수 있는가, 아니면 기계적 조직이라고 할 수 있는가? 그 근거는?

5. 이 조직의 구조적 문제점을 지적하고 그 대안을 제시해보자.

실습 2

모든 스포츠 경기는 각기 독특한 역할 분업과 조정 방식이 있다. 즉, 스포츠 경기마다 선수 상호 간 의존관계도 다르고 선수들의 역할 구조도 다르다. 스포츠 종목을 하나 선택한 후, 그 스포츠에서 선수들의 역할의 구조적 특징에 대해 논의해보자. 그리고 스포츠에서 효과적인 구조가 승리에 어떤 영향을 미치는지에 대해서도 생각해보자. 5~6명이 한 조를 만들어 토론을 한 후, 조별로 발표를 한다.

제3장

인간 프레임

주어진 상황에 최적화된 합리적인 구조를 가진 조직이 그렇지 않은 조직보다 성과가 높을 것이라는 기대는 당연해 보인다. 그러나 조직의 성과에는 합리적인 요인 외에 인간적인 요인들도 중요하다. 사람들이 어느 정도의 역량을 가지고 있느냐, 그들이 어떤 생각과 태도로 일을 하느냐도 성과에 큰 영향을 미칠 것이다. 오늘날에는 이렇게 당연해 보이는 생각이 20세기 중반까지도 별로 관심을 받지 않았던 것 같다. 인간이 가진 자원으로서의 가치는 놀랍게도 90년대 이후에나 본격적으로 부각되었기 때문이다. 인간의 중요성을 강조하는 인간 프레임을 지지해주는 증거들은 무엇이며 인간 프레임이 제시하는 지침들은 무엇인가?

1. 인간을 보는 눈

<모던타임즈>에 비친 인간의 모습

회사를 뜻하는 영단어인 company는 '함께'라는 의미의 com과 '빵'을 의미하는 pany를 합쳐서 만든 말이다. 어원으로 보면 회사란 빵을 나눠 먹는다는 뜻인 셈이다. 이렇듯 다정한 의미를 가지고 있는 회사이지만 우리에게 흔히 비치는 회사의 모습은 다정함과는 거리가 먼 듯하다. 영화나 소설만 봐도 대체로 회사조직 속의 인간은 그 속에서 착취되거나 비정하게 버림받는 존재로 그려지곤 한다. 영화 <월스트리트(Wall Street)>에는 수많은 노동자들의 운명이 자신도 모르는 사이에 소수의 이기적인 경영자나 보이지 않는 자본에 의해 한순간에 결정 날 수도 있다는 사실이 그려진다. 이런 모습들을 보면 회사라는 조직은 인간의 욕구나 행복이 충족되고 실현되는 곳과는 거리가 있어 보인다.

그림 3-1 영화 <모던타임즈>의 한 장면

채플린이 등장한 영화 <모던타임즈(Modern Times)>는 산업화된 조직에서 인간이 어떻게 취급되는가를 더욱 극단적으로 묘사하였다. 공장으로 출근한 사람들은 커다란 기계들 사이에서 마치 일하는 로봇이 된 듯이 나사를 조이고 조립하면서 기계의 한 부속품이 되어 버린다. 각자 맡은 아주 단순한 작업만을 쉴 새 없이 계속하면서 노동을 착취당한다. 한편 사장은 너무나 편하고, 안락한 의자에 앉아 감시카메라를 통해 생산속도를 조절하고 노동자들을 감시하는 모습이다. 사장이 생산속도를 올리면 빨리 돌아가는 생산라인에서 사람들은 똑같이 변화 없는 단순한 일만 하며 바보가 되어간다. 사람을 위해 조직이 존재하는 것이 아니라 조직을 위해 사람이 존재하는 듯한 장면이다.

그러나 사람이 조직에 들어가는 이유는 조직을 위해 충성하기 위해서가 아니다. 사람은 지극히 개인적인 차원에서 조직이 자신의 욕구를 충족시켜줄 것이라고 생각하기 때문에 조직에 들어간다. 자신의 욕구가 제대로 충족되지 않거나 자신이 조직에 공헌하는 만큼 조직으로부터 얻는 것이 없다면 더 이상 그 조직에 머물러 있고 싶지 않을 것이다.

조직에 대해 최초로 현대적 의미의 정의를 내린 체스터 바나드(Chester Barnard)10)에 의하면, 조직이 계속 존속하기 위해서는 조직의 대내적 균형이 유지되어야 한다. 이는 개인이 조직에 대해 기여하고 공헌하는 만큼의 만족과 보상을 조직으로부터 얻는 상태를 말한다. 만약 조직으로부터 제공받는 보상이나 만족 수준이 조직에 대한 개인의 공헌보다 적다면, 직원들은 점차 조직을 떠날 것이고 그 조직은 더 이상 존속하지 못할 것이다.

사람이 원하는 그 무언가를 조직이 제공해줘야 그 사람으로부터 공헌을 기대할 수 있으며, 사람이 조직에서 행복해야 조직에게도 이롭다. 사람이 조직에 만족하지 못하여 조직을 위해 열심히 일하려는 의욕이 일어나지 않는 상태라면 조직이 잘 돌아갈 것이라고 기대하기는 어려울 것이다.

도요타와 GM의 차이[11]

미국 캘리포니아주 프리몬트에는 일본 도요타와 미국 GM이 합작해 만든 뉴 유나이티드 모터스 매뉴팩처링(New United Motors Manufacturing Inc.: NUMMI)이라는 자동차 생산공장이 있다. 이 공장은 원래 GM이 운영하던 곳으로 극한 노사 대립, 최악의 생산성 등으로 1982년 폐쇄됐던 곳이다. 당시 프리몬트 공장은 거의 모든 최악의 기록을 갖고 있는 상태였다. 가장 낮은 품질, 가장 낮은 생산성, 그리고 가장 격렬한 노사갈등이 공장을 지배하고 있었다. 파업은 일상화되고, 이직도 잦았다. 결근율은 20%에 육박했으며 공장에선 알코올 중독자와 마약 사용자들이 늘어나고 있다는 보고도 올라왔다. 한때 7,200명까지 고용했던 공장은 이렇게 순식간에 무너졌고 급기야 폐쇄라는 결정에까지 이르렀다.

도요타는 경영을 맡는다는 조건으로 GM과 공동 투자해 1984년 프리몬트 공장을 재가동하게 되었다. 1985년 누미(NUMMI) 공장이 다시 문을 열고 생산을 시작했을 때, 공장 노동자 가운데 85%는 예전 공장에서 일하던 사람들이었다. 그 노동자들은 여전히 같은 자동차산업 노조 소속이었다. 임금 등 급여 수준도 GM과 포드처럼 시간급 27달러. 일본 도요타 본사가 4년째 기본급을 동결한 것과 달리 매년 2%씩 자동적으로 올라간다. 물론 장비도 똑같았다. 경영진만 일본인으로 바뀌었을 뿐, 폐쇄 3년 만에 똑같은 사람들이 똑같은 장소에서 똑같은 장비로 생산을 시작한 것이다.

결과는 놀라웠다. 1986년 누미에서 측정된 자동차 1대당 조립 시간은 19.6시간으로, 1978년 같은 장소에서 GM이 생산하던 때의 29.1시간보다 거의 50%나 향상됐다. 같은 해 매사추세츠주 GM 공장보다도 57%나 높은 생산성을 보여줬다. 한때 150억 엔에 달했던 누적 적자도 상반기에 모두 털어냈다. 설립 20년 만에 흑자 회사로 전환한 것이다.

일본 경영자들이 GM 공장에서 도대체 무슨 일을 벌였기에 같은 공장에서 이렇게 엄청난 생산성 차이가 나타난 것일까? 누미를 면밀히 살펴본 전문가들은 노사 대립이 아닌 노사 상생 문화에서 그 답을 찾는다. 창립 당시 도요타 경영진은 생산라인에 인사·노무 담당자들을 전면 배치해 직원들의 불만·불평을 체크했다. 심지어 화장실 낙서까지 매일 기록했다. 이런 현장주의는 1950년 도요타 대파업의 산물이다. "노사 분규는 톱(Top)이 현장을 모르기 때문에 일어난 일"이라는 반성에 따라 분규 봉합 직후 인사·노무 담당자들을 현장 라인에 배치한 것이다.

> "우리는 노동자들을 인간으로 대접했습니다. 그게 GM과 우리의 다른 점이지요."

미국 GM과 일본 도요타가 함께 미국에 세운 자동차 공장 '누미'의 성공비결을 묻는 질문에 대한 일본인 경영자의 대답이었다.

사람은 모든 일의 근원

우리가 문제가 발생했을 때 그 원인을 찾는 가장 친숙한 방식은 바로 "누구냐"고 묻는 것이다. 예컨대, 부모가 집에 들어왔더니 접시가 깨져있었다면 "누가 접시 깼냐?"고 물으면서 그 '범인'을 찾는 모습은 우리에게 익숙한 장면이다.

모든 것들의 원인이 어떤 특정 사람에게 있다면 해결책을 찾는 일도 간단하다. 다시는 그 사람이 그런 잘못을 하지 못하도록 하는 것이다. 매출이 오르지 못하는 경우에도 마찬가지다. 그 원인이 사람에게 있다면 해결책은 둘 중 하나이다. 그 사람이 더 잘할 수 있도록 교육과 동기부여를 시키든지, 아니면 다른 사람으로 바꾸면 된다.

인간 프레임은 이렇듯 사람을 모든 일의 원인으로 보는 것이다. 그러나 불행하게도 이러한 시각은 정작 기업에서 별로 관심을 받지 못했다. 사람은 비용으로 생각되어 그 수가 많을수록 비용이 증가한다는 시각만이 존재했을 뿐이다. 오늘날 기업의 핵심부서인 인사부서도 90년대 이전까지의 위상은 별 볼 일 없었다. 그 영향으로 대학에서도 인사관리 전공에 대한 수요가 크지 않았다. 대학 시절 내가 이 전공으로 유학을 가겠다고 했을 때 교수님들은 매우 회의적인 표정으로 한마디 하셨을 뿐이다. "왜 다른 전공을 선택하지 않고..."

그러나 90년대 이후 세상이 변하면서 사람에 대한 기업 리더들의 인식이 크게 바뀌었다. 사람을 기업의 자원 또는 자산으로 보기 시작한 것이다. 그 이후 인사관리(personal management)라는 용어보다는 인적자원관리(human resource management)라는 용어가 보편화되었다.

21세기 들어와서 사람을 자산으로 보는 시각은 더욱 발전한다. 제품, 시장, 조직이 더욱 복잡해지면서 사람이 지닌 지식과 역량의 가치가 계속 높아지고 있다. 원자재와 자본을 효율적으로 결합하거나 결합방식을 개선할 수 있는 능력은 인적자원에만 존재하기에, 인적자원은 이제 쉽게 모방할 수 없는 자원으로 강조되고 있다. 기업의 경쟁우위요인이 기술이나 비용이 아닌 직원의 역량에 있다는 인식이 자리 잡으면서 사람에 대한 투자와 이들의 역량을 이끌어내기 위한 노력이 중시되고 있다.

▒ 인적자원요인들은 경제적 수치와 깊은 관련

이러한 시각 변화는 단순히 이론적인 설득력에 의해서가 아니다. 일부 기업들은 오랜 기간 동안 치열한 경쟁 환경 속에서 특별한 경쟁우위요인도 없이 지속적인 성공을 거두고 있다. 사람을 중시한 인적자원요인들이 실제로 기업의 긍정적인 경제적 수치와 깊은 연관성을 보여주고 있는 것이다.

미국의 3,452개 회사를 대상으로 조사한 결과, 직원의 기술과 모티베이션으로 측정된 인적자원 지표가 높은 회사일수록 이직률이 낮은 동시에 매출액 및 수익은 월등히 높은 것으로 나타났고, 직원당 주가도 18,000달러 증가한 것으로 보고되었다. 1996년 702개 회사를 대상으로 한 조사에서도 인적자원 지표는 주가와 밀접한 연관성을 보여주었다.[12]

반면, 역량이 부족한 근로자는 나쁜 품질, 불량한 서비스, 고비용, 값비싼 오류 등 여러 가지로 조직에 해가 되는 것으로 나타났다. 미국의 경우, 석유화학산업에서 발생한 사고의 상당 부분이 계약근로자로 인한 것이었다.[13]

이러한 결과들은 인간의 기술, 에너지, 모티베이션 등이 조직의 중요한 자원으로서 그 조직의 성패를 결정할 수 있다는 것을 보여주고 있다.

초일류기업 연구 전문가인 드 제우스(A. de Geus)는 저서 <살아 있는 기업(The Living Company)>에서, 많은 기업들의 수명이 짧은 이유는 정책을 세우고 실행하는 과정에서 과도하게 경제적인 고려만을 하고 있기 때문이라고 지적한다. 기업의 경영자들이 제품과 서비스를 생산하는 데에만 주목해 기업 자신이 사람들로 구성된 하나의 공동체라는 사실을 망각하기 때문이라는 것이다. 그는 경영자들이 토지, 노동, 자본에 관심을 갖지만 정작 노동이란 것이 실제 사람들을 의미한다는 사실을 간과하고 있다고 주장한다.[14]

2. 인간 욕구에 대한 이해

░ 욕구는 동기유발의 원동력

우수한 인재를 확보하기 위한 조직의 노력은 흔히 '인재전쟁'으로까지 불릴 만큼 치열하다. 물리적인 자산보다는 지식이 점차 중요해지는 세상이라는 점을 생각한다면 일 잘하는 똑똑한 사람을 뽑는 것이 정답이다.

그러나 더욱 중요하면서도 어려운 일이 있으니 바로 이 똑똑한 사람들이 실제로 자신의 재능을 충분히 발휘하게 만드는 시스템을 마련하는 일이다. 똑똑한 사원들이 동기부여되어 열심히 일하며 높은 성과를 이룩하는 회사가 있는 반면, 사원들의 재능이 허비되고 제대로 발휘될 여지가 없는 회사도 많다. 우수한 인재를 확보하고 유지하는 것도 중요하지만 그러한 재능을 발휘하도록 하는 것은 더욱 중요하다.

주변을 돌아보면, 늘 부지런히 움직이는 사람이 있는가 하면, 최소한의 필요한 행동 외에는 꼼짝하지 않으려는 게으른 사람들도 있다. 같은 회사에서도 어떤 사람은 열정을 가지고 일에 몰두하는가 하면, 윗사람 눈치 보며 대충 일하면서 퇴근시간만 기다리는 사람들도 있다. 갤럽조사에 의하면 전 세계 직장인들 가운데 심리적으로 자신의 일에 몰입하고 있는 직장인은 평균 13%에 불과하다(한국인은 11%)고 한다.15) 그렇다면 사람을 동기유발시키기 위해서는 어떻게 해야 할까?

스포츠 경기에서 챔피언이나 메달을 획득한 선수들은 흔히 가난을 이겨내기 위해 이를 악물고 훈련했다는 말을 하곤 한다. 예전에 권투가 한창 인기가 있던 시절에 세계챔피언에 오른 선수들 대부분은 가난을 극복한 스토리가 있었다. 권투 챔피언이 되어 집안을 일으켜야 한다는 강한 의지가 모든 것을 이겨내게 한 원동력이었던 것이다. 만약 그들이 부유한 가정에서 부족함이 없이 자랐어도 그러한 의지력이 생겼을지 의문이다.

심리학자들의 말에 따르면, 사람은 충족되지 않은 욕구가 있으면 심리적으로 긴장감이 발생한다고 한다. 이 심리적 긴장감을 해소하기 위해서 어떤 행동을 하려는 상태에 이르는데 이것이 모티베이션(motivation), 즉 동기다. 충족되지 않은 욕구, 뭔가 부족한 상태가 바로 동기유발의 원동력인 것이다. 그렇다면 어떤 사람을 동기유발시키기 위해서는 우선 그 사람이 어떤 욕구를 가지고 있는지부터 이해하는 것이 필요할 것이다.

▨ 욕구 5단계

사람은 일반적으로 어떤 욕구들을 가졌을까? 사람의 욕구에 관한 가장 인기 있는 이론은 매슬로우(Maslow)의 욕구 5단계[16]이다. 그의 이론에 따르면 사람들은 다양한 욕구를 가지고 있으며, 직장이나 다른 곳에서 하는 행동은 이 욕구들을 충족시키기 위한 쪽으로 이루어지기 마련이라는 것이다. 매슬로우는 사람의 욕구를 다음과 같이 가장 낮은 차원의 생리적 욕구에서부터 가장 상위의 자아실현 욕구까지 다섯 단계로 구분하였다.

1. 생리적 욕구 : 산소, 물, 음식, 신체적 건강, 그리고 편안함에 대한 욕구 등을 말한다. 이 욕구들은 생존을 위해 필요한 가장 기본적이고 생물학적 욕구다.
2. 안전 욕구 : 위험, 공격, 위협으로부터 벗어나 육체적으로나 심리적으로 안전한 환경에서 살고 싶은 욕구를 말한다.
3. 소속감과 애정 욕구 : 개인으로나 집단으로 다른 사람들과 긍정적인

관계, 사랑하는 관계를 갖고자 하는 욕구를 말한다.

4. 존경 욕구 : 타인으로부터 인정받고 존경받고 싶은 욕구를 말한다.

5. 자아실현 욕구 : 자신을 계발하고, 자신의 잠재력을 실현시키고자
   하는 욕구다.

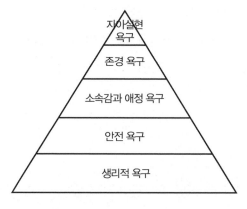

그림 3-2 매슬로우의 욕구 5단계

매슬로우에 의하면 일단 저차원 욕구가 충족되면 사람은 그 상위 욕구
에 관심을 갖는다. 예컨대, 배가 많이 고픈 사람에게는 존경 욕구나 자아실
현 욕구와 같은 고차원적 욕구보다는 우선 음식에 대한 욕구가 가장 크게
지배할 것이다. 하지만 일단 배고픔을 해결하고 나면 다른 욕구가 일어날
것이다. 즉, 저차원의 욕구가 해결되어야 고차원의 욕구가 발생한다. 따라
서 고차원적 동기를 유발하기 위해서는 저차원적 욕구를 충족시켜주는 것
이 필요하다. 춥고 배고픈 상태에서는 성취 욕구나 도전 욕구가 생기기 어
렵기 때문이다.

이제 이 이론을 조직에서 일어날 수 있는 구성원들의 욕구에 적용해보
자. 매슬로우는 이 이론이 조직에 있는 사람들에게 어떻게 적용될 수 있는

지 구체적으로 예를 들지는 않았다. 그럼에도 불구하고 경영이론가들은 이 이론을 바탕으로 리더가 직원들에게 동기를 부여하기 위해 할 수 있는 방법들을 제시해왔다. 예컨대, 직원들이 성취 욕구나 자아실현 욕구가 높아서 회사의 일을 주도적으로 하게 만들려면 고용의 안정을 비롯하여 안전한 작업환경을 보장해 주는 것이 무엇보다 필요하다는 식이다. 마찬가지 이유로 우호적인 팀 분위기 형성, 승진기회 제공 등도 고차원의 욕구를 촉진하기 위해 필요할 것이다.

사람들은 어떤 욕구를 더 중요하게 생각할까?

히스 형제(Chip Heath & Dan Heath)가 쓴 <스틱(Stick)>17)에 매슬로우의 욕구충족이론에 대한 재미난 사례연구가 나와 있다. 이걸 보면 사람들이 매슬로우의 피라미드 가운데 어떤 욕구를 더 중요하게 생각하는지를 알 수 있을 것이다.

어느 기업에서는 직원들이 목표성과를 달성하면 1,000달러의 보너스를 지급한다. 직원들에게 보너스를 제시하는 방법은 세 가지가 있다.

1. 1,000달러가 무엇을 의미하는지 생각해보라. 할부금을 낼 수도 있고, 집 수리를 할 수도 있다.
2. 은행계좌에 1,000달러가 입금되면 얼마나 안심이 되는지 생각해보라.
3. 이 1,000달러가 무엇을 의미하는지 생각해보라. 이것은 회사가 당신이 회사의 발전에 얼마나 중요한 기여를 했는지 인정하고 있다는 의미다. 회사는 아무런 이유도 없이 그만한 돈을 덥석 내어주지 않는다.

어떠한 제안이 개인적으로 가장 깊은 인상을 주느냐는 물음에 대부분은 3번을 선택했다고 한다. 이 결과는 우리가 상위 욕구에 더 많은 의미를 두고 있다는 것을 보여준다. 그런데 자기가 아니고 다른 사람에게 가장 좋은 포지셔닝이 무엇이냐는 질문에는 1번이 제일 많았고, 다음이 2번이었다. 자기 자신은 자기존중과 같은 상위 욕구에 동기가 유발되고 다른 사람들은 하위 욕구에 동기가 유발될 것이라고 생각한다는 의미다. 아마도 상당수의 리더들이 여전히 금전적 보상을 최우선으로 생각하는 이유도 이와 비슷하지 않을까 생각한다. 자신은 상위 욕구를 추구하지만 직원들은 하위 욕구를 중요하게 생각할 것이라는 식으로 말이다.

▨ 욕구는 변하기도 한다

사람의 욕구가 선천적으로 타고나는 것만은 아니다. 개인의 자아상이나 목표에 의해 영향을 받을 수 있다. 예컨대 높은 사회적 지위를 목표로 세운 개인은 상위 욕구가 지배적일 것이다. 욕구는 후천적으로 환경이나 학습에 의해 발달하기도 하고 퇴화하기도 한다. 성취 욕구를 예로 들어보자. 아이들이 퍼즐 풀기를 할 때, 처음부터 풀기 어려운 것을 보여주면 쉽게 포기한다. 그러나 쉬운 것부터 보여주고 풀게 하면 아이들은 성취감을 맛보게 되고 더욱 어려운 퍼즐에 도전해보고 싶은 생각이 든다. 더욱 높은 수준의 성취감을 맛보고 싶어지는 것이다. 반면, 실패를 거듭하게 되면 더 이상 하기 싫어지기 마련이고 성취 욕구도 낮아진다. 따라서 높은 수준의 어떤 일에 도전하도록 유도하기 위해서는 작은 성취감을 자주 맛보게 하여 성취 욕구를 높이는 것이 필요하다. 다른 욕구의 경우도 비슷하다. 흔히 권력의 맛을 보고 나면 거기에서 빠져나오기 어렵다고 한다. 권력의 맛이 학습된 것이다. 학습을 통해 개인의 이상적인 모델이 형성되면 욕구의 우선순위가 변할 수 있다. 예컨대, 어린아이가 위인전을 읽고 나서 그 위인을 닮고 싶어졌다면 그에 따라 현재의 욕구가 변할 수 있을 것이다.

욕구의 상대적 중요성은 상황에 따라 변하기도 한다. 자아실현 욕구가 강한 사람이 고용이 불안정해지면 안전 욕구가 최우선이 될 것이다. 과거의 욕구 충족 정도 역시 현재의 욕구에 영향을 준다. 어린 시절 가난해서 어떤 것을 못 해본 것이 한으로 남은 사람은 우선적으로 그 욕구를 충족시키는 것을 우선순위로 삼는 경우가 흔히 있다.

매슬로우의 욕구 5단계 이론에 대한 비판도 있다. 실증적이고 과학적인 연구의 결과가 아니며, 욕구 단계 구분이 불명확하다는 점이다. 무엇보다 사람의 욕심에는 끝이 없으니 어느 단계의 욕구가 충족된다는 것이 의문이기도 하다. 어떤 사람은 하위 단계가 만족되지 않아도 상위 단계를 추구할 수도 있고, 한 번에 여러 욕구를 동시에 충족시키려는 경우도 있을 것이다. 천재들을 보면 탐구나 창작 욕구 앞에 다른 욕구들은 완전히 무시되는 듯이 보이지 않는가. 매슬로우의 머릿속에 굶주린 예술가는 없는 듯하다.

이런 한계점에도 불구하고 매슬로우의 모델은 리더가 직원들에게 동기를 부여하기 위해 무엇을 해야 하는지에 대한 질문을 던지고 있다.

사람은 심리적·사회적 욕구를 가진 존재

작업장에서 직원들의 능률을 높이거나 떨어뜨리는 요인은 무엇일까? 그 요인을 밝히기 위해 하버드대학의 연구원들은 1924~1932년에 미국 시카고 교외에 있는 전화기 메이커인 웨스턴 일렉트릭사의 호손공장에서 실험을 했다. 연구원들은 한 작업실 안에서는 조명의 밝기를 다양하게 조절했고, 다른 작업실에서는 조명을 계속 일정하게 유지했다. 그런 다음 두 집단의 작업 성과를 비교해 보았다. 그 결과, 두 집단의 성과가 모두 증가했고 심지어 조명의 밝기를 낮추었음에도 불구하고 생산성은 양쪽에서 모두 향상되었다.

1927년부터 이들 연구팀은 그 원인 규명에 나섰다. 6명의 여자 직원들을 대상으로 계획적 휴식시간 부여, 회사급식 도입, 노동시간 단축 등 여러 가지 노동조건 개선을 시험하였다. 예상대로 생산성은 향상되었다. 그러나 놀랄만한 점은 이 개선책을 모두 중단하고, 노동조건을 원래대로 되돌려도 생산성은 계속 향상되었다는 것이다.

이러한 생산성 향상의 원인은 작업조건 이외의 '무엇'인 것이 확실해졌다. 그래서 이 원인을 검토한 결과, 실험과정 자체가 작업자의 심리적 변화를 낳고, 그 심리적 변화가 작업능률의 향상을 가져온다는 것이 추측되었다.

그리하여 직원의 작업에 영향을 주는 '심리적인 무엇'을 찾기 위해 1928년부터 30년까지 2년에 걸쳐 직원 2만 1,126명을 대상으로 면접을 실시했다. 그들은 일, 노동조건, 상사, 회사에 대한 불만사항을 솔직히 말했고, 그 결과 의외의 사실을 알게 되었다. 면접 그 자체가 치료적 효과를 가지고 있다는 것이다. 면접을 통해 회사에 대해 매일 느끼고 있는 것을 솔직하게 말할 수 있는 기회를 부여받음으로써, 기업의 톱니바퀴에 불과하다고 생각했던 자신의 중요성을 느끼기 시작했던 것이다.

그리고 작업능률을 좌우하는 요인은 작업환경이나 돈이 아니라 직원의 심리적 안정감이며, 사내 친구관계, 비공식 조직, 친목회 등을 통한 심리적 안정감이 그들의 사회적 욕구를 만족시켜 과업성과에 긍정적 영향을 줄 수 있다는 사실을 알게 되었다.

이와 같은 결과는 당시까지 사람의 욕구를 주로 경제적인 면에만 초점을 맞추었던 인간관에서 벗어나 사람의 사회적 욕구에 눈을 돌리게 되는 계기가 되어 인간이 조직의 중심에 자리 잡게 되었고, 직장에서 개인이 느끼는 감정, 대인관계, 동기유발 등이 중요한 이슈로 등장하게 되었다. 업무 생산성을 높여주는 것은 객관적인 근로조건이나 생산시스템보다는 직원을 이해하고 인정해주는 인간적인 관심이 더 중요하다는 사실을 이 연구가 보여준 것이다.

호손공장 실험을 통해 우리는 조직의 생산성에 사람의 욕구가 얼마나 중요한 역할을 하는지 알게 되었다. 이는 곧 경영자와 리더가 해야 할 일이 많아졌다는 것을 의미하기도 한다. 합리적인 생산체계와 관리뿐 아니라 직원의 감정과 인간적인 측면에도 관심을 가져야 하는 것이다.

░ 위생이론

돈만 많이 주면 직원들이 신명나게 일할까? 이런 생각은 편견에 가깝다. 내가 직장인을 대상으로 강의를 할 때, 지금까지 직장에서 일을 하면서 '신바람 났던 때'와 '일할 기분을 떨어뜨릴 때'를 생각하면서 그 이유를 각각 하나씩 써보라고 했다. 사람들이 작성한 것을 모아보면 신바람을 일으켰던 요인과 그 반대의 요인들이 서로 성격이 다르다는 점을 발견하게 된다. 신바람 요인으로 가장 많이 언급되는 것은 주로 성취감을 느꼈을 때나 인정을 받았을 때이고 그 반대의 요인으로는 연봉이나 직장 상사 등이 주로 거론된다.

이러한 내용은 허즈버그(F. Herzberg)[18]의 연구에서도 잘 나타났다. 허즈버그는 공중보건국에서 쌓은 경험을 통해, 건강한 정신이 정신질환의 정반대 상태가 아니라는 생각을 갖고 있었다. 즉, 정신적으로 건강한 사람이 정신병 환자의 반대는 아니라는 것이다. 그는 이런 생각을 바탕으로 모든 근로환경에서 불만족스러운 요인과 만족스러운 요인이 구분되며, 그 두 가

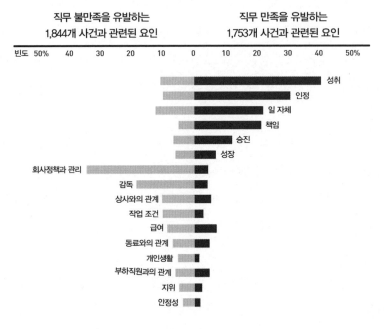

직무 불만족을 유발하는   직무 만족을 유발하는
1,844개 사건과 관련된 요인   1,753개 사건과 관련된 요인

그림 3-3 직무불만족 요인과 직무만족 요인

지 요인이 서로 반대가 아니라는 사실을 밝혔다. 그는 피츠버그 지역에 거
주하는 203명의 엔지니어와 회계사를 대상으로 업무와 관련해 만족하고 있
는 점은 무엇이고 불만족스럽게 생각하는 점은 무엇인지 설문조사를 실시
했다. 조사결과, 불만족스러운 요인은 회사방침, 감독, 급여, 대인관계, 물리
적 근로환경 등의 근로조건과 관계가 있었다. 그는 이러한 요인을 위생요인
(hygiene factor)이라고 불렀다. 만족요인은 성취, 인정, 일 자체, 책임 등과
관계가 있었다. 이러한 요인들을 그는 동기요인이라고 불렀다. 이들 요인을
들여다보면, 흥미로운 사실이 발견된다. 위생이론이 "왜 여기서 일하는가?"
라는 질문과 관계가 있다면 동기요인은 "왜 일을 더 열심히 하는가?"라는
질문과 관계가 있어 보이는 것이다.

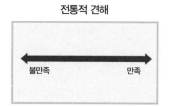
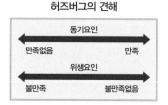

그림 3-4 불만족에 대한 전통적 견해와 허즈버그 견해의 차이

허즈버그에 의하면, 동기요인이 만족되지 않았을 때 그것은 '직무불만족'이 아니라 '직무만족이 되지 않은 상태(NO job satisfaction)'이고, 위생요인이 만족되었을 때 그것은 '직무만족'이 아니라 '직무불만족이 일어나지 않은 상태(NO job dissatisfaction)'다. 위생요인에 문제가 생기면 업무에 대한 부정적 태도가 생긴다. 그래서 위생요소를 개선하면 긍정적 업무태도를 방해하는 요인이 제거된다. 그러나 위생요인들을 해결한다고 해서 만족스럽거나 동기를 부여하는 요인으로 바꿀 수는 없다. 참된 동기부여는 동기요인으로부터 생긴다. 따라서 보상이나 근로환경보다는 만족요인에 해당되는 업무 자체를 통해 동기유발을 도모해야 한다.

대다수의 회사들은 직원들을 동기유발시키기 위해 성과급이나 보너스 등을 가장 먼저 생각한다. 그런데 만족과 불만족은 서로 다른 기준을 갖고 있다. 예를 들어, 우리는 연봉이 높으면 삶이 만족스럽고 낮으면 불만족스럽다고 생각하면서 만족과 불만족을 하나의 축에서 생각하지만, 사실은 그렇지 않다는 것이다. 허즈버그에 의하면 그것들은 동기를 유발하기 위한 적절한 방법이 아니고 단지 불만을 최소화하기 위한 방법에 불과한 것이다. 일하고 싶은 동기는 상사로부터의 인정, 도전적인 일거리, 책임감 등에서 나온다.

이 이론은 급여 인상, 보너스 지급 등 금전적 보상으로 직원을 동기부여하려는 일반적인 방식이 착각이라는 얘기다. 회사 입장에서는 직원에게 업무에 대한 동기부여와 직원의 만족도를 높이려면 무엇에 집중해야 하는지 알 것이다. 성취감, 성장한다는 느낌 또는 자아실현 등과 같이 한 차원 높은 요인들을 충족할 수 있도록 만들어 주는 것이야말로 직원의 업무에 대한 동기와 몰입도를 높일 수 있는 길이다. 돈으로 동기를 높일 생각을 하기보다는 직원들이 한 일에 대해 인정하고 칭찬하는 일이 더욱 중요하다.

▨ 사람의 본성을 바라보는 두 가지 시각

그리스신화에 나오는 피그말리온은 여자의 결점을 너무나도 많이 본 나머지 여성을 혐오하게 되어 평생 결혼하지 않기로 결심한 조각가였다. 어느 날 상아로 여자를 조각하였는데 그 작품의 아름다움은 살아있는 어떤 여자도 따라갈 수 없을 정도였다. 그는 자신의 작품에 경탄한 나머지 이 조각과 사랑에 빠졌다. 가끔씩 살아있는지 아닌지를 확인하기 위해 손을 대보고 여자들이 좋아하는 것들을 선물로 주고 안아보기도 하였다. 또, 옷을 입히고 손가락에 보석반지를 끼우고 목에는 진주목걸이를 달아주었으며, 심지어 부드러운 소파에 눕히고 보들보들한 깃털을 넣어 만든 베개를 받쳐주고 아내라고 부르기도 했다.

아프로디테 제전이 다가와 이 제전에서 자신의 임무를 끝낸 피그말리온은 제단 앞에서 머뭇거리며 말했다. "신들이여! 원컨대, 저에게 저의 상아처녀와 같은 여인을 아내로 점지해주소서". 아프로디테는 그의 소원을 들어주겠다는 표시로 제단에 타오르는 불꽃을 세차게 공중에 세 번 오르게 했다.

집으로 돌아온 피그말리온은 소파에 누인 조각을 보았다. 생기가 도는 것 같았다. 손이 부드럽게 느껴졌다. 착각이 아닐까 의심했지만, 피부를 누르면 들어가고 손을 떼면 다시 원상태로 돌아왔다. 자신의 입술을 여자의 입술에 갖다 대자 그 여자는 수줍은 듯 얼굴을 붉혔다. 마침내 자신이 원하는 바가 이루어진 것이다.

누군가를 대상으로 잘할 것이라고 기대하면 그 사람은 그 기대에 맞추기 위해 노력을 하게 된다. 이와 같이 긍정적으로 기대하면 기대에 부응하는 행동을 하게 되는 것을 피그말리온 효과(Pygmalion Effect) 또는 자기충족적 예언(self-fulfilling prophecies)이라 한다. 이런 효과가 정말 현실에서도 가능할까?

기대는 행동에 영향을 미친다

미국의 교육학자인 로젠탈(Rosenthal)과 제이콥슨(Jacobson)[19]은 초등학교 교사들을 대상으로 피그말리온 효과를 확인해보기로 했다. 학년 초에 초등학교 1학년과 2학년 담임교사들에게 몇 명의 학생들 명단을 주면서 이 아이들은 학습능력예측검사에서 잠재력이 매우 우수한 것으로 확인되었다고 말해 주었다. 사실, 이 아이들은 검사 결과나 학업성적과는 상관없이 무작위로 선택된 아이들이었다. 1년이 지나 학년말에 학생들의 학업성적과 행동을 평가했다. 평가 결과, 잠재력이 뛰어난 것으로 기대되었던 아이들은 그렇지 않았던 아이들과 비교했을 때 전년도에 비해 지능검사의 점수와 학업성적이 현저하게 증진되었다.

원래는 기대 집단의 아이들과 비교집단의 아이들은 능력 면에서 차이가 없었다. 단지 교사가 기대하는 바에서만 차이가 있었던 것이다. 교사는 잠재력이 있다고 기대되는 아이들에게 관심을 많이 기울였을 것이고, 잘못을 했을 때도 잠재력을 믿기 때문에 격려를 아끼지 않았을 것이다. 기대받는 아이들은 이러한 교사의 기대에 부응하기 위해 더 많은 노력을 기울일 수밖에 없었을 것이다. 그 결과, 1년이 지난 다음에는 정말로 잠재력이 개발된 모습을 보여주었다. '잠재력이 있으며 기대받고 있는 사람'이라는 느낌만으로도 사람은 달라질 수 있다. 관심과 애정이 담긴 기대를 받으면서 "할 수 있다"는 자신감을 갖게 되면 더 많은 노력을 하게 된다는 것이다.

누구나 다른 사람들로부터 인정을 받으면 기분이 좋다. 그리고 자기를 인정해주는 사람들을 실망시키고 싶지 않을 것이다. 바보온달도 그랬다. 눈 먼 홀어머니에 내세울 것 하나 없는 그를 좋아해서 호의호식을 버린 평강공주를 위해 온달은 못할 일이 없었다. "온달님은 성실한데다 힘도 세니까 틀림없이 훌륭한 장군이 될 수 있을 거예요". 온달은 평강공주의 기대에 완전히 사람이 달라졌다. 낮에는 활쏘기와 칼 쓰기를 익혔고 밤에는 책을 읽었다. 평강공주의 기대대로 바보온달은 북주(北周) 무제(武帝)가 요동에 침입했을 때 선봉에 서서 큰 공을 세워 국왕의 사위로 공인받았다.

이처럼 기대는 행동에 영향을 미칠 수 있다. 높은 성과를 달성할 것이라는 기대는 실제로 사람들의 성과를 향상시킬 수 있으며 낮은 기대는 성과를 낮출 수 있다. 감시와 통제 정도가 심하다는 것은 사람들이 일을 적절하게 하지 못할 것이라는 기대를 전달하게 되는 셈이다. 감시는 사람들을 신뢰하지 않고 있다는 메시지도 전달한다. 이러한 신뢰결핍은 사람들 스스로 자신을 신뢰할 수 없는 존재로 바라보게 유도하며 이에 걸맞은 행동을 하게끔 한다.

X이론과 Y이론

맥그리거(Douglas McGregor, 1960)[20]가 제시한 XY이론이 바로 이러한 피그말리온 효과에 해당된다. 맥그리거는 앞에서 살펴본 매슬로우의 동기이론을 수용하면서, 또 하나의 중요한 생각, 즉 경영자가 타인을 바라보는 근본시각이 자기충족적 예언으로 작용하는 경향이 있다는 생각을 덧붙였다. 맥그리거는 경영자들이 사람의 본성에 대해 잘못된 생각을 갖고 있다고 주장하면서 전통적인 인간관에 문제를 제기하였다. 그는 사람의 본성을 부정적으로 보는 X이론과 이의 반대의견으로서 사람의 본성을 긍정적으로 보는 Y이론이 있다고 설정한다.

X이론 인간관에 의하면 사람은 본래 노동을 싫어하고 경제적인 동기에 의해서만 노동을 하며 명령이나 지시받은 일밖에 하지 않는다는 것이다. 순자의 성악설에 비유할 수 있는 가설로서, 사람은 선천적으로 게으르고 책임지지 않고 무능하므로 채찍을 가해서 열심히 일하도록 해야 한다는 인간관이다. 따라서 엄격한 감독, 상세한 명령 지시, 상부의 하부에 대한 지배 중시, 금전적 자극 등을 중심으로 하는 관리가 필요하다. 맥그리거에 의하면, 대부분의 리더들이 자기 조직에 소속된 사람들을 생각하는 방식이 바로 여기에 해당된다.

전통적인 경영자들은 자신의 다년간 경험을 들어 X이론만이 소기의 성과를 얻을 수 있는 유일한 대안이라고 주장하곤 했다. 이들은 직원을 "결코 만족하지 않고", "매사에 무관심한" 존재로 인식하고 있었기 때문이다. 여기서 맥그리거는 자신이 Y이론으로 이름 붙인 다른 관점을 제시했다. Y이론 인간관에 의하면, 사람에게 노동은 놀이나 휴식과도 같으며 사람은 자기의 능력을 발휘, 노동을 통해 자기실현을 바라고 있다고 본다. 사람은 또한 타인에 의해 강제적으로 일하게 되는 것이 아니라 스스로 설정한 목표를 위해 노력한다는 것이 Y이론의 핵심이다. 이것은 맹자의 성선설에 비유할 수 있는 가설로서, 적절한 동기만 부여되면 사람은 기본적으로 자기 통제적일 수 있으며, 노동에서도 창조적일 수 있다는 인간관이다.

경영자는 직원에 대해 X이론의 인간관을 가질 수도 있고 Y이론의 인간관을 가질 수도 있다. 그리고 이러한 인간관의 차이는 매우 중요하다. 사람 본성에 대한 믿음은 사람 본성 자체를 바꿀 수도 있기 때문이다. 피그말리온 효과는 그것을 잘 보여준다.

인간 행동에 관한 경제학 모델이나 경영자들은 예외 없이 직원을 일하기 싫어하는 존재로 보고 외부의 어떤 통제나 인센티브가 없으면 일하지 않을 것이라는 가정을 한다. 그래서 이들은 통제, 규율, 개별 인센티브와 감시 등을 강조한다.

경영자가 이와 같은 X이론의 인간관을 가지고 있다면 직원들을 철저히 감시·통제하려 할 것이다. 감시를 당하는 직원들은 당연히 자율적으로 일을 하기보다는 상사의 눈치를 보면서 일을 할 것이고, 이는 결국 직원들의 이러한 행동을 지켜보는 경영자에게 자신의 판단이 옳았다는 확신을 들게 하는 악순환을 가져올 것이다.

그러나 경영자가 Y이론의 인간관을 갖고 있다고 가정해보자. 아마도 그 반대의 상황이 일어날 것이다. 경영자는 직원들이 자율적이고 책임 있는 행동을 할 것으로 신뢰하고 믿으며, 직원들은 이러한 기대에 부응하는 행동을 하게 된다. 그리고 직원들의 책임 있는 행동을 보게 된 경영자는 자신의 Y이론적 인간관에 대한 믿음을 다시 한번 확인하게 될 것이다. 인간관이 선순환 또는 악순환되는 것이다. 직원들이 의존적이고 어린이 같은 행동을 할 것이라고 예측한다면, 그들이 성숙한 행동을 할 가능성은 그만큼 낮아질 것이다.

리더의 동기부여 진단

다음은 리더가 구성원들을 대하는 방식과 관련된 내용이다. 당신이 리더라면 스스로에 대해 진단하고, 부하인 경우라면 소속 조직의 리더에 대해 진단해보자.

전혀 아니다 = 1   아니다 = 2   보통이다 = 3   그렇다 = 4   매우 그렇다 = 5

1. 나는(우리 리더는) 부하들의 역량과 장래 가능성을 향상시키기 위해 다양한 경험과 과제를 통해 체계적으로 육성한다.   (   )

2. 나는(우리 리더는) 부하직원들에게 위양한 업무에 대해서는 간섭을 자제하면서 적절히 코칭한다.   (   )

3. 나는(우리 리더는) 부하직원들에게 적절히 권한을 위양하여 스스로 책임을 질 수 있도록 한다.   (   )

4. 나는(우리 리더는) 부하직원들이 일을 잘한 것을 항상 인정하고 칭찬한다.
                    (   )

5. 나는(우리 리더는) 부하들의 동기유발을 위해 다양한 보상을 제공한다.
                    (   )

6. 나는(우리 리더는) 부하들이 과업에서 흥미와 도전감을 느낄 수 있도록 한다.   (   )

7. 나는(우리 리더는) 부하직원들의 업무수행에서 나타난 문제에 대해 질책을 하기보다는 원인과 개선책을 함께 찾아본다.   (   )

8. 나는(우리 리더는) 부하들의 감성을 세심하게 배려하며 애정을 갖고 그들을 대한다.   (   )

9. 나는(우리 리더는) 상하 관계의 격식보다는 그들이 어떤 생각을 갖고 있는지를 알기 위해 그들의 이야기를 늘 경청한다.　　　　　(　　)

10. 나는(우리 리더는) 부하직원들과 자주 의사소통을 한다.　　　　(　　)

11. 나는(우리 리더는) 부하들이 다가가기 쉬운 사람이다.　　　　(　　)

12. 나는(우리 리더는) 부하들을 자주 격려한다.　　　　　　　(　　)

13. 나는(우리 리더는) 부하들을 인격적으로 대우한다.　　　　　(　　)

14. 나는(우리 리더는) 가지고 있는 모든 유용한 정보와 노하우를 부하들에게 제공해준다.　　　　　　　　　　　　　　　　　(　　)

15. 나는(우리 리더는) 사람들을 제대로 동기부여시킨다면 현재보다 더 높은 성과를 낼 수 있다고 믿는다.　　　　　　　　　　(　　)

점수 합산 후 다음과 같이 진단할 수 있다.
- 60점 이상 : 훌륭한 인적 리더
- 45~59점 : 무난한 인적 리더이나 좀 더 개발이 필요
- 44점 이하 : 사고의 전환과 개발이 요구됨

3. 성공하는 회사는 사람을 어떻게 보는가?

경쟁회사들이 인원감축을 비롯한 비용절감전략으로 경영위기를 헤쳐 나가려는 경향과는 대조적으로, 직원들의 잠재되어 있는 재능과 에너지를 끌어내는 데에 집중하여 성공적인 결과를 이끌어낸 회사들이 있다.

먼저, 미국 사우스웨스트(Southwest) 항공은 대중에게 잘 알려진 성공 사례이다. 이 항공사가 어떻게 미국의 타 경쟁 항공사들을 이겼는지에 대한 이야기는 유명하다. 다른 항공사들이 비용을 절감하기 위해 노력하는 상황 에서 사우스웨스트 항공사는 어떤 전략적 조치나 기술보다는 경쟁우위를 위해 직원들을 중시하는 방법을 선택했다. 이 항공사의 회장 허브 켈러허 (Herb Kelleher)는 이렇게 말한다.

> "경쟁자들이 모방하기 가장 어려운 것은 무형의 것이다. 그래서 나의 가장
> 큰 관심은 단결심, 문화, 정신을 잃지 않는 것이다. 우리가 그것을 잃는다
> 면, 우리의 가장 소중한 경쟁적 자산을 잃게 될 것이다."[21]

버진 레코드 음반회사와 버진 애틀랜틱(Virgin Atlantic) 항공사 등의 창 업주인 브랜슨(R. Branson) 역시 직원이 먼저이고 다음이 고객, 마지막이 주 주라고 강조한다. 그는 회사가 직원을 대하는 방식과 이익은 깊은 관계가 있다고 믿고 있다.

직원들에게 항상 '동료'라고 부르는 월마트의 샘 월튼(Sam Walton) 창업 회장의 철학은 한마디로 "사람이 중심"이다.

"이익을 동료들과 나눌수록 더 많은 이익이 회사에 돌아간다. 그 이유는, 경영자가 동료들을 다루는 방식대로 동료들은 고객들을 대하기 때문이다. 그리고 동료들이 고객을 잘 응대해주면 고객들은 계속해서 찾아올 것이다. 바로 그렇게 해서 수익이 발생하는 것이다."[22]

2000년, 2년 연속 <포춘(Fortune)>이 선정한 '미국인들이 가장 존경하는 기업 1위'를 차지한 세계 최대 건물관리업체인 서비스매스터(ServiceMaster)는 그들의 핵심경쟁요인은 바로 직원들을 훈련시키고 개발시키는 능력에 있다고 입을 모은다. 이 회사 회장인 윌리엄 폴라드(W. Pollard)는 다음과 같이 말한다.

"서비스매스터에서 우리 앞에 놓인 과업은 직원들이 더 효과적으로 일하고, 더 생산성을 높이며, 더 훌륭한 사람이 되도록 그들을 훈련시키고 동기를 부여하는 일이다. 그것은 단순한 직무 이상의 것이며 … 우리의 미션이다. 우리가 이익에만 초점을 맞춘다면 회사는 영혼이 자라는 곳이 되지 못할 것이다. 궁극적으론, 직원들이 방향과 목표의식을 잃게 되고, 고객을 잃게 되어 마침내 이익도 잃게 될 것이다. … 오직 사람만이 이끌 수 있고 오직 사람만이 혁신과 창조를 할 수 있다."[23]

소프트웨어 회사 SAS는 '세계에서 가장 건전한 회사'로 불린다. 장시간 노동, 낮은 충성심, 높은 이직률로 알려진 사업특성에도 불구하고, SAS는 35시간 노동을 강조하고 직원들의 연로한 부모를 대신 돌봐주는 '가정생활부'가 있는가 하면 본인이나 가족이 아프면 무제한의 휴가까지 제공된다. 이처럼 직원들을 아끼고 신뢰한 덕택에 이 회사의 이직률은 극히 낮으며 해마다 고속 성장을 거듭하고 있다. 이 회사 CEO인 굿나이트(Goodnight)는 자신이 대우받기 원하는 방식으로 직원들을 처우해줘야 한다고 믿는다. 어른을 고용해서 어른처럼 대우해주면 그들은 어른처럼 행동할 것이라는 믿음을 갖고 있다.

이처럼 위의 회사들이 다른 회사와 다른 점은 직원에게 직무 이상의 것을 제공한다는 것이다. 바로 소속감, 안정감, 상호신뢰와 존중감을 느끼게 해준다는 것. 그러나 사람과 조직에 대한 이러한 관점은 재무적 인센티브와 위계, 통제 등을 강조하는 전통적인 경제학적 관점과 많은 점에서 충돌하고 있다.

성공하는 회사의 인사관리 특징

성공하는 회사들은 업종의 선택, 기술 개발, 규모의 경제 등을 통해 경쟁력을 확보해왔다는 것이 지금까지의 상식이었다. 하지만 수많은 회사들의 성공 사례들은 궁극적인 성공요인이 이런 요인들이 아닌 '사람', 즉 인적자원의 경쟁력에 있었다는 것을 보여준다.

앞서 언급한 사우스웨스트 항공을 비롯하여 월마트, 플레넘 출판사, 노드스트롬, 링컨 일렉트릭, NUMMI, 타이슨 푸드 등의 사례들은 이러한 주장을 뒷받침해준다. 이 기업들은 그들이 속한 산업군이 매력적이지 않았을뿐더러 규모의 경제를 누린 것도, 신기술을 개발한 것도 아니었다. 오로지 인적자원의 경쟁력 확보를 통해 성공을 이뤄낸 기업들이다.

사람을 통한 경쟁우위의 확보는 노동과 노사관계에 대한 접근방법을 근본적으로 바꾸는 것을 의미한다. 그것은 직원의 행동을 제한하거나 대체하는 것이 아니라 그들과 더불어 일함으로써 성공을 거둔다는 의미로, 직원을 비용절감의 수단으로 보는 것이 아니라 전략적 경쟁우위의 수단으로 보는 것이다.

그렇다면 이들 기업들이 사람을 다루는 방식은 무엇이 다른가? 그 주요 특징들을 살펴보자.

적합한 인재를 뽑는다

사람을 통해 이익을 추구하는 회사는 적합한 인재를 선발하기 위해 필요한 모든 노력을 쏟는다. 이를 위한 첫 번째 과제는 중요한 인재 요건을 명확히 설정하는 일이다. 단지 '가장 훌륭하고 똑똑한' 사람을 뽑는다는 생각은 현명하지 못하다. 조직에 필요한 특성과 직무 요구 조건에 맞도록 최대한 세부적으로 설정할 필요가 있다.

사우스웨스트 항공의 지원자들은 창의성, 판단력, 적응력, 학습능력 등을 평가받는다. 이들 특성들은 면접에서 관련 특성을 판단할 수 있는 질문을 통해 평가받게 된다. 예컨대, 적응력을 평가하기 위해 "까다로운 동료와 일해본 경험에 대해 말하라. 어떻게 행동했는가?"와 같은 질문을 하는 식이다.

고객 서비스를 중시한 엔터프라이즈 렌트카(Enterprise Rent−a−Car)는 업계에서 가장 빠른 성장을 기록했다. 엔터프라이즈는 의도적으로 대학 졸업반 학생들 중, 학업성적보다는 운동이나 개인 장기를 지닌, '중상위권 학생 중에서' 선발함으로써 중급의 고객계층에게 파고들었다. 단순한 지식보다는 대인관계역량을 중시한 인사전략은 성공적이었다.[24]

이처럼 사람을 뽑을 때는 무엇보다 교육을 통해 변화시키기 어려운 중요한 특성에 초점을 맞출 필요가 있다. 기술은 교육을 통해 비교적 쉽게 습득할 수 있지만 태도와 가치관은 바꾸기 어렵기 때문이다. 사람과 조직과의 문화 또는 가치관의 일치 정도는 과업 생산성과 이직률에 적지 않은 영향을 미친다.

최근 기업들을 살펴보면 인재 선발을 여러 차례에 걸쳐 실시하고 있다. 이것은 상당한 비용과 시간을 요구하지만 그만큼의 가치가 있다. 선발 단계를 거치면서 회사에 대한 애착도를 점차 증대시킬 뿐만 아니라 선발이 중요하게 다루어지고 있다는 메시지를 던지는 효과도 있다. 그리고 최종적으로 선발되었을 때 이들은 엘리트 의식과 자신에 대한 자부심을 갖게 된다.

오래전, 이병철 회장 시절의 삼성은 마지막 관문으로 이회장의 면접을 거쳐야 했다. 사람을 제대로 뽑기 위한 목적이었겠지만, 면접에 통과한 사원들에게 또 다른 한 가지 효과가 있었다고 전해진다. 천하의 이병철 회장에게 자신이 인정받았다는 자부심이다.

직원에 투자한다

훌륭한 조직은 직원들의 교육과 학습에 투자를 아끼지 않는다. 올바른 선발은 일류 구성원들을 형성하는 첫 번째 단계이지만, 구성원들 모두가 조직에서 요구되는 기술을 가지는 경우는 드물 뿐만 아니라 지속적으로 업그레이드(up-grade)하지 않으면 뒤처지게 된다. 새로운 업무 지식과 기술을 계속해서 받아들이지 않고서는 구성원들이 계속해서 우수한 성과를 내기가 어렵다. 특히 제품, 기술의 혁신이 빠르게 진행되는 정보화 시대에서는 더욱 그러하다. 때문에 교육 훈련을 통해 개인이 성과를 높여 조직에 공헌할 수 있는 역량을 키워줘야 한다.

교육 훈련은 미래의 경쟁력 원천이므로 전략적 투자라는 인식이 중요하다. 비용은 즉각적으로 지출이 발생하고 비용 산출이 쉽지만, 이로 인한 효과는 측정이 어렵고 오랜 시간이 경과한 후에야 그 결과가 나타나기 때문이다. 교육을 중시하는 회사들은 교육이 투자이며 반드시 이익으로 연결된다는 믿음을 갖고 있다. 그리고 그러한 믿음은 현실로 나타난다. 모토로라 (Motorola)의 내부조사에 따르면 판매교육에 들인 비용의 1달러당 발생한 이득은 무려 29달러였다.[25]

교육을 중시하는 회사들은 흔히 다음과 같은 전략을 취한다.

- 부하의 개발과 학습을 관리자의 목표에 포함시키고 평가한다.
- 특정 직무기술 습득을 위한 단기과정에서부터 장기적 차원의 역량강화를 위한 프로그램 등 다양한 종류의 교육을 제공한다.
- 직원들의 역량과 장래 가능성을 향상시키기 위해 다양한 경험과 과제를 통해 체계적으로 직무 순환시킨다.
- 직원들이 퇴근 후에도 학습을 권장하기 위해 재정적으로 지원을 한다.

이와 같은 전략의 내용이 자신이 다니는 직장과 관계없는 것처럼 들린다면 그 회사는 직원 개발 차원에서 뒤처졌다고 말해도 과언이 아니다. 그것은 분명히 조직의 장기적 존속 측면에서 좋지 않은 상태이다.

적절한 보상

임금은 전통적으로 고용관계를 형성하는 초석으로서 직원을 유인하고 유지시키며 동기유발시키는 가장 기본적인 수단이 되어왔다. 특히 어떤 행동을 유발시키거나 특정 방향으로 행동하게끔 유도하는 경우, 금전적 보상은 그 어떤 수단보다 빠르고 강력하게 효과를 얻을 수 있는 방법이었다. 금전적 보상이 유인책으로서 사회 모든 부문에서 널리 사용되는 이유가 바로 여기에 있을 것이다.

하지만 이렇게 전통적이고 보편적인 유인책으로 기능해왔음에도 불구하고, 많은 기업들이 최고의 인재를 선발하는 것에는 적극적으로 경쟁하는 반면, 급여를 평균 수준 이상으로 지급하는 것에 소극적이라는 사실은 꽤 아이러니하다. 급여 수준은 조직이 직원들을 어느 정도 가치 있게 생각하는지에 대한 일종의 메시지이다. 직원들에게 엘리트 의식과 자부심을 가지라고 하면서 급여 수준은 그렇지 못하다면 설득력이 없을 것이다.

고임금은 성공적인 사업의 결과이며, 경쟁 수준이 낮거나 고학력 근로자들이 종사하는 산업에서나 가능하다는 것이 일반적인 생각이다. 그러나 전문가들은 이 두 가지 모두 틀린 얘기라고 지적한다. 성공하는 회사가 더 높은 임금을 지불하는 것은 사실이지만, 반대로 높은 임금 또한 조직의 성공을 이끌 수 있다는 것이다. 그 사례들을 보자.

1972년 휘트니(John Whitney)가 미국 동부의 대형 식료품 체인회사인 패스마크(Pathmark)에서 최고 자리에 올랐을 때 회사는 재정적으로 거의 파산 상태였다. 상황을 점검해보니 체인점에서 일하는 120명의 체인 관리자들의 급여 수준이 형편없다는 사실을 발견했다. 체인점의 관리자가 체인 성공과 상황을 반전시키기 위한 열쇠라고 판단한 그는 가장 먼저 체인 관리자의 급여를 40~50% 인상했다. 그 결과, 체인 관리자들은 자신의 급여에 대해 걱정하고 불평하는 대신에 성과를 향상시키는 데에 초점을 맞출 수 있었다. 이 일은 또한 유능한 관리자들이 빠져나가는 것을 방지하는 효과를 가져왔고 결과적으로 조직의 성공을 이끌었다.[26]

일부 산업이나 직무의 경우에만 고임금을 지불할 수 있다는 생각 역시 틀릴 수 있다는 것을 여러 사례들이 보여준다. 일례로, 미국의 가장 큰 건축 및 인테리어 제품 유통업체인 홈디포(Home Depot)를 보자. 이 회사는 저가격이 회사의 주요 사업전략이고 치열한 경쟁 환경에 있지만 직원들에게 높은 급여를 지급하고 있다. 많은 경험과 지식을 갖춘 직원을 고용하고 그에 맞는 높은 급여를 지급함에 따라, 직원들은 기꺼이 고객에게 높은 수준의 서비스와 정보를 제공해줌으로써 업계의 다른 기업들보다 높은 경쟁력을 갖추고 있다.

이런 사례들은 무조건 보상을 많이 해주라는 것을 시사하는 것이 아니다. 공헌도가 높고 헌신적 노력을 하는 직원들에게는 마땅히 높은 급여를 지급할 가치가 있다는 것이다.

노드스트롬(Nordstrom) 백화점 사례를 보자. 노드스트롬을 타 경쟁업체와 구분 짓는 또 하나의 특징은 바로 기업가적인 직원이다. 노드스트롬을 찾는 고객들은 직원 한 사람 한 사람이 마치 그 상점의 주인처럼 생각하고 행동하는 데 신선한 충격을 받는다. 미국 백화점의 판매 사원은 시간제로 일하는 임시직이 대부분이어서 시간만 채우면 그만이라는 생각이 지배적이고 따라서 고객 서비스의 질이 떨어질 수밖에 없는 것이 일반적이기 때문이다.

그러나 노드스트롬은 달랐다. 먼저 미국에서 소매업계 최초로 판매 수수료 제도를 도입하였다. 당시로서는 상당히 파격적이고 모험적인 조치였다. 그러나 창립자인 노드스트롬(John W. Nordstrom)은 감독이 필요 없고 자발적으로 열심히 일하는 사람을 끌어들이고 유지할 수 있는 최상의 방법은 능력에 따라 보수를 지급하는 것이라는 오랜 장사 경험에서 우러나온 인사관을 가지고 있었다. 노드스트롬의 직원들은 제품에 따라 6.75%에서 13%의 수수료를 지급받는데, 평균적으로 일급 판매원의 경우 시간급 외에 연 10만 달러의 수수료 수입을 올리고 있으며 신입 직원도 평균 2만 달러 이상을 받는 것으로 알려져 있다. 또한 최우수 고객 서비스상, 올스타상 등 각종 포상 제도를 마련하여 금액은 적지만 매일 상금을 지급하는 등 즉각적이고 가시적인 보상을 실시함으로써 판매 현장의 활력을 높이고 있다.

이외에도 실적 우수자에 대한 보상책으로 각 매장별로 매출 목표를 초
과 달성한 판매 직원에게 '최고 판매 사원(Pace Setter)'이라는 칭호를 부여하
고 이들에게 'Pace Setter'라고 새겨진 업무용 명함과 자사 매장 제품에 대해
연간 33%가 할인되는 신용 카드를 발급해 주고 있다. 이러한 분위기 속에
서 구태여 직원들에게 "고객에게 친절하라", "미소를 지어라"라는 식의 잔
소리는 필요가 없다. 직원들은 때때로 퇴근 후 밤늦게까지 자신의 개인 시
간을 고객 서비스 개선을 위해 투자하기도 한다. 고객의 만족이 곧 자신의
수입으로 되돌아온다는 것을 잘 알고 있기 때문이다.

기업의 생산성이나 수익을 보상과 연결시키는 것도 성공하는 회사에서
흔히 볼 수 있는 제도이다. 많은 직원들이 조직의 성과에 거의 책임감을 느
끼지 못하고 있는데, 이러한 제도는 주인의식을 불러일으킬 수 있다. 예컨
대, 생산성분배제도(gain sharing), 이익분배제도(profit sharing) 같은 것들이 그
방안이 될 수 있다. 생산성분배제도는 생산성 향상으로 인한 비용 절약 부
분을 인센티브로 직원들에게 배분하는 것이다. 이익분배제도는 기업의 전
체 수익이나 사업부의 성과에 상응하는 보너스를 직원에게 분배하는 방식
이다. 이러한 조직 전체 차원의 인센티브들은 공동운명체 의식을 갖도록 하
면서 성과와 수익에 긍정적 효과가 있는 것으로 알려져 왔다.

스타벅스에는 '빈스톡(Bean Stock, 원두주식)'이라는 스톡옵션 제도가 있
다. 회사의 재정적 성공에 대해 보답하고 직원들과 회사의 소유권을 함께
나누기 위해, 비상장기업이었지만 기본 봉급 수준에 따라 고위 경영자부터
모든 직원들에게까지 스톡옵션을 주기로 했다. 스톡옵션을 통해 직원들을
회사와 하나가 되게 하면 투자자들에게 가는 지분은 적어지더라도 회사의
가치는 상승할 것이라는 생각에서였다.

스타벅스는 빈스톡 계획을 직원들에게 설명하기 위해 대규모 모임을

가졌고, 그날 이후 직원이라는 단어를 쓰지 않고 동업자라 불렀다. 6개월 동안 스타벅스에서 일하면 스톡옵션 획득 자격이 주어지는데, 1주일에 20시간 일하는 파트타임 직원들까지 자격이 주어진다. 그렇게 직원들은 비용을 절약하고 매출을 증가시키는 데 즉각적인 효과를 낼 수 있는 아이디어들을 생각해 내기 시작했다.

월마트의 고속 성장의 비결 가운데 하나도 이익분배제도에 있었다. 샘 월튼 회장은 직원들이 돈을 받고 점주를 위해 일하는 피동적인 신분이 아닌, 그들 역시 상점의 주인이라는 점을 인식시키기 위해 이익분배제도를 실시하였다. 초창기 시절, 그는 직원들에게 최대 1,000달러를 투자하면 대형 매장에서 매니저로 일할 수 있고 그 이익을 분배해 나눠가질 수 있는 파트너가 될 수 있다는 아이디어를 내놓았다. 그 결과, 직원들은 이익을 분배받기 때문에 자신의 상점인 양 누가 감독하지 않아도 최선을 다해 임무를 완수했다. 직원과 CEO가 하나가 된 월마트는 경이로운 성장을 거듭, 1991년에 미국 소매체인업계에서 1위로 올라섰다.

자율과 참여의 기회를 준다

미국의 저명한 경영평론가 톰 피터스(Tom Peters)가 지식근로자의 전형으로 지목한 인물은 아무도 상상할 수 없을 만큼 엉뚱한 사람이었다. 바로 샌프란시스코 리츠칼튼 호텔에 근무하는 청소부 버지니아 아주엘라가 그 주인공이다.27) 아주엘라는 20년 가까이 이 호텔에서 청소부로 일하면서 자신의 일을 몸으로 때우는 허드렛일로 여기지 않고 열과 성의를 다해 일했다. 그러나 단지 열심히 일하는 것만으로 지식근로자의 대표적인 인물이 된 것이 아니다. 그녀는 객실 청소와 침대 시트를 갈아 끼우는 법 등을 자기

나름대로 개선하고 보완해 자기만의 노하우를 창출해 냈고 그 방법을 동료들에게 가르쳐 주어 업무의 효율성을 높였다. 이런 그녀의 남다른 주인의식이 그녀를 지식근로자의 위치에 올려준 것이다. 그녀가 이런 주인의식을 발휘하게 된 배경에는 호텔의 임파워먼트(empowerment)가 있다. 이 호텔에서는 고객의 불편이나 문제를 해결하는 데 필요하다고 판단되면 2,000달러를 쓸 수 있는 재량권이 객실 청소요원에게까지 주어진다. 그녀가 신이 나서늘 새로운 노하우를 찾아내려고 노력하려는 이유다.

직원의 교육을 위해 투자한다는 것은 그들의 능력을 향상시킬 뿐 아니라 동기유발과 조직에 대한 충성심을 불러일으키는 효과가 있다. 이건 필요조건 가운데 첫 단계이다. 만약 사람들을 하인처럼 부린다면 그것은 투자한 재능을 낭비하는 격이 된다. 따라서 사람에게 투자했다면, 임파워먼트 해야하는 것이 당연하다.

머리를 가진 사람은 생각하고 싶어 한다. 재능을 가진 사람은 그걸 사용하고 싶어 한다. 슈퍼스타들로 팀을 만들어도 그들의 창의적 재능에 족쇄를 채우면 그들이 할 수 있는 일은 많지 않다.

고전적 관점에서는 경영관리자가 의사결정을 내리고 직원은 지시사항을 수행하는 것으로 간주되었다. 이로 인해 직원은 수행할 과업내용과 수행방법을 결정할 아무런 권한이 주어지지 않고 상사에 의존할 수밖에 없었다. 사실 많은 경영자들은 직원들을 구속하면서 창의성과 주도력이 부족하다고 한탄한다. 직원들을 어린이처럼 대하면서 왜 어른처럼 행동하지 않는지 이해하지 못하는 것이다.

수많은 연구와 사례조사들은 참여와 자율이 사기와 생산성 증대를 가져오는 가장 바람직한 방법 가운데 하나라는 사실을 강조해왔다. 직무수행에 대한 자율성이 크다면 그 직무의 성과는 상사나 작업 절차 방식의 측면

보다는 직무 담당자의 노력이나 창의성, 의사결정 등에 더욱 의존하고 있는 것으로 간주될 수 있다. 따라서 자율성이 증가하면 직원은 일의 결과에 대해 더 많은 책임을 느끼게 되어 자신의 직무에 더욱 몰입하게 된다. 또한 자신의 자율적 의지로 과업을 수행할 경우 사람들은 그 과업에 대해 더 큰 흥미를 가지게 될 것이다.

팀 조직은 참여와 자율을 실천하기 위한 대표적인 방법이다. 조직을 자율경영팀으로 움직이게 하는 것은 고성과 경영조직에서 많이 볼 수 있는 공통적인 특징이다. 자율경영팀에서 일하는 사람들은 다른 부서보다 더 많은 자율성과 융통성을 가지는데, 이러한 팀에 속한 직원들은 일의 즐거움과 만족감이 높으며 전통적으로 감독에 의해 움직이는 집단보다 성과가 높은 것으로 나타났다. 예컨대, 자율경영팀을 운영한 미국의 어느 제조업의 경우 결함률은 38% 감소하였고 생산성은 20%나 향상되었다.[28]

자율적으로 운영되는 자율경영팀은 몇 가지 장점을 가진다.

첫째, 위계적 통제가 동료들의 통제로 바뀐다. 팀의 운영과 성과를 그들 스스로 통제하기 때문에 경영층이 직원들을 직접 통제하기 위해 시간과 에너지를 쏟을 필요가 없다. 동료들에 의한 통제는 상급자의 통제보다 더 효과적인 경우가 많다. 누미(NUMMI)의 경우도 팀으로 조직된 이후 동료들로부터의 압력에 의해 결근율이 낮아졌다.

둘째, 팀 조직은 직원들에게 성과 및 목표에 대해 더 많은 책임감을 느끼게 한다. 그 결과, 직원들은 일을 보다 주도적으로 하고 더 많은 노력을 하게 된다.

자율과 참여는 반드시 팀으로 조직을 설계해야 가능한 것이 아니다. 우리에게 가장 익숙한 방법은 의사결정 권한을 그 일을 추진할 수 있는 지식과 능력을 가진 일선 담당라인으로 위양하는 것이다. 인상 깊은 사례로는 앞서 언급했던 객실 청소를 하는 직원에게까지 상당한 재량권을 주는 리츠칼튼(Ritz-Carlton) 호텔을 들 수 있다. 비교적 저가 체인호텔인 햄튼인(Hampton Inn) 호텔도 비슷하다. 이 호텔은 고객에 대한 "100% 만족 보장 정책" 아래 고객을 행복하게 하기 위해서라면 무엇이든지 할 수 있도록 직원에게 허용했다.

> "몇 년 전 어느 고객이 점심시간에 식당에서 자신이 좋아하는 시리얼이 더 이상 없다면서 큰소리로 불평하는 것을 들었다. … 나는 이 상황이 그 고객을 행복하게 해줄 수 있는 기회라고 생각했다. 나는 그에게 돈을 돌려주었다. 그것은 점심값이 아니라 호텔의 1박 숙박비였다. 나는 내 상사에게 물을 필요도 없이 그 자리에서 즉시 그렇게 했다."[29]

이런 방침으로 인해 많은 비용이 들 것이라고 말할지도 모른다. 그러나 그들은 이렇게 말한다. 만족하는 고객은 주위 10명에게 말하겠지만, 불만족스러운 고객은 100명에게 말할 것이라고. 이렇게 고객을 만족시키기 위해 돈을 쓰는 것은 사실 광고비에 비하면 아주 적은 돈이라는 것이다.

고객만족을 위해서뿐만 아니라 직원이 가지고 있는 역량을 최대한 이끌어내기 위해서는 직원이 판단하고 결정할 수 있도록 허용해야 한다. 자율과 참여는 사람들이 가지고 있는 것을 활용할 기회를 준다. 사람들은 자신의 지식과 기술을 써먹을 수 있는 여지가 있을 때 생산성을 올리는 더 좋은 방법을 궁리하게 된다. 그리고 중요한 의사결정 시 직원들을 참여시키면 그것을 실행할 때 폭넓은 지지를 받게 될 것이다.

정보를 공유한다

누군가 당신에게 "너에게만 말하는 건데…" 하면서 중요한 사실이나 비밀스러운 이야기를 한다면, 이것은 무엇을 의미할까? 그건 그 사람이 당신을 믿는다는 것을 뜻할 것이다.

정보공유는 두 가지 이유로 고성과 조직의 핵심적인 요인으로 꼽힌다. 첫째, 재무성과, 전략, 생산지표 등에 대한 정보공유는 직원들에게 자신들이 신뢰받고 있다는 믿음을 불러일으킨다. 홀푸드마켓(Whole Foods Markets)의 대표이사인 존 멕케이(John Mackey)는 "고신뢰 조직, 모든 사람이 서로를 위한 조직을 만들고 싶다면 비밀을 가져서는 안 된다"[30]고 주장한다. 이 회사는 자세한 재무 및 성과에 관한 정보를 모든 사람들이 공유한다. 팀별 판매량, 시기별 판매량, 점포별 판매량, 점포별 이익, 심지어 매년 조사하는 직원만족도에 관한 정보까지도 공유하고 있다.

정보공유의 두 번째 이유는, 동기유발되고 훈련된 직원조차도 성과와 관련된 중요한 정보를 가지고 있지 않다면, 자신의 지식과 기술을 가지고 생산성을 올리는 더 좋은 방법을 궁리하기가 어렵기 때문이다. 스프링필드 리매뉴팩처링(Springfield Remanufacturing Corporation: SRC)을 예로 들어보자. 1980년대 초, 미국 미주리주의 스프링필드에 위치한 이 회사는 인터내셔널 하비스터(International Harvester)사의 한 계열사로 거의 파산지경에 이르렀다. 이때 CEO인 잭 스택(Jack Stack)과 그를 따르는 13명의 직원들은 현금 10만 달러와 부채 9백만 달러 인수조건으로 회사를 매입하였다.

그 후 스택은 생존전략으로 재정문제에 관한 투명성과 정보공개 등 공개경영철학을 발전시켰다. 모든 직원들은 P&L(손익계산서)을 보고 읽을 줄 알게 되었으며 재무적 의사결정을 내릴 수도 있게 되었다. 예컨대, 그들이

사용하는 하나의 화장지가 어떻게 이윤을 내게 하는가도 알게 되었다. 스택
의 공개경영철학은 다음과 같은 말에서 잘 나타나 있다.

> "비용을 통제하는 최선의 방법은 모든 사람을 그 노력에 동참시키는 것이
> 다. 이는 사람들에게 올바른 의사결정을 할 수 있는 도구를 제공해준다는
> 것을 의미한다."31)

이러한 공개경영 아래 이들은 결국 난관을 이겨냈으며 미국에서 가장
일하고 싶은 회사 가운데 하나로 꼽히기도 했다. 재무 정보의 공개를 받아
들인다면, 앞에서 언급한 생산성분배제도, 이익분배제도 같은 제도들도 어
렵지 않게 도입할 수 있을 것이다.

4. 감성의 힘

▨ 감성지능

  예전에 어느 연구원에 다니던 시절에 경험한 얘기다. 입사 후 처음 맞
는 추석을 며칠 앞두고 비서실에서 전화가 왔다. "원장님께서 올라오라고
하십니다". 처음 겪는 일이라 나는 어리둥절한 채로 원장실에 갔다. 원장은
나를 보자 웃으며 "김박사(당시 내가 속한 본부의 본부장)가 고박사 얘기를 자
주 하더라고. 일 잘한다고."라고 칭찬하면서 안주머니에서 봉투를 꺼내 주
는 게 아닌가? 거의 90도 각도로 허리를 숙이며 두 손으로 봉투를 받은 것
으로 기억한다. 원장실에서 나오자마자 첫 번째로 궁금한 것은 돈의 액수였
고 그다음은 "나 말고 다른 사람들에게도 주었을까?" 하는 것이었다. 이건
끝내 알 수 없었다. 옆자리에 있는 동료에게 확인해볼 수도 없지 않은가? 아
마도 내 직급의 다른 동료들에게도 그런 식으로 격려금을 주었을지 모른다.
그런데 이제 와 생각해본다. 만약 원장이 격려금을 줄 사람들에게 통장으로
입금하도록 지시했다면 어땠을까? 아마도 그 당시 내가 받았던 느낌과는 거
리가 있을 것이다. 개인적으로 직접 돈을 전달했다는 사실이 내 감성을 자
극한 것이니까.

  감성의 중요성은 감성을 지능과 연관시키며 감성지능이라는 개념을 제
시한 다니엘 골먼(Daniel Goleman)[32]에 의해 부각되기 시작했다. 그에 의하
면 감성지능은 자신과 타인의 존재를 인식할 수 있는 능력을 포함하는 일련
의 역량인 동시에, 감성과 대인관계를 처리할 수 있는 능력을 의미한다.

  감성지능의 영향은 매우 크다. 일과 인간관계는 모두 감성지능과 관련
된다. 연구에 의하면 높은 감성지능을 갖춘 사람은 정신건강 상태가 좋고,

더 나은 업무 수행과 더 강한 리더십 기술을 갖고 있다고 한다. 골먼의 연구에 의하면 성공적인 리더와 그렇지 못한 리더 간의 차이는 기술적 능력이나 지능지수(IQ)보다 감성지능(EI)에 의해 크게 좌우된다고 한다.[33] 그에 따르면 약 80% 정도의 감성지능과 20% 정도의 지적 능력이 적절히 조화를 이룰 때 리더십이 가장 효과적으로 발휘된다고 한다. 이 비율로 보면, 리더십은 이성보다는 감성이 훨씬 영향력이 크다는 것을 알 수 있다.

감성지능이 높은 리더는 부하의 감성을 세심하게 배려하며 애정으로 보살핌으로써 그들을 감동시키고 열정을 일으키게 만든다. 예전에 삼성SDS의 김인 사장은 취임 후 매주 월요일마다 경영현황과 사적인 얘기들을 담은 'CEO의 월요편지'를 보내 직원들과의 공감대 형성에 나섰다. 또한 '열린 두리반'이란 모임도 만들어 임직원과 돌아가며 도시락 식사를 함께하며 애로점을 듣고 격려를 하기도 했다.

사우스웨스트 항공의 켈러허 회장에 의해 널리 알려진 펀(fun)경영도 구성원들의 감성 에너지를 자극하기 위한 시도였다. 그는 "일은 재미있어야 한다"는 경영철학을 직접 실천하였다. 출근길에 토끼로 분장하고 불쑥 나타나 직원들을 깜짝 놀라게 하기도 하고, 회사 공식 행사에 오토바이를 타고 엘비스 프레슬리 복장으로 등장해 직원들과 한바탕 춤을 추고 흥겹게 놀기도 했다.

'즐거운 일터, 신바람 나는 회사'는 일류기업의 또 다른 표현이 되고 있다. 직원들의 기를 살리면서 자발적인 참여와 헌신을 이끌어내는 기업들은 강력한 경쟁력을 갖기 마련이다. 회사 분위기가 즐겁다면 구성원 간의 의사소통과 팀워크가 개선되고 생산성이 높아지는 것은 당연하다. 관료적이고 딱딱한 조직보다 부드럽고 인간적이며 재미있는 조직이 직원들의 자발적인 헌신을 이끌어낼 수 있을 것이다.

감성리더십은 사람들에게 애정을 보여줌으로써 신뢰를 형성한다. 수년 전 아스피린을 판매하는 바이엘헬스케어의 아태지역 총괄사장인 이희열 사장은 어느 날 창밖을 보다가 우연히 실외근무를 하는 직원들이 추위에 떠는 모습을 발견했다. 당장 점퍼를 여러 벌 구입하여 직접 찾아가 전달했다.

> "점퍼를 지급했다는 사실이 아니라 사장이 직접 찾아가 전해줬다는 점이 중요해요. 점퍼 몇만 원 안 합니다. 시간은 5분이면 충분해요. 그런데 이후 직원들이 사장을 보는 시선이 달라지더군요."[34]

텍사스에 있는 스타벅스(Starbucks) 점포에 강도가 들어 점포 관리자가 사망한 사건이 있었다. 이 비극을 접한 슐츠(Howard Schultz) 회장은 즉시 전세 비행기를 타고 텍사스로 갔다. 그는 점포의 문을 닫은 후 그곳에 머무르면서 가족들과 직원을 만나 상담하고 지원하면서 깊고 진지한 관심을 보여주었다. 그러나 그는 거기서 멈추지 않았다. 사망한 관리자의 가족을 위해 기금을 조성하고 그 관리자를 기념하기 위해 사건이 일어난 점포를 기증했으며, 그 점포의 수익을 가족의 부양과 아이들의 교육을 위해 헌납했다.[35] 이 같은 행동이 직원들의 마음에 어떤 영향을 주었을지는 짐작할 수 있을 것이다.

학생 시절 어느 교수님께서는 나를 맞이하며 악수를 할 때 동시에 왼손으로는 내 팔을 가볍게 잡으면서 악수를 하셨다. 간단한 행동의 차이일지 모르지만 나는 큰 차이를 느꼈다. 이 교수님께서 나를 진심으로 맞이해 주신다는 메시지처럼 느껴졌다. 이처럼 뛰어난 리더들은 어떻게 감성을 자극하면서 더 높은 신뢰를 쌓아 가는지를 알고 있으며 실천하고 있다.

▨ 섬김

　＜동방으로의 여행＞이라는 헤르만 헤세의 소설이 있다. 귀족을 비롯한 상류층 사람들이 동방으로 여행을 떠난다는 아주 단순한 이야기다. 이 소설 속에서 헤르만 헤세는 '레오'라는 인물의 중요성에 초점을 맞춘다. 레오는 귀족 일행의 온갖 심부름과 허드렛일을 도맡아서 하는 하인이다. 그런 레오가 사라지기 전까지는 모든 여행이 순조로웠다. 그러나 어느 날 갑자기 그가 사라지자 일행은 그만 혼돈에 빠지게 되고 뿔뿔이 흩어져 결국 여행은 중단된다. 일행은 그제야 하인 레오가 없으면 아무것도 할 수 없다는 것을 깨닫는다.

　서번트 리더십을 제안한 그린리프(Robert K. Greenleaf)[36]는 주인공 레오의 행동을 보면서 진정한 리더의 모습을 발견한다. 서번트(servant), 즉 하인·머슴·봉사자란 의미에서 알 수 있듯이 이 서번트 리더십은, 조직에서 가장 중요한 것은 사람이고 조직의 리더는 직원들을 위한 서번트로서의 역할을 해야 한다는 것을 강조한다. 특히 리더와 구성원들 간의 신뢰관계가 무엇보다 중요하다고 인식하여 이를 위해 타인을 위한 봉사에 초점을 두며, 직원, 고객 및 커뮤니티를 우선으로 여기고 그들의 욕구를 만족시키기 위해 헌신하는 리더십이다.

　그동안 미국의 ＜포춘(Fortune)＞이 선정한 100대 기업들의 면면을 살펴보면, 서비스매스터(ServiceMaster), 마이크로소프트(Microsoft), 월마트(Wal－Mart), 노드스트롬(Nordstrom), 킨코즈(Kinko's), 사우스웨스트(Southwest) 항공, 인텔(Intel) 등 상당수 기업들이 서번트 리더십을 기본 철학 및 주요 경영이념으로 삼고 있는 것을 알 수 있다.

　서비스매스터의 예를 들어보자. 이 기업은 건물 내 해충구제, 욕실과 변기 청소, 세탁, 조경, 보안 등 남들이 좀처럼 하기 싫어하는 3D 분야의 각종 서비스를 제공하는 기업이다. 폴라드 회장이 선임부사장의 직책으로 서비스매스터에 입사한 첫날, 그에게 황당한 임무가 하나 주어졌다. 거래처인 한 종합병원의 계단과 화장실의 변기를 말단직원들과 함께 청소하라는 것이었다. 폴라드 회장은 이 일을 통해 서비스의 일선에서 일하는 직원들의 고충을 깨닫게 되고 고객을 섬기는 일이 어떤 것인지 분명하게 알게 되었다. 이후 서번트 리더십은 이를 몸소 실천한 폴라드 회장의 기본 경영전략이 되어 서비스매스터의 성공을 지속시켜 주었다.

과거 월마트의 월튼 회장의 리더십도 직원을 섬기는 마음을 기초로 했다. 직원들이 사전 통보 없이 월튼을 만나러 가는 것이 전혀 이상하지 않았다고 한다. 잘 알려졌듯이 월튼의 사무실은 세계 최고의 다국적 기업 창업주라고 하기엔 너무나 작았으며, 늘 열려 있었던 것으로 유명했다. 상하 관계의 격식보다는 평등한 동료의식을 바탕으로 직원을 대했으며, 다른 사람의 말을 경청하기를 즐겼다. 리더는 군림하는 게 아니라 봉사하는 존재라는 서번트 리더십을 직접 몸으로 보여준 리더였다는 평가를 받는다.

간혹 대중매체를 통해 영업부문을 담당하는 사장이 직접 영업사원들의 발을 씻겨주며 직원을 섬기는 모습을 보여 화제가 되기도 한다. 추상같은 상명하복, 권위로 똘똘 뭉친, '가까이하기엔 너무 먼' 리더들의 시대는 지난 듯하다. 부하들의 자발적 참여와 신바람을 일으키기 위해서는 부하들의 감성을 자극하고 섬김을 바탕으로 한 인간적 유대감이 중요하다는 것을 위대한 리더들이 보여주고 있다.

5. 어떻게 커뮤니케이션을 할 것인가?

"직장인의 이직은 회사를 떠나는 것이 아니라 직장 상사를 떠나는 것이다."

미국 컨설팅회사인 페르소나 글로벌(Persona Global)의 존 곤스틴(Jon Gornstein) 박사의 얘기다. 연봉, 미래에 대한 비전 등의 이유로 회사를 떠난다고 얘기하지만, 사실은 직장 상사와의 갈등 때문에 회사를 떠나는 직원이 많다는 지적이다. 우리나라 직장인을 대상으로 한 조사에서도 '짜증 나는 상사'가 가장 큰 스트레스의 원인으로 꼽히고 있다.[37]

커뮤니케이션은 대인관계의 기초인 동시에 부하들을 동기유발시키고 상호이해를 촉진하기 위한 가장 기본적인 수단이다. 리더의 커뮤니케이션 역량이 어느 정도이냐에 따라 리더십이 얼마나 효과적으로 발휘되느냐가 결정된다고 해도 과언이 아닐 것이다.

여기서 잠깐. "진심으로 설득하면 통하지 않겠느냐" 식의 소통법에 대해 어떻게 생각하는가? "나만 옳다"는 생각이 밑바탕에 깔린 것은 아닐까?

우리가 사람들을 상대해서 의사소통을 하는 방식은 크게 두 가지로 나눌 수 있다. 나만 옳다는 식으로 소통하는 것과 내가 틀릴 수도 있다는 식으로 소통하는 것. 전자는 일방적 통제모델이고 후자는 상호학습모델이다.[38]

▨ 일방적 통제모델

사람들이 대인관계에서 흔히 사용하는 방식은 일방적 통제모델이다. 이들의 머릿속에 있는 가정은 다음과 같다.

나는 상황을 제대로 파악하고 있다. 그러나 나와 의견이 다른 사람들은 그렇지 않다

이런 생각을 갖고 있는 사람은 다른 사람의 의견이 자신과 다를 경우, 그들은 잘못된 정보를 가지고 있거나 판단력이 자신보다 못해서 상황을 제대로 파악하지 못한다고 생각한다. 그러므로 자신이 판단하고 있는 것을 제대로 이해한다면 그들도 자신의 생각에 동의할 것이라고 보는 것이다.

따라서 이러한 생각을 가지고 있는 사람들은 다른 사람들과 함께 결정하기보다는 자신이 혼자 결정하고 다른 사람들은 그것을 따르기를 원한다.

내가 옳다, 나와 의견이 다른 사람들은 틀렸다

이러한 가정은 첫 번째 가정에서 나온 필연적인 결과이다. 당연히, 자신의 주장을 관철시키는 데에만 주력하게 된다. 그렇게 하지 못하게 되어 자신의 생각을 바꾸거나 거두어들이면 실패라고 생각한다.

나는 순수한 동기를 가지고 있지만 나와 의견이 다른 사람들은 불순한 동기를 가지고 있다

자신은 팀이나 조직의 목적에 가장 부합하게 행동하지만, 자신과 의견이 다른 사람들은 자기 이익을 챙기려 하거나 상황에 맞지 않는 동기에 따라 움직인다고 생각한다.

나의 부정적인 감정은 정당한 것이다

다른 사람들은 현실을 제대로 이해하지 못하기 때문에, 그리고 이런 이해 부족은 부분적으로 불순한 동기에서 나온 것이므로 자신이 그들에게 화를 내거나 부정적 감정을 느끼는 것은 당연하다고 생각한다. 자신의 사고방식 때문에 그런 감정을 갖게 되었을 가능성은 전혀 인정하지 않는다.

이러한 일방적 통제모델의 가정을 가지게 되면, 흔히 자신의 입장만을 내세우고 다른 사람의 논리는 묻지 않게 된다. 그리고 오해와 갈등, 방어적 행동들을 불러일으킨다. 이 모두가 근본적으로 자신이 통제권을 장악하려는 시도에서 나오는 결과이다.

░ 상호학습모델

이 모델은 일방적 통제모델의 문제점이었던 통제 의도를 단순히 포기하는 것이 아니라 사고 자체의 전환을 요구한다. 상호학습모델의 핵심가정들을 살펴보자.

내가 관련 정보를 일부 가지고 있으나, 다른 사람들 역시 관련 정보를 가지고 있다

상호학습모델에서는 자신이 문제의 이해와 해결에 필요한 정보의 일부만을 가지고 있다고 가정한다. 그리고 다른 사람들도 해당 주제에 대해 자신의 사고방식에 영향을 미칠 수 있는 관련 정보를 가지고 있다고 가정한다. 관련 정보에는 자신이 사실이라고 믿는 내용, 견해, 그런 견해에 이르는 사고논리, 느낌 등을 모두 포함한다.

우리 각자가 다른 사람들이 보지 못한 부분을 볼 수 있다

일방적 통제모델에서는 문제가 되는 것이 다른 사람이지 자신이 아니다. 그러나 상호학습모델에서는 자신이 문제의 원인을 제공하고 있으면서도 그 사실을 깨닫지 못하고 있을지도 모른다는 가정을 가지고 출발한다. 자신의 한계를 인정하는 것이다.

이런 가정을 가지고 있으면 자신이 문제에 원인을 제공하고 있다는 것을 다른 사람들이 어떻게 보고 있을지 궁금하게 여기고 이에 대해 질문을 하게 된다.

서로의 차이는 학습을 위한 기회이다

일방적 통제모델에서는 누군가 자신과 다른 견해를 가지고 있다면 그 견해가 틀렸다고 보고, 설득하고 넘어야 할 장애물로 생각하기 때문에 이런 차이들은 무시하거나 최소화하려고 한다. 이런 대응 태도는 모두 자신의 의견을 우위에 두려는 의도이다.

그러나 상호학습모델에서는 의견의 차이를 학습의 기회로 본다. 의견의 차이를 계기로 상대방을 좀 더 깊이 이해하고 다양한 관점을 통합한 해결책을 모색하려고 한다.

사람들은 주어진 상황에서 성실하게 행동하려고 노력한다

상호학습모델은 사람들이 순수한 동기를 가지고 있다고 가정한다. 자신의 눈으로 볼 때, 사람들이 이치에 맞지 않는 행동을 하거나 찬성할 수 없는 행동을 해도 그들이 불순한 동기에서 그런 행동을 하고 있다고는 생각하지 않는다. 따라서 사람들이 왜 그렇게 행동하는지 그 이유를 이해하려고 노력하는 것이 필요하다.

이러한 가정은 동정심(compassion)이라는 핵심가치에서 나온다. 여기서 동정심이란 다른 사람에 대해 불쌍한 마음을 갖는 것이 아니라 구성원 중 누군가의 행동에 대해 다 같이 책임을 느낄 수 있도록 다른 사람들과 공감대를 형성하는 것을 말한다. 동정심에 바탕을 둔 행동과 생각을 함으로써 다른 사람을 이해하고 입장을 바꿔 생각하는 자세를 가지며 그들을 돕고자 하는 마음을 가지게 된다.

░ 상호학습모델에 의한 대화

이제 위와 같은 상호학습모델에 입각하여 구성원들과의 대화에서 실제로 어떻게 행동을 해야 할지에 대해 살펴보자.

첫째, 가정과 추론은 검증한다. 이 말은 내가 다른 사람의 행동을 보고 생각한 의미가, 그 행동을 한 사람이 자신의 행동에 부여한 의미와 같은지를 당사자에게 물어본다는 것이다. 예컨대, "~이라고 생각하시는 것 같은데, 맞습니까?"라고 확인하는 것을 말한다.

사람들은 흔히 다른 사람의 생각이나 행동 가운데 불분명한 부분에 대해서 확인해보지도 않고 판단하는 경향이 있다. 그러나 올바른 상호이해와 신뢰를 위해서는 반드시 확인하는 것이 필요하다.

둘째, 모든 관련 정보를 공유한다. 구성원 각자가 어떤 문제를 해결하거나 의사결정을 하는 데 영향을 줄만한 정보를 가지고 있다면 이러한 정보를 다른 사람에게 모두 알려야 한다는 것이다. 사람들이 정보를 공유함으로써 모두가 정보에 근거한 의사결정을 할 수 있고 자발적인 참여 의식을 일으키는 데 토대가 되는 공통적인 정보의 근거가 마련된다.

흔히 과업에 관련된 내용이나 실질적인 이슈에 대해서는 이야기하면서 대화하는 상대방을 생각하여 자신의 생각과 느낌은 표현하지 않으려 한다. 그러나 감정의 공유도 중요하다. 그 이유는 다른 사람에 대해 느끼는 감정이 결국 대화의 내용을 바라보는 자신의 시각에 영향을 미치기 때문이다.

셋째, 구체적인 사례를 들어 말하고 중요한 단어는 그 의미를 모두가 동일하게 이해하도록 명확히 정의한다. 사람, 장소, 물건, 사건 등을 설명할 때는 가능한 한 직접 관찰할 수 있는 행동을 사례로 든다. 구체적인 사례는 그와 관련된 정보를 다른 사람들이 정확하게 판단하고 공유할 수 있게 할 것이다.

넷째, 자신의 사고논리와 의도를 설명한다. 일방적 통제모델에서는 자신의 사고논리를 설명하는 것은 다른 사람들이 자신의 논리에 허점을 지적할 수 있고 그래서 대화에서 승리할 가능성이 줄어들기 때문에 문제가 된다. 그러나 상호학습모델에서는 자신의 사고논리를 명확히 설명함으로써 다른 사람들이 자신과 다른 의견이나 접근방법을 가지고 있는 부분은 무엇인지, 그리고 다른 사람은 알고 있으나 자신이 놓치고 있는 부분은 없는지 학습할 수 있는 기회가 생긴다.

다섯째, 자신의 의견을 말한 후 상대방의 의견을 묻는다. 의견제시(advocacy)란 자신이 생각하고, 알고 있고, 원하고, 느끼는 바를 상대방에게 전달하는 것을 의미한다. 반면에 질문은 상대방이 무엇을 생각하고, 알고 있고, 원하고, 느끼는지를 알려고 하는 행동이다.

주장을 내세우기만 하면 자신의 사고논리의 결함에 대해 학습할 기회가 없다. 질문 없이 주장만을 내세우면 다른 사람들은 그에 대한 반응으로 그들의 의견만을 내세우고 그에 대해 자신은 더욱더 자신의 주장을 내세우게 된다. 이렇게 악순환하면서 각자 주장의 강도만 세지고 서로를 설득하려고 들기만 한다.

반대로 주장은 하지 않고 질문만 한다면 어떻게 될까? 이 경우 다른 사람들은 자신이 어떤 사고논리를 가지고 있는지, 왜 그런 질문을 하는지 다른 사람들이 알 수 없으므로 이해를 도울 수 없다. 주장만 한다거나 질문만 하는 것은 모두 대화를 일방적으로 통제하려는 방법으로, 이 경우 사람들은 방어적인 행동을 하게 된다.

이와 같은 상호학습모델의 가정과 행동을 하게 되면 상호이해가 증진될 수 있다. 자신이 모르는 정보나 사고를 다른 사람들이 가지고 있다고 가정하고 자신이 놓친 부분을 다른 사람은 관찰할 수 있다는 사실을 받아들이기 때문이다. 또한 확실하지 않은 자신의 추측으로 발생할 수 있는 오해와 갈등이 줄어들고 여기에 대한 방어적인 행동도 줄어들 것이다.

그런데 여기서의 요점은 단순히 무엇을 말하고 어떻게 말하는지를 바꾸는 것만으로는 충분치 않다는 것이다. 지금까지의 일방적 통제모델의 바탕에 깔린 사고방식을 바꾸는 것이 중요하다. 이를 위해서는 내가 가지고 있는 가정이나 가치 중에 다른 사람들에게 의도치 않은 결과를 초래했던 것들은 무엇인가? 라는 질문을 던져볼 필요가 있다.

사실 많은 리더들은 지나치게 통제적이고 때론 부하들의 감정을 불편하게 여길 뿐만 아니라, 그들의 의견에 귀를 막고 자신의 행동이 타인에게 어떤 영향을 주는지 전혀 모르고 있다. 그리고 그러한 행동이 조직에 얼마나 해가 되는지 역시 모르고 있다.

리더의 경청 기술 진단

　　경청은 단지 상대방의 말을 듣기만 하는 소극적이고 수동적인 행위가 아니다. 우리 자신의 관심과 욕구와 편견을 한쪽으로 밀어놓고 상대방을 진정으로 이해하고 공감하겠다는 의지의 표현이며, 상대방이 말하고자 하는 모든 메시지에 반응하는 매우 적극적인 과정이다. 따라서 경청은 리더의 중요한 커뮤니케이션 기술이다.

　　다음 행동들은 적극적 경청과 관련된 내용이다. 자신에게 해당되는 정도를 측정해보자.

전혀 안한다 = 1 거의 안한다 = 2 가끔 그렇다 = 3 대부분 그렇다 = 4 항상 그렇다 = 5

다른 사람과 대화를 할 때,

1. 다른 사람의 견해를 이해하려고 한다.　　　　　　　　　　(　)

2. 자신의 생각을 일단 보류한다.　　　　　　　　　　　　(　)

3. 그 사람에게 주의를 집중한다.　　　　　　　　　　　　(　)

4. 대부분의 시간을 말하기보다는 듣는 데 보낸다.　　　　　(　)

5. 정확히 이해했는지를 확인하기 위해 질문을 던지기도 한다.　(　)

6. 이해받기 전에 이해하려고 노력한다.　　　　　　　　　(　)

7. 주변에 잡념을 일으킬만한 것들(전화, 신문, 다른 사람들의 대화 등)은 무시한다.　　　　　　　　　　　　　　　　　　　(　)

8. 이야기 도중에 시계를 보지 않는다.　　　　　　　　　　(　)

9. 적절한 보디랭귀지(웃음, 끄덕거림, 제스처 등)를 사용한다.   (   )

10. 내가 제대로 이해했는지 확인하기 위해 알기 쉽게 말을 바꾸어
　　말해보기도 한다.   (   )

11. 듣는 도중에는 어떻게 반응할 것인지에 대해 생각하지 않는다. (   )

12. 상대방의 말이 끝난 후에야 말한다.   (   )

13. 대화 중에는 그 사람에 대해 판단하지 않는다.   (   )

14. 말하려는 조바심이 없다.   (   )

점수 합산 후 다음과 같이 진단할 수 있다.
• 56점 이상 : 훌륭한 경청자
• 42~55점 : 좋은 경청자
• 41점 이하 : 말하기보다는 듣는 연습이 필요

체크포인트

1　사람이 모든 일의 근원이다.

- 사람이 조직에서 행복해야 조직에게도 이롭다. 사람은 조직이 자신의 욕구를 충족시켜줄 때, 의욕을 갖고 일할 마음이 생기기 마련이다.

2　사람들은 기대에 부응하는 행동을 하려 한다.

- 직원들에 대해 통제가 필요한 존재라고 생각한다면 그들은 자율적으로 일을 하기보다는 상사의 눈치를 보면서 일을 할 것이다.

- 직원들을 자율적인 존재로 본다면 그들은 책임 있는 행동을 하게 된다.

3　성공하는 회사들은 사람을 통해 경쟁력을 확보하고 있다.

이런 회사들은,
1. 적합한 인재를 뽑는다.
2. 직원에 투자한다.
3. 잘 보상해 준다.
4. 자율과 참여의 기회를 준다.
5. 정보를 공유한다.

4　리더십은 이성보다 감성이 중요하다.

실습 1

성공하는 회사가 인적자원의 경쟁력을 높이기 위한 특징을 소속 조직의 모습과 비교해보자.

성공하는 회사의 특징	우리 조직의 제도 및 모습
적합한 인재를 뽑는다	
직원에 투자한다	
적절한 보상	
자율과 참여의 기회를 준다	
정보를 공유한다	

실습 2

당신은 38살의 젊은 나이에 뛰어난 역량을 인정받아 어느 회사의 제품 사업부를 책임지는 이사로 스카우트되었다. 이 사업부의 매출액은 점점 하락하고 있고 회사에서 유일하게 적자를 기록하고 있는 사업부라서 직원들의 사기도 매우 낮다. 또한 대부분의 고직급자들은 자신보다 훨씬 나이가 적은 윗사람을 모셔야 한다는 사실에 심기가 불편한 상태이며, 일부 핵심 멤버들은 이직을 고려하고 있다.

오늘은 바로 당신의 첫 출근일이다. 사업부의 관리직 직원들은 당신과의 상견례를 위해 대회의실에 집합하였다. 이제 이들을 향해 당신은 어떤 말과 행동을 하겠는가?

4명이 한 조를 만들어 토론을 하고 발표를 한다. 다른 조들과 비교해보고 어느 조가 가장 훌륭했는지 평가해보자.

실습 3

온정은 다른 사람과 친밀감을 느끼게 해주며 인간관계의 촉매제 역할을 한다. 이제 온정을 표현하는 연습을 다음 단계에 따라 해보자.

• 1단계 : 두 명이 한 조를 이룬다. 대화의 내용은 자유롭게 정하고, 서로 말하고 들으면서 상대방이 온정을 표현하는 것 중에서 당신이 좋아하는 것을 관찰해보자.

• 2단계 : 약 5분간 대화를 나눈 뒤 각자 온정을 어떻게 표현했는지에 대해 피드백을 준다. 더 온정적으로 표현하기 위해 바라는 것이 있으면 제안해보자. (예 : 공감, 미소, 부드러운 눈길, 관심과 애정 표현 등)

실습 4

사람들을 동기유발시키기 위한 방법에 대해 논의해보자.

• 1단계 : 개인별로 다음 이슈에 대해 생각해본다.

1. 사람들을 무엇에 의해 동기유발되는가? 자신 또는 다른 사람이 어떤 일에 열정적으로 동기유발된 사례를 생각하면서 동기유발 요인(또는 원인)들을 열거한다.

2. 사람들의 동기수준을 떨어뜨리는 것들은 무엇인가? 자신 또는 다른 사람이 어떤 일에 전혀 동기가 유발되지 않았던 사례를 생각하면서 그 요인(또는 원인)들을 열거한다.

• 2단계 : 각 조별로 가장 중요하다고 생각되는 요인들을 각각 순서대로 최대 5가지씩 뽑아본다. 이 요인들을 근거로 사람들을 동기유발시키기 위한 방법에 대해 논의한다.

• 3단계 : 각 조의 대표들은 논의 내용을 요약하여 발표한다.

제4장
정치 프레임

　몇 년 전 겨울날 인터넷 뉴스에서 재미있는 사진을 보았다. 첫 번째 사진은 개와 고양이가 추위에 잔뜩 웅크린 채 2미터쯤 떨어진 상대방을 서로 바라보는 모습이었다. 이어진 다음 장면의 사진을 맞춰보시라. 바로 추위를 견디기 위해 둘이 서로 몸을 꼭 붙이고 있는 모습이었다. 흔히 개와 고양이는 사이가 좋지 않다고 하는데, 평소에 사이가 안 좋아도 서로의 생존과 이익에 도움이 된다면 기꺼이 협력해야 한다는 것을 보여주는 상징적인 장면이 아닐까? 이 장에서 소개하는 정치 프레임은 조직의 현실과 생존적인 측면을 강조한다. 조직의 현실은 어떠하며 이러한 현실에서 개인이나 조직이 생존하기 위해 무엇을 해야 하는가? 조직에서 정치가 필요한 이유는 무엇이며 효과적인 정치기술은 무엇인가?

1. 이해관계 연합체로서의 조직

///// 의사결정은 합리적으로만 이루어지지 않는다

필름을 생산하는 이스트먼 코닥(Eastman Kodak)[39]은 1993년에 스테펜 (Christopher Steffen)을 총괄부사장으로 영입하였다. 스테펜은 대규모의 일시 해고를 포함한 비용절감계획을 단행하려고 했다. 이러한 해고조치에 가장 큰 영향을 받는 부서는 생산부서였으며, 생산부서장은 해고를 막기 위해 많 은 노력을 하였다. 스테펜은 연구개발부서나 마케팅부서, 판매부서 등의 부 서에 많은 권한을 위임하였다. 연구개발부의 위치를 최고경영자 바로 밑에 위치시키고 많은 재량권을 부여하였으며 마케팅부의 의견을 제품의 생산에 적극 반영시킬 것을 지시하였다. 당시 코닥의 생산부서와 마케팅부서 간에 는 갈등이 존재하고 있었다. 마케팅부서에서는 소비자들과의 직접적인 접 촉을 통해 소비자의 욕구가 다양하다는 것을 알고 있었으며, 그러한 욕구를 충족시킬 수 있는 고객지향적 제품의 생산이 필요하다고 주장하고 있었다. 이러한 마케팅부서의 제안에 연구개발부서는 찬성이었지만 생산부서는 동 의하지 않았다. 고객지향적인 제품을 생산하려면 비용이 많이 들고 시간이 더 소요되며 표준화된 제품을 생산함으로써 얻을 수 있는 효율성이 낮아지 기 때문이었다. 이러한 생산부서의 의견에 회계부서는 동의하였다.

당시 코닥은 경쟁적인 환경에 직면하여 기술에서도 우위를 지키지 못 하는 등 불확실한 환경에 놓여있었다. 코닥이 생존·성장하기 위해서는 환 경의 특성에 맞는 조직구조로 변화시켜야 했으나 회사 측에서는 스테펜의 혁신 방안을 수용하지 않았다. 우선, 최고경영자집단에게도 스테펜의 시도 는 염려스러운 점이 있다. 스테펜의 제안대로 조직이 재편된다면 스테펜의 영향력은 더욱 커질 것이고 조직 내에서 자신들의 입지는 낮아질 것이기 때문이다. 해고에 의해 가장 큰 영향을 받게 되는 생산부서의 장이 이를 막기 위해 노력을 기울인 것도 부하들에 대한 인간적 배려 때문만은 아닐 것이다. 부하의 숫자가 줄어들면 조직 내에서 자신의 입지가 그만큼 약화될 것이 우려되기 때문이다. 부서들 간의 이해관계도 다르다. 마케팅부서는 제품의 판매실적에 의해서, 생산부서는 생산의 효율성에 의해서 평가를 받는다. 조직 구성원의 이해관계가 모두들 조금씩 다른 것이다.

▨ 조직은 생존을 다투는 정글이다

동물의 세계를 다룬 다큐를 보면, 동물들이 영역을 두고 싸우는 모습을 흔히 볼 수 있다. 조직 내 인간의 경우도 비슷하다. 차이가 있다면 인간의 투쟁영역은 물리적인 영역이 아닌 자신의 이익을 최대한 지키기 위한 이해관계의 영역이다. 예컨대, 내 업무영역을 다른 사람이나 부서가 넘보거나 지배하려고 든다면 지켜보고만 있지는 않을 것이다.

사람들은 조직 전체의 이익보다는 자신의 이익을 보호하고 극대화하기 위한 의사결정과 행동을 우선적으로 취한다. 조직은 합리성과 효율성을 추구하지만 사람들은 자신의 처지를 먼저 생각하지 않을 수 없다.

이상적으로 말하자면, 조직의 결정은 여러 대안들의 장단점을 기초로 이루어져야 한다. 그러나 현실적으로는 많은 의사결정이 정실이나 유대관계 또는 권력을 가진 자의 선호도 등 정치적인 고려를 기초로 이루어진다. 정치적 요인은 종종 대안들을 평가하는 데에 어떤 데이터를 중시할 것인가에 영향을 미친다. 예컨대, 의사결정자는 자신이 잘 보이고 싶은 영향력 있는 사람의 입지를 지지해주는 데이터를 선택하기도 한다.

물론 사람들이 무조건 자신의 이익만을 추구하는 것은 아니다. 조직의 존속을 위협하는 치명적이거나 지속적인 갈등을 피해야 한다는 생각은 가지고 있다. 조직의 존속을 전제로 하는 보이지 않는 쟁탈전인 것이다. 그리고 목표를 둘러싼 의견의 대립은 불가피하게 권력과 영향력의 행사를 동반한다.

우리는 흔히 조직구조가 조직의 효율성을 기준으로 설계되어야 한다고 믿어왔다. 예컨대, 안정적인 환경에서는 통제를 중시하는 관료적 특성의 기계적 조직구조가 적합하지만, 빠르고 역동적인 환경에서는 상황에 따라 융통성 있게 적응할 수 있는 유기적인 조직구조가 적합하다고 지적해왔다. 이러한 주장은 논리적으로 합리적이면서도 경험적으로 증명되어 온 사실이다.

그러나 흥미로운 점은, 그 반대의 경우도 종종 발견된다는 사실이다. 조직이 최소한 생존할 수 있는 정도의 효율성을 가지고 운영된다면 권력 보유자들은 자신들의 권력을 계속 유지하기 위한 노력을 기울이게 된다. 의사결정자들은 조직의 발전보다 자신이 가지고 있는 권력의 유지를 더 선호한다. 현재의 조직구조가 조직의 생존을 위협하는 경우가 아니라면 자신의 현재 입지를 흔들어 놓을 수 있는 조직구조 변화는 시도하지 않으려 할 것이다. 사람들의 머릿속에는 우선적으로 자신의 권력 향방으로 가득 차 있다.

조직구조를 설계하는 데에 있어서도 핵심적인 문제는, 조직이 효과성을 극대화하기 위해 어떻게 설계되어야 하는가에 있는 것이 아니라, 그 구조가 누구의 욕구와 이익을 충족시킬 것인가에 초점이 있다. 이 점에서 조직구조란 "조직의 존속이라고 하는 제약조건하에서 벌어지는, 주어진 특정 시점에서의 주도권 쟁탈의 타협안"[40]인 것이다.

모든 조직은 공동의 목표를 강조한다. 기업의 경우 고위층에서 매출액이나 수익률 등의 목표가 설정되면 모든 직원들이 그 목표를 명확히 이해하고 공유해야 하는 것은 당연한 일로 여겨진다. 조직의 구성원들이 서로 다른 목표를 가지고 있다는 것은 생각하기 어려운 일이다. 여기까지가 우리가 일반적으로 알고 있는 조직의 모습일 것이다.

그런데 현실은 그렇게 합리적이지 않다. 조직은 공통된 목표를 가지고 있지만, 구성원들의 이해관계는 모두 같지 않다. 특히 조직의 규모가 크거나 다양한 분야의 기능으로 구성된 조직의 경우 조직 구성원들의 이해관계는 더욱 다양하고 복잡하다.

조직 구성원들은 각자 고유한 욕구와 목표를 가지고 있으며, 자신의 이익을 최대화하기 위해 끊임없이 노력한다. 그리고 조직의 이익과 개인의 이익이 충돌한다면, 사람들은 당연히 자신의 이익을 선택할 것이다. 조직을 위해 희생할 사람은 아무도 없다. 따라서 좀 더 냉철하게 본다면, 조직은 다양한 이해관계로 얽힌 개인과 이익집단으로 구성된 연합체라고 할 수 있다.

2. 정치로서의 조직

▨ 갈등을 보는 시각

영화 <리멤버 타이탄>은 실화를 바탕으로 만든 영화이다. 1970년대 미국, 백인과 흑인의 고등학교 통합으로 인해 백인과 흑인이 한 팀이 된 고교 미식축구팀의 이야기를 다루었다. 흑인인 수석코치가 영입된 후 이들은 2주간의 합숙훈련을 떠나지만, 처음부터 갈등과 싸움의 연속이다. 그러나 너무 힘들고 지치는 훈련 속에서 서로를 알아가면서 하나가 되고 훈련의 효과는 극대화된다. 이후 이들은 대회에서 13연승을 거두었고 전국 2위의 성적을 거두었다. 교통사고를 당한 백인 친구의 병실에 들어온 흑인 친구에게 간호사가 보호자만 들어올 수 있다고 말하자, 백인 친구가 "보면 몰라요? 얘랑 나랑 닮았잖아요"라고 말하는 모습은 가슴을 뭉클하게 한다. 이처럼 영화나 소설 속의 갈등은 영화를 영화답게, 소설을 소설답게 만드는 중요한 역할을 한다. 초반에 펼쳐진 이들 간의 갈등이 없었다면 영화가 그토록 감동을 주지는 못했을 것이다.

그러나 현실로 돌아오면 갈등은 커다란 장애물일 뿐이다. 조직에서 갈등은 서로 입장, 견해, 이해관계가 달라서 일어나는 불화나 충돌을 말한다. 정도의 차이가 있을 뿐, 갈등이 없는 집단은 아마도 지구상에 없을 것이다. 개인 간이든 집단 간이든 갈등이 발생하면 감정적 상태로 이어지기 쉬우며, 스트레스가 증가하고 결국에는 조직의 성과에 나쁜 영향을 미칠 수 있다.

이런 이유로 전통적으로 갈등은 피해야 하는 것, 뭔가 비효율적이고 정상 상태가 아닌 병리적 현상으로 이해되어 왔다. 특히 우리나라와 같이 조화와 융화를 중시하는 문화에서 갈등은 있어서도 안 되지만, 설령 있다고 해도 드러내서는 안 되는 것이었다. 이건 인간관계에서든 조직에서든 마찬 가지여서, 갈등은 '있어도 없는 듯이' 조용히 처리하는 것이 현명한 것처럼 인식되어 왔다. 그리고 이런 경우 "그냥 넘어가", "네가 참아" 식의 조언이 일반적이다.

합리성에 초점을 맞추는 구조 프레임에서는 갈등의 원인을 구조적 결함에서 찾는다. 예컨대, 업무 처리 과정에서 부서 간 갈등이 자주 발생한다면 그 원인은 부서 간의 모호한 역할 분담이나 책임소재 또는 이들 부서를 원만히 조정해야 할 책임이 있는 상급자나 조정 부서 등 구조적 측면에 문제가 있다는 것이다. 따라서 이들 구조적 결함을 보완한다면 갈등은 발생하지 않을 것이라는 시각이다.

인간 프레임 측면에서 갈등을 바라보는 시각 역시 부정적이다. 갈등은 구성원들 간의 인간관계나 커뮤니케이션의 문제, 또는 상호신뢰의 부족 등에 그 원인이 있다고 본다. 갈등은 오해의 산물이므로 사람들이 원활한 커뮤니케이션, 더 많은 인내력을 가진다면 많은 문제가 사라질 것이라고 보기 때문에 갈등을 최소화하고 예방하기 위해 서로가 노력해야 한다는 입장이다.

반면, 정치 프레임은 갈등이 조직의 생리상 불가피하다는 점을 지적한다. 앞서 언급한 바와 같이 조직에는 공통된 목표가 있지만, 동시에 구성원들 간에는 목표와 이해관계 차이가 분명히 존재한다. 이러한 이해관계의 차이에서 갈등은 자연스럽게 일어날 수밖에 없다는 것이 정치 프레임의 시각이다. 단지, 갈등이 표면적으로 드러나느냐의 여부, 그리고 그 갈등의 크기가 어느 정도이냐의 차이만 있을 뿐이다.

▨ 조직은 갈등소재로 가득

조직 구성원들 간의 의견 차이는 과업이 세분화될수록 더욱 많이 발생한다. 과업이 세분화될수록 조직은 서로 다른 배경과 교육을 가진 사람들로 구성될 것이고 이들은 사람 수만큼이나 서로 다른 시각을 가지고 있다. 예컨대, 영업사원이 보는 시각과 엔지니어의 시각과 재무담당 사원의 시각은 각기 다르다.

이상적으로는, 모든 단위 집단들이 오직 공통된 목표를 위해 협력적으로 일하는 것이다. 그러나 현실을 보면, 그들은 종종 전쟁상태이다. 영업부서는 관리부서가 자신들을 지나치게 통제한다고 불만을 토로하고, 관리부서는 영업부서가 비용마인드가 부족하다고 지적한다. 각자 자신만의 과제를 추구하면서 자신의 세력권을 보호하고 일이 잘못되면 누군가를 비난한다.

조직에서 어떤 특정한 자리를 맡게 되면 그 자리를 통해 들어오는 정보를 가지고 세상을 바라보게 된다. 마케팅담당자는 판매와 시장점유율에 대한 자료를 가지고 있고, 생산담당자는 비용과 재고율에 대한 정보를 가지고 있다. 또한 자신의 자리와 목표에 따라 판매량, 비용 최소화, 혁신의 정도, 재무 수익률 등 인센티브의 기준도 다르다. 이러한 차이가 세상을 다르게 보는 이유이기도 하다. 어떻게 바라보느냐는 어떤 자리에 있으며 무엇이 자신에게 중요하게 작용하느냐에 달려있는 셈이다.

이렇듯 조직에는 갈등이 발생할 수 있는 소재로 가득 차 있다. 개인 차원은 물론, 집단이나 부서 간의 수평적 갈등뿐 아니라 상하계층 사이의 수직적 갈등도 발생할 수 있다.

여기에 가치관, 전통, 신념과 생활양식이 서로 다른 집단 사이에서는 문화적 갈등도 발생할 수 있을 것이다. 예컨대, 신세대와 구세대 간의 가치관 차이는 늘 갈등의 소지를 품고 있다. 동창회나 출신 지역 등과 같이 친분을 가지고 있는 소속 집단이 다르다는 것이 갈등의 원인이 되기도 한다. 특히 우리나라의 경우 출신 지역이나 학벌은 어느 조직에서나 정치적 파워 게임의 단골 소재이다.

최근에는 여성의 사회진출이 활발해지면서 성 차이로 인한 갈등도 자주 볼 수 있다. 또, 국내 외국계 회사라면 문화적 차이로 인한 갈등도 예상할 수 있다. 그 밖에 소속 집단, 가치관, 목표, 이해관계, 지위 등의 차이는 모두 갈등의 소지를 가지고 있다.

심각한 의견의 차이는 분명한 목표가 없거나 외부의 위협이 존재하지 않은 경우에 더욱 빈번하고 두드러지게 발생할 수 있다. 외부의 위협이 있는 경우, 조직의 존립이 위협을 받기 때문에 사람들은 우선 조직 공동의 목표에 집중하게 되기 마련이다.

제한된 자원

구성원들 간의 이해관계 차이들이 모두 갈등을 일으키는 것은 아니다. 상대방이 원하는 대로 따른다면 아무 일도 일어나지 않을 것이다. 하지만 그것은 불가능에 가깝다. 이것을 뒷받침하는 이유가 바로 자원의 부족이다. 조직의 자원과 예산, 사람들은 제한되어 있고 우리가 할 수 있는 행동도 제한되어 있다. 구성원들은 이들 자원 가운데 각자의 공정한 몫을 원하지만 모든 사람들에게 그들이 원하는 보상을 주기란 불가능하다.

회사에서 직원들에게 지급하는 급여는 회사의 이익에서 나온다. 그 이익을 개인의 지위나 공헌도 등 일정한 잣대로 분배하게 된다. 지위도 마찬가지다. 일반적으로 조직은 위로 올라갈수록 자리가 점점 줄어든다. 모든 사람들에게 각자가 원하는 정도의 보상과 지위를 줄 수는 없을 것이다. 결국 더 많은 보상과 소수의 상층 지위를 차지하기 위한 경쟁과 이권다툼이 불가피하고 이런 여건하에서 갈등이란 자연스럽게 발생할 수밖에 없을 것이다.

이렇듯 갈등이 조직의 생리상 불가피하게 발생할 수밖에 없고 소멸되는 것이 아니라면, 이제 문제는 어떻게 하면 갈등을 잘 관리하고 긍정적으로 활용할 수 있는가에 있을 것이다. 따라서 정치 프레임은 갈등해소가 아닌, 갈등관리의 전략과 전술에 그 초점을 둔다.

갈등에 대한 시각도 과거엔 부정적인 면이 대부분이었으나, 현대적 해석은 오히려 긍정적인 측면을 강조한다. 역기능만이 아니라 순기능도 분명히 있다는 것이다. 평온하고 조화로운 조직이 사실은 경직되고 정체된 무감각한 조직일 수도 있다. 갈등은 기존질서에 문제를 제기한다는 점에서 긍정적이며, 개인과 사회의 변혁과 창조, 혁신의 근원이다.

그래서 갈등을 더 이상 부정하거나 회피하는 것은 현실적이지도 않거니와 바람직하지도 않다. 갈등은 조직의 한 단면이다. 갈등을 인식하고 이를 관리하는 것이 리더와 조직에게 주어진 중요한 과제다.

정치의 필요성

흔히 정치를 국가에 한정되는 인간 활동이라고 생각하지만, 그 외 모든 생활에서 발생하는 이해관계를 조정하고 한정된 자원을 적절히 배분하는 과정도 바로 정치이다. 조직의 자원이 한정되어 있고, 구성원들은 다양한 이해관계를 가지고 있기 때문에 조직은 정치와 밀접한 관계를 가질 수밖에 없다. 그래서 상충된 이해관계와 갈등을 효과적으로 관리하기 위한 정치적 기술은 리더가 갖추어야 할 핵심 역량 가운데 하나라고 할 수 있다.

자원이 부족할수록 또는 이해관계가 다양할수록 정치적 활동은 더욱 활성화되고 격렬해진다. 예를 들어, 기업에서 인원감축이나 혁신프로젝트를 추진하게 되면, 조직 내에서 자신의 입지를 굳건히 하거나 강화하기 위해 정치적 활동이 활발해지는 것을 발견할 수 있다.

따라서 현실적으로 정치 없는 조직을 생각하기 어렵다. 정치학자인 롱 (N. Long)은 "정부는 조직이라고 말하지만 그 반대, 즉 조직은 정부라고 말해도 맞다"[41]고 지적한 바 있다. 특히 큰 규모의 조직일수록 정부와 같은 근본적인 정치적 실체이다.

정치에 대한 일반적인 선입견을 살펴보자. 성공한 경영자 출신 또는 탁월한 경영마인드를 가진 것으로 알려진 사람이 선거에 출마했다고 가정하자. 경영자 출신이라는 경력이 유권자로부터 표를 얻는 데 도움이 될까? 아마도 그럴 것이다. 일반적으로 우리는 대통령이나 행정가들에 대해 경영자적 자질과 마인드를 요구한다. 선거에 출마하는 정치가들 역시 자신이 경영자 마인드를 가졌다는 점을 부각하려고 애쓴다.

이러한 현상은 미국도 마찬가지다. 조지 부시의 대통령 당선에는 그가 석유사업과 텍사스 프로야구팀의 구단주 시절 보여준 탁월한 사업 수완가의 모습이 한몫했다고 볼 수 있다. 리 아이아코카(Lee Iacocca)는 최악의 적자상태에 있었던 크라이슬러(Chrysler) 자동차의 사장으로 취임한 지 5년 만에 사상 최대 흑자를 기록하며 대출 12억 달러를 조기 상환하자 단번에 대통령 후보감으로 부상하기도 했다.

이와 반대로, 경영자에게는 정치적 마인드나 역량이 있다는 말은 그 사람에게 도움은커녕 부정적인 이미지만 더해준다. 누군가 자신에게 정치적인 사람이라고 말한다면, 기분 좋게 받아들이는 사람은 아마도 별로 없을 것이다. 이처럼 경영에 비해 정치에 대한 이미지는 좋지 않다. <표 4-1>

에서 볼 수 있듯이, 조직에서 개인적인 성공을 위해서는 정치가 필요하다고 인정하면서도 조직의 정치적 현상에 대해서는 반감을 갖고 있다. 정치는 조직의 효율성을 해치기 때문에 정치가 없는 것이 바람직하다는 것이다. 이것은 미국의 조사결과이지만 조직에서의 정치를 바라보는 시각은 한국의 경우도 크게 다르지 않을 것이다.

표 4-1 조직에서 정치에 대한 관리자의 생각

질문	동의하는 비율(%)
정치의 존재는 모든 조직에서 흔한 현상이다.	93.2
성공적인 임원은 훌륭한 정치가가 되어야 한다.	89.0
조직에서 높은 지위로 올라갈수록 정치적 분위기는 더욱 짙어진다.	76.2
막강한 힘을 가지고 있는 임원들은 정치적인 행동을 하지 않는다.	15.7
조직에서 앞서나가기 위해서는 정치적일 필요가 있다.	69.8
최고경영자는 조직 안에서 정치적인 행위들을 제거해야 한다.	48.6
정치는 조직이 효과적으로 움직이는 데 도움을 준다.	42.1
정치가 없는 조직은 정치가 만연한 조직보다 행복하다.	59.1
조직에서 정치는 효율성을 해친다.	55.1

출처: Jeffrey Gandz, and Victor V. Murray, "The Experience of Workplace Politics", Academy of Management Journal, 23, 1980, 244쪽

우리는 과학적 관리기법이나 계획적 관리 등에 관해서는 흔히 듣는다. 그러나 정치적 갈등이 어느 조직에서든 존재하고 있음에도 불구하고 조직정치에 대해서는 익숙하지 않다. 리더들 역시 조직의 정치적 측면을 무시하는 경향이 있고 자신도 정치적 리더 또는 정치적 감각이 있는 리더라는 말

을 듣기 꺼려 한다. 그 결과 많은 조직에서 정치적 갈등이나 행위들은 주로
은밀하게 다루어진다. 어떤 조직에서든 경영에서 정치적 측면이 무시되지
는 않지만, 정치라는 말은 지극히 부정적으로 받아들여질 뿐, 회사는 의사
결정에서 오로지 합리성과 효율성만 추구하는 것으로 여겨진다.

정치에 대한 이런 부정적 시각은 경영학에도 무관심으로 반영되고 있
다. 정치가 조직의 중요한 생리임에도 불구하고 별로 중요하게 다루어지고
있지 않다. 설사 다루어진 경우에도 대개는 개인의 배타적 욕구 충족을 위
한 이기적인 정치 활동을 주로 언급하고 있다.

미국의 자동차부품 제조업체인 벤딕스(Bendix)사에서 부사장이었던 커
닝햄(M. Cunningham)은 '부적절한 행동'으로 인해 물러나야만 했다. 그녀는
이를 회상하면서 말하기를,

> "비즈니스 스쿨에서 현금흐름에 대해서는 가르쳐주지만 조직정치에 대해
> 서는 말해주지 않는다. 내 경험으로는 권력에 대한 강의가 생산, 마케팅 및
> 재무와 같은 수업만큼 중요하게 다루어져야 한다."[42]

회사에서 경영자의 임무는 조직 구성원, 고객, 공급자, 노조 등 수많은
이해관계자들을 관리하는 것이다. 이들 서로 다른 이해관계자들의 협력을
얻어내는 일은 금전적인 이익을 내는 일보다 훨씬 어려운 일이다. 따라서
조직에서 정치적 요인과 그 과정을 이해하고 관리하는 방법에 능숙하지 않
으면 조직을 이끌어나가기 어렵다. 조직에서 정치적 요인이 필요 없다거나
제거할 수 있다는 믿음은 비현실적이다.

정치적 마인드 진단

다음은 개인의 정치적 마인드 수준을 측정하는 내용이다. 자신의 정치적 마인드에 대해 진단해보자.

전혀 아니다 =1   아니다 =2   보통이다 =3   그렇다 =4   매우 그렇다 =5

1. 나는 힘 있는 사람들과의 관계 형성을 위해 나의 행동이나 습관을 바꿀 수 있다.
2. 나는 내가 조직에 반드시 필요한 존재라는 사실을 사람들에게 각인시키기 위해 노력한다.
3. 나는 나와 같이 일하는 사람들에게 언제나 친근감과 성실한 모습을 보여 준다.
4. 나는 다른 사람들에게 좋은 인상을 심어주기 위해 노력한다.
5. 나는 다른 사람에게 호혜를 베풀어 내 사람으로 만들려고 한다.
6. 나는 조직 내외부의 많은 사람들과 폭넓은 인맥을 형성하고 관리한다.
7. 나는 영향력 있는 사람들과 식사나 스포츠에 같이 어울리는 등 그들과 친분을 발전시키기 위해 노력한다.
8. 나는 다양한 방법과 기술을 활용하여 다른 사람에게 영향력을 행사하는 데에 익숙하다.
9. 나는 나의 이미지와 평판에 늘 주의를 기울인다.
10. 나는 다른 사람들에게 그들이 필요한 자원이나 정보, 또는 권한 등을 내가 가지고 있다는 사실을 각인시키려 한다.
11. 나는 일이나 출세에 별 도움이 되지 안 되는 사람들과 함께 점심 먹는 것은 시간 낭비라고 생각한다.

12. 나는 사람들에게 좋은 인상을 주기 위해 그들이 듣고 싶어 하는 말을 해 주려고 한다.

13. 중요한 사람에게 아첨하는 것은 현명한 행동이라고 생각한다.

14. 나는 까다로운 사람들까지 포함하여 조직의 모든 사람들과 원만하게 잘 지내며 그들과의 논쟁을 피한다.

15. 나는 조직에서 영향력 있는 사람을 결코 공공연하게 비난하지 않는다.

점수 합산 후 다음과 같이 진단할 수 있다.
- 60점 이상 : 탁월한 정치적 마인드가 있음
- 45~59점 : 정치적 마인드가 있지만, 좀 더 개발이 필요함
- 44점 이하 : 너무 순진함

3. 권력

▨ 리더에게는 권력이 필요

영화 <특별시민>에서 주인공 변종구는 권력을 위해서 딸까지 살인자로 만든다. 그리고 정치의 꽃이라고 할 수 있는 선거를 통해 인간의 권력욕구가 어느 정도로 강렬할 수 있는지 보여준다.

권력이란 어떤 일을 수행하기 위해서 다른 사람이나 조직을 움직일 수 있는 능력을 말한다. 여기서 능력이란 다른 사람에게 무엇을 하도록 하는 능력인 동시에 '하지 않도록' 하는 능력까지 포함한다. 권력이란 능력을 가리키는 것이기 때문에 반드시 겉으로 드러나야 하는 것은 아니다. 아직 행사를 하고 있지는 않지만 상대방을 움직일 수 있는 잠재적인 영향력을 가진 경우에도 권력을 가졌다고 말할 수 있다.

권력에 대한 일반적인 태도와 느낌도 정치와 마찬가지로 부정적이다. 대부분의 사람들은 권력을 추구하는 사람들에 대해 좋은 선입감을 갖고 있지 않다. 권력의 사용이 불가피하고 필요하다고 생각하는 사람들조차 권력을 휘두르게 되면 다소간의 죄책감을 느끼곤 한다. 심지어, 권력의 남용이 나쁜 것이 아니고 권력 자체가 악이라고 말하는 사람도 있다.[43] 언제부터인가 우리 사회에서 자주 등장하는 소위 갑질 문제는 권력관계의 일그러진 모습이다. 권력을 가진 자와 그렇지 않은 자는 직장 상사와 부하, 선생과 학생, 심지어 연인 사이에서도 존재하며, 가진 자의 비정상적인 지배행위나 폭력적 행위가 발생하기도 한다.

상황이 이런데도 상호관계와 협력을 중시하는 인적자원 이론가들은 권력을 중요한 요인이라고 생각하지 않는 경향이 있다. 이들은 참여, 개방, 협조가 잘 이루어질 경우 권력은 문제가 되지 않는다는 가정을 암묵적으로 가지고 있다. 이것은 권력에 대한 무관심으로 이어져 결국에는 권력에 대한 오해와 혼란을 더욱 가중시켜왔다. 수많은 리더들이 권력의 속성을 간파하지 못하고 권력을 효율적으로 사용하지 못해 실패하는 경우도 많다.

　리더가 처해있는 환경의 특징 가운데 하나는, 리더가 자신의 임무를 효과적으로 수행하기 위해 여러 분야의 사람들에게 크게 의존하고 있다는 점이다. 일이 전적으로 자신의 노력과 능력에 의존하는 전문가와 달리 한 조직의 리더는 자신이 속한 고위층을 비롯하여 부하들, 동료, 외부 관련 업체들, 노조, 정부 및 공공기관 등 다양한 분야에 의존하고 있다. 이들로부터 최소한의 협력이 없다면 리더는 조직을 이끌어가면서 목표를 달성할 수 없다.

　조직 내에서도 의존적 관계가 존재한다. 조직의 과업들이 세분화되어 있고 이들 과업은 직접 또는 간접적으로 다른 과업에 의존하고 있으며 서로 협력을 필요로 한다. 이와 같이 의존적인 관계를 다루는 일은 리더의 중요하고도 어려운 임무이다. 조직 구성원들이 리더가 원하는 대로 척척 움직인다면 가능하겠지만 그건 거의 현실성이 없다. 어떤 사람들은 너무 바빠서, 어떤 사람은 도와주고 싶은 마음이 없어서 비협조적일 수 있다. 일부 사람들은 리더와 다른 목표나 가치관, 믿음 등을 가지고 있어 갈등을 일으킬 수도 있을 것이다.

　회사에서 최고경영자는 절대 권력을 가지고 있다고 생각한다. 그러나 조직에서 공식적인 권한을 가지면 가질수록 취약한 분야는 증가하고 더욱 복잡해진다. 아무리 최고의 자리에 있다고 해도 사실은 자신이 통제하기 어려운 많은 사람들에게 의존하고 있다. 게다가 오늘날에는 윗사람이라는 이유로 무조건 복종하고 따르려는 사람이 그다지 많지 않다. 심지어 업무 처리를 엉뚱하게 해 곤란하게 만들거나 업무 지시에 대해 따지는 등 상사를

힘들게 하기도 한다.[44]

자신의 지위에만 의존해서는 사람들을 이끌기 어렵다. 이럴 땐 설득이라는 수단이 있기는 하지만, 이것도 쉬운 일이 아니다. 설득을 하기 위해서는 시간과 노력이 필요하며 상대방이 귀를 닫고 있으면 아무 소용이 없다. 사정이 이러하니 리더에게는 지위가 주는 것 이상의 권력과 영향력이 필요한 것이다.

권력을 얻는 방법

어느 회사에서 컨설팅을 했을 때 겪은 일이다. 그 컨설팅을 담당했던 최 이사는 갓 승진한 당시 최연소 이사였다. 그런데 사람들의 말로는 그가 실질적인 이 회사의 2인자라고 한다. 실제로 그의 상위 직급인 전무나 부사장들이 최 이사를 대하는 태도는 다소 공손하다는 느낌마저 들었다. 비결이 뭘까? 알고 보니 조직구조 개편을 비롯하여 인사제도 등 그 회사 주요 프로젝트들이 그의 관리하에 진행되고 있었다. 그에게 자연스럽게 힘이 실리는 이유였다. 권력은 지위 순이 아니라는 사실이다.

조직에서 어떻게 권력을 획득할 것인가? 왜 어떤 사람은 지위가 같아도 다른 사람들보다 영향력이 더 있는 것처럼 보이는 걸까? 왜 어떤 사람은 지위가 높아도 다른 사람들에게 영향력이 없는 걸까?

우리가 어려서부터 부모에게 배운 첫 번째 교훈은 '말을 잘 듣는 것'이었다. 즉, 의존과 복종이다. 이건 학교에 들어가서도 마찬가지이다. 말 잘 들으면 착하고 훌륭한 사람이 된다는 말을 수없이 들어왔다.

그러나 영향력이나 권력을 행사하는 방법에 대해서는 배운 바 없다. 그 결과 우리는 우리가 가지고 있는 권력의 잠재력에 대해 무지하다. 공식적으로 권한을 받은 윗사람도 마찬가지이다. 상사는 종종 자신의 권력을 과대하게 지각하고 있고 부하는 자신의 권력을 과소평가하곤 한다.

상사는 부하를 고용하고 명령을 내리며 보상해주고 처벌할 수 있다. 그러나 부하는 항상 그들의 명령을 따르지는 않는다. 상사가 주는 당근과 채찍을 부하들은 간혹 무시하기도 한다. 부하를 해고할 수 있지만 쉬운 일이 아니다.

부하들은 자신들이 먹이사슬의 바닥에 있다고 생각하지만 그건 착각이다. 권력의 형태는 다양하다. 그리고 눈을 제대로 뜨고 바라보면 권력을 만드는 원천은 사방에 널려있어서 지위가 낮은 사람도 얼마든지 자신의 권력을 높일 수 있다.

권력은 리더가 조직을 이끌어나가기 위한 가장 기본적인 수단이다. 권력이 없거나 부족하다면 리더는 조직을 이끌어나가기 위한 영향력을 행사하기 어려워진다. 리더십이 얼마나 잘 발휘되느냐는 리더의 권력과 영향력의 크기에 달려있다고 해도 과언이 아닐 것이다.

그렇다면 리더는 어떻게 자신의 권력의 크기를 향상시킬 것인가? 권력의 원천은 다양하다.

권한

리더가 권력을 얻게 되는 가장 기본적인 통로는 권한이다. 권한은 개인에게 주어진 자리에 부여되는 권력이다. 흔히 합법적 권력이라고도 하는데, 우리에게 가장 익숙한 권력이기도 하다.

권한은 조직의 규범에 의하여 정당성이 승인된 권력이며, 조직에 들어온 사람은 자신들의 행동을 통제하는 리더의 정당한 권리를 받아들인 것으로 볼 수 있다. 그래서 권한을 가진 사람은 특정한 형태의 요구를 할 수 있고, 구성원들은 그에 따라야 할 의무가 있다. 물론 권한에 의한 요구는 그 조직의 과업 범위 안에서만 해당된다. 예컨대, 사장이 비서에게 어떤 업무 보고서를 작성하라고 지시하는 것은 '합법적'인 권리이지만, 자기 아들의 숙제를 대신 작성하라고 요구하는 것은 권한의 범위를 넘어서는 것이다.

일단 권한이 주어지면 이에 해당하는 책임과 의무가 따르고 의사결정을 할 수 있는 권한도 갖는다. 따라서 권한을 가지고 있는 사람은 의사소통과 업무 처리에서 좀 더 유리한 위치에 서게 된다. 조직 안에서 지위가 높아지면 더 많은 권한이 주어지므로 다른 사람들에게 행사할 수 있는 권력의 크기도 커지게 된다.

의존성

영화 <비열한 거리>에서 인상 깊은 대사가 있었다. "성공하려면 두 가지만 알면 돼. 너한테 필요한 사람이 누군지, 그 사람이 뭘 필요로 하는지."

누군가에게 필요한 사람이 되는 것도 권력을 얻는 방법이다. 도움을 받거나 불이익을 받지 않는 것이 자신에게 달렸다는 믿음을 사람들에게 심어주는 것이다. 부하들이 리더에게 의존하고 있다고 지각할수록 그들은 더욱 리더에게 협조할 것이다. 사람들에게 그러한 의존성을 불러일으키려면 두 가지가 필요하다.

먼저, 자원을 발견하고 획득하는 일이다. 물론 그 자원은 희소가치가 있어야 한다. 어디서나 얻을 수 있는 자원이라면 아무 가치도 없을 것이다. 리더는 다른 사람들이 소유하지 않았고 다른 곳에서 쉽게 얻지 못하는 자원, 또는 일을 처리하는 데에 필요한 자원이 무엇인지 알아내어 그것을 최

대한 확보해야 한다. 예컨대 돈, 장비, 공간에 대한 통제력이나 중요한 인물
에 대한 접근, 중요한 정보나 정보망에 대한 접근, 의사결정을 하는 데에 필
요한 권한 등이 그러한 자원에 해당될 수 있다. 이때 권한은 이들 자원을
획득하기 위한 유용한 수단이 될 수 있을 것이다.

권력의 크기를 결정하는 자원의 가치는 개인뿐만 아니라 집단에도 해
당된다. 조직의 의존도가 높은 자원을 통제할 수 있는 집단이 지배집단이
된다. 중요한 정보, 전문지식, 조직에 필수적인 자원을 보유하거나 관리하
는 집단은 조직에 커다란 영향력을 행사할 수 있게 된다.

두 번째는 리더가 가지고 있는 자원에 대한 사람들의 지각에 영향을
미치는 일이다. 리더가 자주 직접 접촉하지 않은 곳에서는 사람들이 리더가
가지고 있는 자원에 대해 잘 깨닫지 못한다. 리더가 사람들의 판단에 영향
을 미칠 수 있다면, 리더는 자신이 소유하고 있는 자원에 의해 더 많은 권
력을 누릴 수 있다.

자신이 가지고 있는 이미지와 평판에 주의를 기울이는 이유도 사람들
의 판단에 영향을 미치게 하려는 노력이다. 루머나 영향력을 가진 사람과의
친분을 이용하여 자신의 입지에 대한 이미지에 영향을 미치기 위해 노력하
는 사람도 간혹 있다. 예컨대, 회사 내외의 고위직과 식사를 자주 한다거나
만나는 모습을 보여주어 자신의 존재를 각인시키는 일 등이다. 이 경우 비
록 그 사람의 지위가 낮다고 하더라도 그를 무시하거나 비협조적으로 나오
기는 어려울 것이다.

상호호혜감

리더는 상호호혜감을 이용해 상대방에게 어떤 의무감을 느끼게 함으로

써 권력을 키울 수도 있다. 일반적으로 다른 사람에게 호의를 베풀거나 작은 성의를 보여주면 상대방은 그 호의를 갚고 싶은 마음이 생기기 마련이다. 그러한 행위들은 별로 힘들지도 않고 돈도 필요하지 않은 경우가 많지만 받는 사람에게는 종종 큰 감동을 줄 수 있다.

상호호혜는 반드시 물질이나 행동에 국한되지 않는다. 마음으로 걱정해주는 모습도 상대방에게 마음의 의무감을 느끼게 해줄 것이다. 우리 한국 사람들은 이런 상호호혜적 문화에 상당히 익숙해 있다. 상호호혜는 한국과 같이 사람들 간의 정을 중시하는 집단주의 문화의 특징으로 보이지만 서양 사람들에게도 통하는 건 마찬가지다. 예를 들어보자.

> "아마 여기 있는 사람들은 대부분 우리 상사가 뜨거운 석탄 위를 걸으라고 하면 그렇게 할 겁니다. 우리 상사는 사람들의 마음을 움직이게 하는 방법을 알고 있어요. 사실 별거 아닌 일을 해주면서도 다른 사람들에겐 큰 의미를 주는 탁월한 능력을 가지고 있습니다. 예컨대, 얼마 전 어떤 직원이 뭘 사야겠다고 지나가면서 잠깐 언급한 적이 있었는데 우리 상사는 자신의 우편물 더미에서 그 상품과 관련된 광고를 우연히 보고 그 친구에게 건네주더군요. 상사에겐 몇 초도 걸리지 않은 일이었지만 그 친구는 상사의 세심함에 크게 감동받았어요."[45]

상호호혜 법칙의 힘은 누구든지 호의를 먼저 베풀기만 하면 얻어질 수 있다는 것으로, 우리가 그 사람을 싫어하든 좋아하든 관계없이 생성된다. 이런 말도 있다. "인류 사회에서 선물을 주고받는 과정에는 세 가지 종류의 의무가 있는데, 그것은 선물을 주어야 하는 의무, 선물을 받아야만 하는 의무, 그리고 받은 선물에 언젠가는 보답해야 할 의무를 말한다."[46]

어떤 사람에게 작은 호의를 받았다면 남에게 빚을 진 듯한 감정을 가지게 되고 인간은 심리적으로 가능한 한 빨리 그 상태에서 벗어나고 싶어 한다. 이러한 기분의 유래는 상호호혜의 법칙이 인간 사회의 밑바닥에 뿌리 깊게 자리 잡고 있기 때문이다. 인간은 어려서부터 빚진 상태를 불유쾌하게 느끼도록 조건화된 것이다.

비록 원하지 않는 호의라 할지라도 일단 접수되면 막강한 영향력을 갖게 된다. 아무런 대가가 없는 선물이라 할지라도 우리는 그것에 대한 보답을 생각하고, 누군가에게 물질적·정신적 도움을 받았다면 대부분의 사람들 마음속에는 그 행위에 대한 보답을 생각하고 있을 것이다. 수확의 법칙, 즉 뿌린 만큼 수확하기 마련이다.

대부분의 사람들은 친분만 있어도 어느 정도 의무감을 느낀다. 그래서 높은 고위직과 친분을 발전시키기 위해 노력하는 사람들이 있다. 이들은 미래의 어떤 대가를 기대하면서 공식적 또는 비공식적인 거래를 하는 것이다.

전문성

학생들이 팀 과제를 할 때 나이가 많은 학생이 팀장이 되기도 하지만 어떤 학생이 그 분야에서 전문적 지식이 있거나 능력이 있으면 대체로 그가 팀장이 된다. 이처럼 어떤 분야에서 전문가로서 능력을 인정받게 되면 집단 내에서 존재감이 높아지고 권력도 자연스럽게 높아지게 된다. 조직에서도 어떤 개인이 전문적 지식이 뛰어나면 그의 입지는 굳건할 것이다.

리더의 전문성을 믿게 되면 적어도 그 분야에 관한 한 사람들은 그를 추종하게 된다. 리더가 지위가 높아도 전문적 지식을 제대로 갖추지 못한다면 사람들은 그를 신뢰하기 어렵고 뒤따르지 않는다. 리더들은 흔히 눈에 띄는 성과를 통해 이런 유형의 권력을 쌓는다. 리더가 뛰어난 업적을 달성하면 부하들은 리더를 신뢰하게 되고 리더는 더 큰 권력을 가지게 된다. 리더들이 자신의 전문성에 대한 평판에 관심을 갖는 이유도 이러한 평판이 자신의 권력에 영향을 주기 때문이다.

전문성이 반드시 지위와 비례하여 높아지는 것은 아니다. 지위가 낮아도 어떤 분야에서 월등한 전문성을 가지고 있으면 조직에서의 그의 비중은 커지기 마련이다. 그리고 그 분야에 관해서는 상급자보다 더 많은 영향력과 권력을 가지게 된다.

인간적 매력

누군가를 좋아하게 되면 그를 위해 뭐든지 하고 싶고 잘 보이고 싶어진다. 내가 아내를 처음 만난 날, 아내는 길을 가다가 어느 음식점을 가리키면서 "저 집이 유명한 집인데 먹고 갈까요?" 하며 물었다. 저런, 그곳은 순대 전문점! 평소에 냄새만 맡아도 속이 울렁거리지만 난 1초의 망설임 없이 좋다고 호응했다. 그다음 벌어질 일은 강인한 정신력에 맡기면서...

리더가 권력을 얻는 또 다른 방법은 인간적 매력이다. 남녀관계가 아니더라도 어떤 사람을 인간적으로 좋아하거나 존경하면 그를 따르게 된다. 사람들이 카리스마를 가진 리더를 따르는 이유도 마찬가지다.

다른 사람들로부터 호감이나 존경심을 불러일으키는 방식으로 행동한다면 이러한 유형의 권력을 향상시킬 수 있을 것이다. 사람들이 리더 자신 또는 리더의 생각과 동일화하고 싶은 생각이 들거나 리더를 이상적인 인물로 생각한다면 그를 따르고 싶을 것이다. 예컨대, 위기의 상황에서도 냉정하고 침착한 모습을 보여주는 리더에게 사람들은 존경심을 느낀다. 그러한 모습이 바로 리더에 대해 기대하는 이상적인 모습이기 때문이다. 인간적인 따뜻함을 사람들이 좋아한다면 그러한 모습을 보여주는 리더를 추종하게 될 것은 자명하다.

▨ 개인적 특성에 의해 형성된 권력은 지속적이고 강력

　이와 같이 권력은 자신에게 주어진 지위나 권한에서만 나오는 것이 아니다. 권한은 권력의 한 가지 형태일 뿐이다. 그렇기에 어떤 사람이 가지고 있는 권력이나 영향력은 그 사람의 지위만으론 판단할 수 없다. 자신의 지위에 부여된 권력마저도 제대로 발휘하지 못하는 경우도 있고, 그 반대로 조직에서 낮은 위치에 있지만 높은 위치에 있는 사람보다 더 많은 권력과 영향력을 가질 수도 있다. 그러므로 리더가 조직을 자신의 의지대로 이끌어 가면서 사람들에게 영향력을 발휘하기 위해서는 자신의 권력을 더 크게 키우도록 노력할 필요가 있다. 또한 어느 한 가지 유형의 권력에 의존하기보다는 여러 가지 유형의 권력을 동시에 활용함으로써 더욱 강력한 영향력을 발휘할 수 있을 것이다.

　일반적으로 누구에게나 또는 어떤 상황에서나 유효한 권력 원천은 없다. 예컨대, 어떤 권력의 원천을 소유했다고 해서 타인에게 영향력을 행사할 수 있는 것은 아니다. 만약 그 권력 원천이 상대방에게 중요하지 않거나 큰 의미가 없다면 효과가 없을 것이다. 뇌물은 어떤 사람을 흔들리게 하지만 어떤 사람에게는 거부감만 줄 뿐이다.

　강력한 리더십을 행사하는 리더들은 대체로 자신의 공식적 지위에 부여된 힘이 아닌, 전문성이나 상호호혜, 인간적 매력 등 개인적으로 획득한 권력에 의해 영향력을 행사한다. 그 이유는 이들 개인적인 특성에 의해 형성된 권력은 공식적 지위에 의한 권력보다 더 지속적이고 강력하기 때문이다. 권한에 의해 지시를 내리면 그 지시를 내리는 사람의 눈에 보이는 수준

정도에서 복종과 추종이 이루어지지만, 개인적 특성에 의한 권력은 보이지 않는 곳에서도 힘을 발휘하고 태도까지도 변화시키는 영향력을 발휘한다.

그리고 의존성에 기초한 권력을 사용할 때 알아야 할 중요한 함정이 있다. 보상이나 처벌과 관련하여 리더에게 의존하는 사람은 리더의 지시에 즉각 응대하겠지만 계속해서 추종하지는 않는다. 의존성에 기초하여 반복적으로 영향력을 행사하게 되면 상대방 역시 리더와 균형을 이루기 위해 다른 권력 원천을 구하려고 동기유발된다. 특히, 의존성에 기초한 권력을 가지고 강제적 방식으로 행사하는 일은 매우 위험하다. 강제력은 흔히 보복을 가져오기 때문이다.

4. 연대형성

　우리 아이가 어렸을 때 일이다. 어느 날 게임기를 사달라고 조른다. 불과 몇 달 전 사주지 않았느냐고 했더니 새로운 버전이 나왔다는 것이다. 자기만 없다면서 친구들 이름을 거론하지만 아빠와 엄마는 완강하다. 아들은 스스로 깨닫는다. 자신은 이 집에서 권력이 없다는 것을... 아들은 좋은 방법을 생각해낸다. 언제나 자기 편에 서는 할아버지나 할머니에게 호소했고 결국 성공했다. 이처럼 어린아이도 의사결정에서 자신의 권력(힘)이 부족한 경우 연대나 후원자를 확보하여 의사결정에서의 힘을 키워야 한다는 것을 이미 체득하고 있는 것이다.

　조직은 상호의존관계에 있고 복잡해서 모든 일을 혼자 마음껏 움직여 나갈 수 없다. 조직의 규모가 큰 경우에는 더욱 그렇다. 직책이 높아질수록 권한이 증대되지만 동시에 의존관계도 더욱 커지며, 일을 성공적으로 추진해 나가기 위해서는 수많은 타인의 협조가 필요하다. 따라서 리더에게 필요한 중요한 자원 가운데 하나가 바로 연대 또는 후원자이다.

　대부분의 조직은 구성원들의 이해관계가 서로 얽혀있는 정치판과 같다. 리더의 중요한 과업 중의 하나는 이러한 정치판에서 자신이 속한 집단을 위해 설득력 있고 영향력 있는 주도자로서의 역할을 수행하는 것이다. 이를 위해 리더에게는 조직과 관련된 주요 이해관계자들을 내 편으로 만드는 일이 중요하다.

▨ 내 편을 만드는 방법

임무를 효과적으로 수행해 나가기 위해서, 리더에게 충성스럽고 신뢰할 수 있는 후원자 또는 협력자를 확보하는 일이 필수적이란 사실은 당연해 보인다. 그러나 실제로는 많은 리더들이 후원자 또는 연대의 중요성을 간과하고 있다. 리더가 자신을 지지해주는 연대집단을 확보하지 않은 채 수많은 이해관계자가 존재하는 조직을 이끌어나가기란 매우 어렵다.

리더가 연대를 형성하기 위해서는 첫째, 중요한 대인관계의 파악이 필요하다. 즉, 누구의 도움이 필요한지, 우리 편으로 만들 필요가 있는 사람이 누구인지를 알아야 할 것이다. 이를 위해서는 주위 사람들이 가지고 있는 영향력을 파악해두어야 한다. 여기엔 조직 내부뿐만 아니라 외부세력도 포함한다. 때론 외부세력이 더욱 큰 영향력을 발휘할 때가 있다. 따라서 의사결정에서 실질적인 영향력을 행사하는 사람이 누구인지, 소위 드러나지 않는 실세는 누구인지에 대해 파악하는 것이 필요하다.

변혁을 꾀하는 사람들은 흔히 자신의 상사를 끌어들이는 일부터 먼저 착수한다. 연대의 중요성은 지위 순이 아니다. 예산이나 중요 사안을 다루는 분야의 사람들, 전문적 지식을 가진 사람들과도 연대를 형성하는 것이 중요하다. 동료 또는 부하들 중에도 오피니언 리더들이 있기 마련이다. 회의를 주도하거나 회사의 현재 또는 미래의 핵심인물로 인정받는 사람들이다. 이들은 조직의 분위기를 형성하는 데에 있어 중요한 역할을 하므로 이들과의 연대는 여론형성이나 자신을 지지해줄 강력한 디딤돌이 될 수 있다.

둘째는 원만한 관계 형성이다. 당신이 필요할 때 항상 도움을 받을 수 있도록 그 사람들과 원만한 관계를 맺는 일이다. 사람들은 이해관계상 자신에게 득이 되거나 단지 요청받은 범주에서만 움직이기 때문에 이들이 스스로 최선을 다하여 협조를 해주는 경우는 드물다. 이들과 원만한 관계나 잠정적인 연대관계를 맺기 위해 흔히 볼 수 있는 방법으로는 권력을 가질 수 있는 중요한 자리를 얻도록 도와주는 일이다. 예컨대 요직에 자기 사람을 심으려는 리더들의 행동도 여기에 해당되는 정치적 행동이라 할 수 있다. 그러나 이러한 방법은 흔히 조직 내 파벌을 야기하고 조직 전체의 효율성 차원에서 바람직하지 않은 경우가 많다. 최적의 인물보다는 정치적 계산에 의해 사람을 선택하기 때문이다.

보다 생산적인 방법으로는 호의를 베풀어 내 사람으로 만드는 일이다. 바로 상호호혜법칙을 이용하는 것이다. 앞에서 언급했듯이, 상호호혜는 권력의 크기를 확대시키는 방법 가운데 하나이지만, 특히 연대를 형성하는 데 중요하다. 평소에 마음을 베풀어 내 사람으로 만들면 눈에 띄는 보상을 받지 않아도 결국은 자신의 든든한 후원자가 될 것이다. 다음 소개하는 어느 제약회사의 부사장처럼 장기적인 협력자의 모습을 보여줌으로써 다른 사람들을 자기 편으로 만드는 것이다.

대학을 졸업한 후, 나는 동기생 29명과 함께 본사 2년제 관리자 훈련 코스에 참가했다. 2년 동안 나는 회사와 동료들에 대해 많은 것을 배울 수 있었다. 사원들 간에는 무한경쟁이 이어졌고, 서로를 상대로 치열한 싸움을 벌였다. 2년이 지난 후 남은 인원은 25명이었고, 새로운 경쟁이 우리를 기다리고 있었다. 그때 나는 슬럼프에 빠졌다. 앞으로 20~30년간 벌어지게 될 경쟁이 나의 목표와 일치하지 않는다는 사실을 깨달았기 때문이다. 나는 진심으로 동료를 사랑했다. 또 그들의 재능을 존경했다. 회사를 그만두려던 찰나 나는 새로운 사실을 발견할 수 있었다.

"리더가 되려고 애쓰는 동료들이 성공하기 위해서는 좋은 협력자가 있어야 한다"는 것.

무엇보다 내게는 그들을 도울만한 능력이 있었고, 다른 24명의 동료가 나의 도움으로 리더가 된다면, 내게도 기회가 찾아올 것이라는 기대감이 있었다. 때문에 나는 협력자의 길을 선택했다.

나는 열심히 일했고 결국 부사장에 취임했다. 부하직원들의 눈에는 내가 리더로 보이겠지만, 나는 리더가 되려고 애쓴 적이 한 번도 없다. 나의 목표는 동료들과 경쟁하는 것이 아니라 협력자가 되는 것에 비중이 있었다. 구체적으로 나의 목표를 정의하면 동료들의 인정과 신뢰를 받는 것이다. 나의 승진은 협력자 정신의 결과이고, 여기서 주목해야 할 사실은 훈련과 정을 마치고 지금까지 살아남은 9명의 동료 중 모든 사람들과 친분관계를 유지하고 있는 사람은 나 하나라는 점이다. 그들 중에는 나보다 높은 사람도 있고, 낮은 사람도 있다. 또한 나보다 어린 사람이 내 위에 있는 경우도 있다. 물론 나는 지금도 내 능력이 닿는 범위 안에서 그 사람들을 도우려고 노력하고 있다.

내 전략은 성과가 있었다. 리더가 되겠다고 다투지 않고, 우정을 유지하며, 권력과 정치의 끝없는 소용돌이 속으로 빨려 들어가지 않고도 일을 잘하는 것, 그것이 바로 내 전략이었던 것이다.47)

혁신을 추진하는 경우, 연대적 관계를 가지고 있는 후원자들과의 개별 접촉을 통해 이들이 그 프로젝트의 추진과정에서 영향력을 행사할 수 있도록 최대한의 기회를 주는 것도 중요하다. 그 프로젝트의 성공에 그 사람이 중요한 인물인 것처럼 느껴지도록 하면서 주인의식을 심어준다면 혁신이 성공적으로 진행되는 데 도움이 될 것이다.48)

우호적 분위기 조성

사람들은 이해관계가 조금만 일치해도 서로를 필요로 한다. 우리가 정치권에서 흔히 보듯, 얼마 전까지만 해도 서로 비난하고 심지어 국회에서 멱살을 잡던 사람들이 이해관계에 따라서는 손을 잡고 협력한다. 자신들의

제4장 정치 프레임 **143**

이익을 위해 이해관계가 비슷한 사람들과 연합을 형성하고, 목표설정과 의사결정 과정에 영향력을 행사한다.

이해관계가 비슷한 개인 또는 집단 간의 연합은 조직 내로 한정되지 않는다. 자신의 목표달성을 위해 영향력을 가지고 있는 외부세력이나 조직과의 일시적 연합도 종종 필요한 경우가 있다. 예컨대, 파업의 성공 여부는 흔히 언론에 의해 좌우되기도 한다. 노조가 파업의 당위성을 언론을 통해 설득하지 못하면 파업은 국민적 지지를 받지 못하고 실패하는 경우가 종종 있다. 이 경우, 언론은 파업을 주도하는 노조에게 매우 중요한 연합세력이 되는 셈이다.

일을 추진해 나가는 데 필요한 적절한 환경, 즉 규범과 가치관을 조성하는 일도 중요하다. 조직문화나 분위기가 자신이 추진하려는 일의 방향과 부합하지 않는다면 커다란 장애물이 된다. 특히 리더가 혁신을 추진하려는 경우 조직문화는 중요한 변수가 될 수 있다. 이런 경우 리더는 혁신이 불가피하다는 분위기와 여론을 사전에 조성하는 것이 필요할 것이다.

5. 협상

어디서나 협상이 필요하다. 노조나 외교관, 테러리스트만 협상을 하는 것이 아니다. 집이나 자동차를 구입할 때, 물건을 두고 흥정을 벌일 때도 협상이 이루어진다. 아이가 있는 집에서도 협상은 익숙하다. "엄마, 이거 하면 뭐 사줄 거야?" 협상은 조직에서뿐 아니라, 둘 내지 그 이상의 당사자 사이에 공통된 이해와 상반된 이해가 존재할 때면 언제든 필요하다.

현실적으로 협상은 모든 의사결정의 핵심을 이루고 있다. 타인을 소외시키지 않으면서도 자신이 원하는 것을 획득하는 것이 바로 협상 기술이다. 협상은 일종의 과정이며 이 과정을 통해서 서로 다른 요구 혹은 상충된 요구를 가지고 있는 사람들이 공정한 합의점에 이르게 된다. 비록 양쪽 모두가 이기기를 원하지만 상호 간에 받아들일 수 있는 타협점을 찾아냄으로써 쌍방 간에 최선의 이익을 얻게 된다.

우리가 가장 흔하게 듣는 협상은 아마 노사협상일 것이다. 노와 사는 회사의 지속적인 존속 및 발전이라는 공통된 목표를 가지고 있어 서로 협력할 수 있지만 사업을 통해 얻게 된 이익의 배분을 둘러싸고는 대립을 보일 수 있다.

그런데 협상을 하게 되면 대부분의 사람들은 '입장에 입각한 협상 (positional bargaining)'을 벌인다. 즉 입장을 먼저 세운 다음, 합의 도달을 위해 마지못해 양보한다. 처음 입장을 분명히 하고 그것을 방어하면 할수록 자신이 취한 입장을 지키는 것이 자존심을 지키는 것이 된다. 따라서 원래의 이해관계에 부응하는 합의점을 찾기 어려워진다.

▨ 원칙에 입각한 협상

입장에 근거하여 협상을 하는 경우 "이것 아니면 안 된다"는 식의, 상대방의 일방적인 항복만을 강요하는 의지의 전투장이 되어버리기 때문에 상대방에게 좋지 못한 감정을 유발하기도 한다. 이와 같이 입장에 입각한 교섭은 비능률적이며 서로 이익이 될 수 있는 합의점을 도출할 기회를 놓칠 수 있다.

다음 4가지 전략에 기초한 '원칙에 입각한 협상(principled bargaining)'[49]은 그 대안이 될 수 있다.

사람과 문제를 분리하라

협상은 서로 다른 견해와 가치관을 가지고 있고 감정을 제대로 이해하지 못하는 등 불완전한 존재인 사람들이 하는 것이다. 협상과정에서 생긴 인식의 차이나 좋지 못한 감정, 오해 등을 제대로 극복하지 못하면 상대방에 대한 부정적인 인식만 심어준 채 협상이 결렬될 가능성이 크다.

그러므로 실질적인 이해관계 문제와 인간관계 문제를 별개로 취급해야 한다. 협상 당사자들은 한 편이 되어 문제를 공격해야지 서로를 공격해서는 안 된다. 이를 위해서는 불변의 유일한 입장을 가지고 협상에 임하지 말아야 한다. 오히려 많은 대안들이 가능하다는 태도로 임해야 한다.

입장이 아닌 이해관심에 초점을 맞춘다

협상의 목적은 겉으로 드러나지 않는 이해관계를 충족시키는 것이다. 이해관계에 초점을 맞출 때 해결책이 보인다.

1987년, 이스라엘과 이집트 간에 체결된 캠프 데이비드(Camp David) 협정을 예로 들어보자. 양측은 국경선 문제를 놓고 오랫동안 대립해왔다. 이스라엘이 시나이(Sinai) 지역 일부를 계속 차지하려고 한 데 반해 이집트는 그 지역의 완전반환을 요구했던 것이다. 양측이 상대방의 진정한 이해관심사가 무엇인지를 파악한 연후에야 비로소 해결 방안이 떠올랐다. 이스라엘은 안보의 문제를 가장 우려하고 있었다. 즉 국경선에 이집트 탱크가 배치되는 것을 원치 않았던 것이다. 반면에 이집트는 자국의 주권이 관심사였다. 시나이 지역은 파라오 시대부터 이집트의 일부였기 때문이다. 이에 따라 양측은 시나이 전체를 이집트에 돌려주되 그 대부분 지역을 비무장화한다는 안에 호응했던 것이다. 이 해결안을 토대로 장기적인 평화협정 체결이 이루어지게 되었다.

상호이익을 위한 선택 방안(option)을 찾아라

대안을 찾기 전에 자신의 태도를 먼저 점검하는 것이 필요하다. 쌍방이 모두 받아들일 수 있는 해결안이 많이 있다는 태도를 취하고, 파이를 분할하는 최선의 방법이 단 하나라는 생각을 버려야 한다. 현재 파이가 유일하게 큰 것이며 자신이 가장 많은 부분을 가져야 한다는 생각도 버린다. 경우에 따라서는 파이를 보다 크게 할 수 있는 방법도 있다.

공동의 이해관계가 무엇인지 분명히 하고 그것을 공동의 목표로 설정한다. 차이점이 해결책을 낳는 경우도 많다. 이해관계는 의외로 짜 맞추기 쉽다. 예를 들어보자. 어린 두 자매가 오렌지 하나를 서로 가지려고 말다툼을 하고 있다. 시간이 흘러도 아무도 양보하지 않는다. 결국에는 반씩 가지기로 한다. 그런데 오렌지를 반으로 나눠 갖자마자 언니는 껍질을 까서 알맹이는 먹고 껍질은 버렸다. 반면 동생은 언니와 반대로 껍질을 까서 알맹이는 버리고 껍질만 갖고 부엌으로 달려간다. 동생은 오렌지를 먹고 싶었던 것이 아니라 껍질을 이용해 케이크를 만들려고 했던 것이다. 이 경우에 자매는 서로의 실제 이익(오렌지 먹기, 케이크에 사용하기)이 아니라 자신의 입장

(오렌지를 가지겠다)만 가지고 다투었기 때문에 이상적인 합의점에 도달하지 못한 것이다. 만일 둘 중 하나가 "너는 왜 오렌지를 원하냐"고 묻기만 했어도 합의 내용은 판이하게 달라졌을 것이다.

이와 같은 오류를 극복하고 상대의 숨겨진 협상동기에 초점을 맞추기 위해서는 먼저, "왜 그러한 요구를 할까?"라는 식의 사고가 필요하다. 그리고 이를 토대로 일단 파악한 잠재적 동기들에 대한 우선순위를 파악해두는 것이 중요하다.

객관적 근거에 중점을 두라

자신과 상대방의 이해가 서로 상충될 경우 객관적이고 실용적인 기준을 설정하고 그것에 입각하여 해결책을 모색해야 한다. 예컨대, 한 명이 케이크를 자르고 나머지 한 명이 고르는 방법도 공정한 방법일 수 있다. 이와 비슷한 방법으로, 제3자에게 선택권을 위임할 수도 있다.

협상을 객관적 기준을 찾는 공동탐색의 장으로 만들어야 한다. 예컨대, 어떤 값을 정할 때 그 값을 정하는 데 필요한 객관적 기준부터 정하자고 제안한 후 그 기준에 대해 상대방과 의견을 교환한다. 그리고 자신이 내세운 기준만 고집하지 말고 언제든지 다른 정당한 기준도 적용할 수 있다는 유연한 태도를 가져야 한다.

충돌을 피하기 위해 쉽게 양보할 경우 상대방에게 이용만 당할 가능성이 크며, 반대로 극단적인 입장을 취하고 이를 끝까지 고수할 경우 상대방 역시 강경하게 대응하도록 유도함으로써 상대방과의 관계만 악화되는 우를 범할 수 있다.

협상이 자신이 원하는 것을 얻느냐 아니면 상대방과의 우호적인 관계를 유지할 것인가 하는 문제로 비치는 것은, 그것을 입장의 차이를 좁히는 행동, 즉 내가 이기거나 아니면 지는 상황으로 해석하기 때문이다.

'원칙에 입각한 협상'의 핵심은, 협상을 입장의 대결장이 아니라 상호 이해관계를 충족시키는 행동으로 생각해야 하며 또한 상호 이해관계가 상충될 경우에는 공정한 기준에 의해 결론을 도출해야 한다는 것이다. 그래야 얻어야 할 것은 얻으면서도 상대방에 대한 호감을 잃지 않고, 공정함을 잃지 않으면서도 자신의 공정성을 악용하려는 사람들로부터 보호받을 수 있다.

협상은 당사자들 입장에서 본다면 협상의 결과가 협상하지 않은 상태보다 더 낫기 때문에 하는 것이다. 비록 협상의 결과가 상대방보다 자신에게 좀 더 불리한 방향으로 되었다고 하더라도 그것은 협상하지 않는 것보다 더 나은 것이다. 즉, 협상은 당사자들이 최악의 전략을 선택할 위험을 방지하고 최선의 전략을 선택하기 위한 커뮤니케이션이다.

협상 역량 진단

　　다음은 당신이 어느 정도의 협상 역량이 있는지를 알아보기 위한 문항들이다.

　　자신의 협상 역량에 대해 진단해보자.

전혀 아니다 = 1　　아니다 = 2　　보통이다 = 3　　그렇다 = 4　　매우 그렇다 = 5

번호	내용
1	나는 어떠한 압박에 대해서도 잘 참는다.
2	나는 재치 있으며 외교적 수완을 가지고 있다.
3	나는 내 의견을 논리 정연하게 말할 수 있다.
4	모든 것은 타협할 여지가 있다고 생각한다.
5	나는 작은 일이라도 이기기 위해 열심히 준비한다.
6	내 이야기를 하느라 남의 말을 제대로 못 듣는 일은 없다.
7	아무리 대화가 어렵게 진행이 되어도 나는 미소를 잃지 않는다.
8	협상은 양측 모두에게 무엇인가 가치 있는 결과를 가져온다고 생각한다.
9	나는 협상에서 무슨 말을 해야 할지에 대해 협상 전에 철저히 준비한다.
10	나는 갈등이나 마찰을 회피하지 않는다.

점수 합산 후 다음과 같이 진단할 수 있다.
- 40점 이상 : 탁월한 협상가
- 30~39점 : 협상 자질이 있음
- 30점 이하 : 협상에 대한 태도 개발이 필요

6. 이해관계자들의 분류와 대응전략

　조직의 모든 구성원들이 내 편은 아니다. 그리고 자신이 추구하는 어떤 비전이나 목표에 같은 방식으로 반응하지도 않는다. 사람들은 서로 다른 생각과 이해관계를 가지고 있어 상황에 대해 반응하는 방식도 각자 다르다. 올바른 비전을 가졌다는 것만으로는 충분하지 않다. 모든 사람들이 그 비전을 다 지지해 주는 것은 아니며 비전이 지지를 받지 않으면 아무 소용이 없다.

　비전이나 어떤 방향을 설정하게 되면 이해관계자들을 대상으로 정치적 활동이 필요하다. 이를 위해서는 이해관계자들의 특성을 분류한 후 각각에 맞는 대응전략을 세워야 한다. 우리가 영향력을 행사할 필요가 있는 사람들은 호응과 신뢰라는 두 가지 차원에서 분류해볼 수 있다.[50]

　먼저, 사람들은 우리가 추진하는 비전이나 방향에 대해 호응하거나 반대한다. 우리와 전적으로 같은 비전을 갖는 사람은 드물겠지만 적절하게 공존할 수 있는 비전을 가지고 있는 사람들이 있다. 우리는 우리 주변의 사람들과 대화를 통해 우리와 비전을 공유하거나 호응할 수 있는 지지자인지를 알아낼 수 있을 것이다. 호응 또는 갈등은 비전에 대해서도 발생할 수 있고 목표나 실행계획에 대해서도 자주 발생한다.

　둘째는 신뢰관계이다. 우리는 과업을 추진하는 방식에 대해 서로 신뢰하거나 불신하기도 하고, 인간적인 측면에서도 신뢰 또는 불신이 발생할 수 있다. 여기서의 기준은 우리가 얼마나 그 사람과 솔직하게 커뮤니케이션을 할 수 있는가의 정도이다.

　호응과 신뢰라는 이 두 가지 차원을 가지고 매트릭스를 만들면 사람들을 크게 네 가지로 분류할 수 있다(<그림 4-1>). 우리의 이해관계자들이 어디에 위치하는지를 확인하게 되면, 다음 과제는 우리의 비전 및 이해와 부합하는 방향으로 이들에게 영향력을 행사하는 일이다.

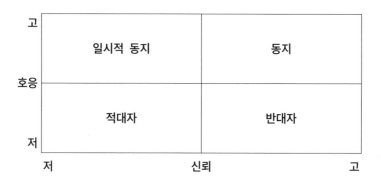

그림 4-1 이해관계자들의 분류

▒ 동지 : 높은 호응 / 높은 신뢰

우리와 비전을 공유하는 동시에 신뢰할 수 있는 사람들은 우리의 동지가 된다. 동지를 상대하는 전략은 그들을 같은 편으로 대우하면서 우리의 계획과 의도에 대해 정확하게 알려주는 일이다. 또한 우리가 추진하는 방향의 취약점이나 의심스러운 부분에 대해 그들과 논의할 필요가 있다. 이들은 우리 스스로가 하지 못하는 많은 부분에서 도움을 줄 수 있다. 정치적 관계라는 것은 상호호혜적인 면이 있다. 우리가 가지고 있는 비전, 목표에 대해 동지와 이야기하는 것은 이러한 상호호혜를 재확인한다는 차원에서 중요하다.

동지는 우리가 그들에 대해 어떻게 생각하는지, 그리고 우리가 하려는 시도가 무엇인지에 대해 알 필요가 있다. 그들과의 신뢰관계는 대화를 통해 반복적으로 재확인하는 것이 좋다.

우리는 접근방식에 대해 동지들의 확인이 필요하고, 다른 사람들은 어떤 입장을 가지고 있는지에 대한 정보도 필요하다. 우리가 반대파 또는 상대하기 어려운 사람이라고 보는 사람들 가운데는 사실 우리의 잘못된 지각 때문인 경우도 있다. 이 경우, 동지들은 우리의 지각에 잘못은 없는지 그리고 우리에게 앞으로 다가올 어려움에 대해 도움을 줄 수 있을 것이다.

▨ 반대자 : 낮은 호응 / 높은 신뢰

우리와 솔직하고 높은 신뢰관계를 유지하고 있지만, 비전과 목표 또는 방법에 대해 다른 시각을 가지고 있는 사람들이 여기 속한다.

우리는 이들에 대해 고마워할 필요가 있다. 이들은 우리의 계획에 대해 현실적이고 실질적인 그림을 보여줄 수 있기 때문이다. 그리고 그들의 존재는 우리가 하고 있는 일과 전략을 더욱 효과적이고 치밀하게 완성시키는 데에 도움이 된다.

물론 그들은 종종 우리를 힘들게 하지만 그렇게 반응해서는 곤란하다. 우리의 목표는 그들을 이기는 것이 아니다. 우리가 하는 일이 올바른 방향이라면 위험하고 어려운 길을 피하는 것이 중요할 것이다. 이 점에서 반대자의 존재는 가치가 있다.

먼저, 우리는 반대자들에게 그들과 솔직히 말할 수 있고 그들이 진실을 말해줄 것이라고 기대하며 필요로 하고 있다는 점을 밝혀야 한다. 우리는 반대자에게 우리가 추진하려는 비전과 목표에 대해 말해주고 세부 사항에 대해 논의하고 싶다는 사실을 알려줘야 한다.

우리는 추진하는 목표에 도달하는 과정에 관해 이들과 협상도 할 수 있다. 여기서 필요한 것은 문제해결 기술과 대안의 모색, 그리고 그 대안의 예상되는 결과에 대한 통찰력이다. 반대자들과의 관계는 좋으므로 이들과 합의에 이르는 방안을 찾을 수 있을 것이다.

여러 가지 면에서 이들 반대자들은 마치 불만을 가진 고객과 같다. 이들은 우리가 지지를 받기 위해 필요한 일들이 무엇인지에 대해 단서를 줄 것이다.

▧ 일시적 동지 : 높은 호응 / 낮은 신뢰

일시적 동지는 우리가 추진하는 방법에 대해서는 호응을 하지만 신뢰관계는 낮은 사람들을 말한다. 아직은 충분히 신뢰하기 어려운 사람들이므로 이들과 만나게 되면 얼마나 많은 정보를 공유해야 하는지 조심스러워지기 마련이다. 그들 역시 우리가 추진하려는 비전, 목표에 대해서는 동의를 하지만, 그들과 접촉해보면 자신의 의견을 잘 꺼내지 않는 사람들이다.

일시적 동지들에게 접근하는 기본적인 자세는 그들이 받게 되는 처우의 방향에 대해 사실대로 말하는 것이다. 먼저 우리가 추진하려는 비전과 목표를 그들이 지지하고 있다는 사실을 재확인하고 그들의 지지를 높이 평가한다.

우리는 그들과의 신뢰관계를 보다 발전시킬 필요가 있다. 이를 위해서는 귀에 거슬리는 말들도 듣게 되겠지만 일시적 동지에게 그들이 원하는 것이 무엇인지를 말하도록 유도해야 한다.

일시적 동지와 다음에 볼 적대자는 신뢰가 없는 상태이기 때문에 다루기 어려운 인물들이다. 이러한 신뢰 부족은 그들의 의도가 나빠서 그렇기보다는 자기보호가 강한 결과이므로 이해하도록 노력해야 한다. 이들 앞에서 자신을 방어하려고 시도하는 것은 바람직하지 않다.

다행히도 일시적 동지는 비전과 목표에 호응하고 있으므로 그들에게 직접 동참하도록 권유함으로써 보다 내 편으로 끌어당길 수 있다. 이때, 같이 일을 하는 데에 있어 어떤 불만이나 주저되는 사안들을 표현한다면 이는 앞으로의 발전적인 관계를 위해 한 걸음 내딛는 것이다. 그리고 우리는 이들과 함께 어떻게 일을 진행시킬 것인지에 대해 논의를 할 수 있을 것이다.

▒ 적대자 : 낮은 호응 / 낮은 신뢰

호응을 구하기 위한 협상과 신뢰관계를 위한 협상 시도가 제대로 이루어지지 않는다면 우리는 이들을 적대자로 분류할 수 있을 것이다.

그런데 많은 경우 우리는 대화나 접촉을 많이 해보지도 않고 선입견에 의해 적대자로 분류하기도 한다. 적대자로 분류하기 전에 우선 직접 만나서 비전과 목표 등에 대해 의견을 나눠보고 확인하는 절차가 필요하다.

그 후 적대자로 판명이 나면, 비전과 의도가 그들에게 설득력이 있기를 바라면서 우리 자신이 무엇을 하려고 하는지, 그리고 그 이유는 무엇인지에 대해 명확하게 설명하려고 노력해본다. 설득이 이루어지면 다행이지만, 일단 여기서의 목표는 내 편으로 만들거나 호응이 아니라 단지 이해를 구하는 것이다. 그리고 이들과의 관계에서 존재하는 긴장감이나 위협을 줄이는 데에 초점을 둔다. 우리는 그들이 가지고 있는 생각이나 추구하는 방식을 이해하고 있다는 점도 알리는 것이 필요하다.

동시에 이들과 직접적으로 싸워 이기기 위해 노력하기보다는 제3자의 지지를 구함으로써 적대자에 대해 우위를 차지하는 것이 바람직하다.

체크포인트

1 조직의 정치적 현실을 이해하고 구성원들의 서로 다른 이해관계를 통찰한다.

2 조직을 효과적으로 이끌어가기 위해 다음과 같은 다양한 유형의 권력을 활용함으로써 더욱 강력한 영향력을 발휘해야 한다.

   • 합법적 권한
   • 의존성
   • 상호호혜감
   • 전문성
   • 인간적 매력

3 호의를 베풀어 내 사람으로 만들고, 내 편들과 연대를 형성한다.

4 협상은 입장이 아닌, 원칙에 입각하여 하는 것이 바람직하다.

5 이해관계자들의 특성을 분류한 후 각각에 맞는 대응전략을 펼쳐야 한다.

실습 1

드라마나 영화를 보고 등장인물들이 영향력을 행사하기 위해 사용하는 전략을 관찰해보자. 그들이 어떤 전략을 사용하였으며 그 이유는 무엇인가? 그러한 시도는 성공적이었는가?

실습 2

소속된 조직에서 주요 인물에 대한 권력의 원천을 분석하고 자신의 권력의 크기를 향상시키기 위한 방법을 생각해보자.

- 1단계 : 지위에 비해 권력(영향력)이 많은 사람과 그 반대의 사람을 분석한다. 해당되는 사람의 이름을 써보고, 이들이 가진 권력의 원천과 그 배경이 되는 특징들을 분석 및 비교해본다.

구분	이름	권력의 원천 및 특징
지위에 비해 권력(영향력)이 많은 사람		
지위에 비해 권력(영향력)이 작은 사람		

- 2단계 : 자신의 권력의 크기를 증대시키기 위한 실천 방안을 구상해보자.

제5장

상징 프레임

조직에 문화란 개념이 들어온 것은 1980년대에 들어와서이다. 80년대에 출간된 세계적인 베스트셀러 <초우량기업의 조건>[51]에서 문화와 관련된 경영기법이 강조되고, 문화와 생산성과의 관계를 밝히는 여러 연구들이 발표되면서 조직문화는 경영관리에서 중요한 요인으로 등장하였다. 인간의 문화적 요인이 조직의 성과에 밀접한 연관성이 있다는 발견은 새롭고 흥미로운 사실이었다. 눈에 보이지 않는 문화와 상징이 조직 구성원들의 생각과 행동에 어떻게 영향을 미치는 것일까?

1. 상징의 힘

그림 5-1 영화 <죽은 시인의 사회> 장면 일부

1989년 아카데미 각본상을 수상한 <죽은 시인의 사회>에서 키팅 선생의 수업방식은 독특하다. 키팅 선생은 수업하다 말고 책상 위로 올라가 "너희들은 곧 알게 될 거야. 이 위에서 보면 세상이 다르게 보인다는 것을" 하고 말하면서 자유롭게 사고하고 느끼라고 강조한다. 그리고 학생들에게도 책상 위에 올라올 것을 제의한다. 영화 마지막 부분에 키팅 선생이 모함으로 인해 학교를 떠나는 날, 교장이 키팅을 대신해 수업을 하고 키팅은 학생들을 뒤로한 채 힘없이 교실 밖으로 나가려고 한다. 문을 열고 나가려는 키팅을 향해 주인공 토드가 결의에 찬 표정으로 "오 캡틴! 마이 캡틴!"을 외치면서 책상 위에 오르자 고민하던 학생들이 하나둘씩 책상 위로 올라가면서 무언으로 키팅에게 지지하는 마음을 전한다. 교장은 학생들에게 고함을 지르며 경고와 협박을 한다. 이 광경을 눈물을 머금고 바라보던 키팅은 웃음 지으며 "Thank you boys. Thank you."라는 말을 남기고 떠난다.

키팅 선생이 수업 중에 책상에 올라간 것과 학생들이 키팅 선생을 향해 책상 위로 올라간 것은 행위 그 자체는 같았지만 그것이 가지는 상징적 의미는 다르다. 만약 학생들이 그런 상징적인 행동이 아니라 대사로 그와 비슷한 메시지를 전달했다면 어땠을까? 메시지는 더욱 분명하고 구체적이 었겠지만 아마도 우리가 그 장면을 보면서 받은 만큼의 감동을 주지는 못했 을 듯하다.

언어는 명확하고 직접적이지만, 상징은 대부분 모호하고 간접적이다. 언어는 듣는 순간 이해할 수 있지만 상징은 그 속에 담긴 의미를 찾아야 한 다. 때론 사람마다 그 의미가 다르기도 하다. 그렇지만 우리는 종종 상징을 이용하여 메시지를 전달한다. 특히 위대한 리더들은 대부분 상징을 능숙하 게 활용한다. 그것은 상징이 어떤 구체적인 언어보다 훨씬 더 명확하고, 설 득력 있게 메시지를 전달하는 힘이 있기 때문이다.

2009년도에 프랑스 국회에서 있었던 일이다. '인터넷 불법 내려 받기 삼진아웃' 법안을 두고 여야는 치열하게 다퉈왔다. 여당은 사이버상의 불법 엄단을 강조했지만 야당은 인권 침해라고 맞섰다. 야당 의원들이 벼르는 가 운데 문화부 장관 프레데릭 미테랑이 입을 열었다.

> "프랑스의 소중한 유산인 아를레티(Arletty : 프랑스의 전설적인 여배우)의
> 작품과 갱스부르(Serge Gainsbourg)의 노래를 인터넷 바다의 해적들에게
> 약탈당한다고 생각해 보십시오……"

그의 말이 끝나자 여당 의원들은 기립박수를 보냈고 야당도 더는 시비 를 걸지 않았다. 결과는, 압도적인 지지로 통과되었다. 논리로 설득하려고 하지 않고 모두가 공감할만한 상징적인 인물을 내세워 해당 법안의 필요성 에 대한 메시지를 성공적으로 전달한 것이다.

지난 2006년 미국의 어느 중학교 교사가 수업을 하던 중 성조기를 불

태우고 학생들에게 이에 대한 의견을 적어내도록 했다. 하지만 이러한 수업 내용에 격분한 학부모들은 학교로 찾아가 항의했고 결국 그 교사는 퇴출되었다고 한다. 국기는 단순한 헝겊이 아닌 것이다.

이처럼 어떤 사건이나 물건 그 자체보다는 거기에 부여한 상징적 의미가 무엇이냐가 중요하게 작용하는 경우가 있다. 그리고 우리가 부여한 상징적 의미에 의해 비로소 그 상징물은 생명을 얻는다. 따라서 어떤 사건을 해석할 때 "무엇이 일어났는가"라는 그 사건 자체에 대한 해석도 중요하지만 그 사건이 가지는 상징적 의미가 무엇이냐도 중요하게 다루어야 한다. 어떤 사건이나 사물을 그 자체로만 이해할 뿐 그 상징적 의미를 파악하지 못한다면 진정한 의미를 전혀 알 수 없는 경우도 있다.

같은 상징을 해석하는 데에도 사람들마다 전혀 다른 의미를 가질 수 있다. 가치관과 경험, 문화적 배경 등의 차이로 인해 상징에 대한 지각이 다르기 때문이다. 예컨대, 한겨울을 견디며 눈 속에서 꽃을 피워내는 매화는 시류에 흔들리지 않고 지조와 절개를 지키는 선비 또는 군자의 상징으로서 동양의 유교권 국가들로부터 해석되어 왔다. 그러나 이런 의미는 서양 사람들에게 생소할 것이다. 일본의 국화인 벚꽃은 한국과 중국에서는 뼈아픈 과거사 때문에 심리적으로 저항을 받고 있는 꽃이라는 것도 역시 그들에겐 생소할 뿐이다.

프랑스 파리의 도심과 교외를 연결하는 전철의 내부에는 의미 있는 안내판이 있다. 우리나라의 노약자석에 해당되는 자리가 한쪽 구석에 배치되어 있다. 그곳엔 '이 좌석에 앉는 우선순위'가 4순위까지 적혀있다. 순위가 나열되어 있다는 것부터 재미있는 일이지만 흥미를 끄는 것은 1순위이다. 과연 1순위는 누구일까? 그 사람은 노인도 단순 장애인도 아닌 '상이용사'이다. 국가를 위해 싸우다 다친 사람이 누구보다 최우선임을 상징적으로 보여주고 있는 것이다.

그림 5-2 파리의 전철 내부의 우대석 안내판

2. 상징의 종류

미국에서는 어딜 가나 성조기가 보인다. 우리 아이가 다니는 학교의 학부모 모임에 갔더니 모두 자리에서 일어나라고 한 후 국가에 대한 맹세부터 시작한다. 이처럼 유달리 성조기와 국가가 강조되는 이유를 곧 이해하게 되었다. 너무나 다양한 민족들, 그들 간의 공통적 역사적 경험도 별로 없으니 이들을 하나로 묶는 통일된 상징이 필요한 것이다. 성조기의 탄생 배경도 독립전쟁 당시, 초대 대통령이었던 조지 워싱턴이 미국인을 단합시킬 상징이 필요했던 데에 있었다.

상징은 사람들이 부여한 공통된 의미와 가치를 통해 사람들을 묶는다. 사람들은 그들을 대표하는 공통된 상징 아래 모두가 하나임을 느끼고 집단적인 일체감을 갖게 된다. 사람들에게 공유된 상징은 특히 동질성이 명확하지 않고 모호할수록 더욱 절실하게 필요하다. 상징은 분열을 단결로 만들고, 집단의 이념과 방향을 끌고 가는 응집의 핵심 수단이 되기도 한다. 그리고 구성원들은 그러한 상징에 그들 공동의 의미를 부여하고 따르면서 공동체의 일원이 되어간다. 상징이 가지는 이러한 효과 때문에 권력을 획득하거나 사람들에게 영향력을 행사하기 위한 수단으로 흔히 이용되고 있다.

영웅의 동상은 국민을 결속시키는 대표적인 상징 가운데 하나이다. 어느 나라에든 그 나라의 중심가에는 역사적 영웅의 동상들이 있다. 서울의 중심 세종로에도 세종대왕과 이순신 장군의 동상이 있다. 위대한 인물의 동상은 나라 또는 도시의 상징물로 국민들에게 자부심과 용기를 주며 국민을 결속시키는 중요한 역할을 한다. 특히 혼란과 불확실한 상황에서 공감을 줄수 있는 상징은 그 자체로 사람들에게 올바른 방향을 제시하고 희망과 믿음을 준다.

상징은 물질적인 상징 외에도 신화, 영웅, 일화와 우화, 의례, 의식, 은유 등 다양한 형태로 나타난다. 어느 조직에서든 이들 상징은 조직 구성원들의 정체성을 강화시키고 가치관과 신념, 방향 등을 말해준다. 조직문화는 이들 상징이 종합적으로 표현된 것이라고 할 수 있다.

░ 의례 및 의식

의례와 의식은 한 개인이 다른 사람에게 또는 한 조직이 외부에 대해 어떤 의미를 전달하는 매개체이다.

종교의 의례를 보자. 세례는 영혼의 죄를 물로 씻고 새로운 삶을 맞이하는 의미를 갖고 있다. 미사의례는 신자들이 그리스도와 일치되고 그리스도의 사랑을 실천하기 위한 것이다. 그리고 국기게양식이나 애국가 제창은 같은 공동체임을 확인하면서 국가에 대한 애국심을 고취시키기 위한 의례이다.

사람들은 의례를 통해 어떤 의미를 공유하고 싶어 한다. 그리고 어느 조직이나, 심지어 작은 모임에서도 의례는 '없으면 뭔가 허전한' 것으로 느껴진다. 어려웠던 시절에 결혼식을 올릴 형편이 안 돼 뒤늦게 결혼식을 올리는 사람들이 있다. 이미 오랫동안 결혼생활을 하고 있어 실질적으로는 아무 변화가 없지만 결혼식이라는 의례는 그들에게 중요한 의미를 가지고 있기 때문이다.

흔히 어떤 사람이 집단에 새로 들어갈 때 부딪히는 것으로 '통과의례'라는 것이 있다. 통과의례는 당사자에게는 대체로 곤혹스러운 과정이지만 그것이 주는 메시지는 "이곳의 문화에 적응하라"는 것이다. 그래서 이걸 거쳐야 비로소 그 집단의 일원으로 인정받게 된다.

미국 국무장관이었던 키신저의 일화이다. 그는 새로운 젊은 비서관에게 어떤 비밀 문서에 대한 서류를 작성해오라고 지시했다. 2주일 후 보고서를 제출하자 키신저는 다시 해오라는 메모와 함께 되돌려주었다. 며칠 후 그 비서관이 다시 제출하자 "처음 것보다 못하다"며 다시 돌려보냈다. 비서관은 3번째 작성 후 "이것이 충분하지 않을지 모르겠지만 제가 할 수 있는 최선의 보고서입니다."라는 메모와 함께 제출하였다. 이에 대한 키신저의 답변은 "이제 읽어 보겠네."였다. 지금까지는 보고서를 읽어보지도 않은 채 되돌려 보냈다는 의미다. 키신저는 "이곳에서는 최선을 다하지 않았다면 보고서를 제출하지 말라"는 메시지를 던지고자 했던 것이다.

통과의례가 꼭 괴로운 것만은 아니다. 어느 방송에서도 소개된 적이 있던 국군의 한 소대에서의 신고식을 보자.

소대 막사의 전깃불이 꺼지고 어슴푸레 서로의 얼굴만을 확인할 수 있을 정도의 촛불이 켜진다. 이와 동시에 소대에 새로 전입 온 신병들이 내무반 입구에 긴장한 모습으로 차려 자세로 정렬한다. 출입구 문이 열리면서 소대장이 근엄한 모습으로 내무반으로 들어오고, 뒤따라 물을 담은 세면대를 들고 전령이 들어와 신병들 앞에 내려놓는다. 내무반장의 구령에 의해 신병들은 준비된 의자에 앉아 군화와 양말을 벗는다. 잠시 침묵이 흐른다. 이어서 소대장이 신병 앞에 무릎을 굽히고 앉아 신병의 발을 씻어 준다. 이어서 내무반의 불이 켜지면서 소대장은 "우리 소대에 전입 온 것을 전 소대원과 더불어 진심으로 환영한다. 보병은 발이 생명이다. 앞으로 소대 생활을 열심히 하기 바란다."라고 엄숙하게 말하면서 차례로 신병들의 등을 두드려 준다. 이어서 함성과 함께 소대원들의 박수가 터진다.[52]

이 의례를 통해 조직이 전달하고자 하는 메시지는 사랑과 존중일 것이다.

회사에서 의례는 흔히 조직의 핵심가치를 보다 더 깊숙이 자리 잡게 하기 위한 행사이다. 의례를 통해 조직의 영웅이나 신화를 얘기하고 그들 공동의 상징이 가지는 의미를 확인한다. 예컨대 환영식, 창립기념회 등은 조직의 질서나 의미를 부여하고 핵심가치를 강화하기 위한 의례이다.

우수기업들을 살펴봐도 의례나 의식은 중요한 가치를 전달하는 이벤트이다. 예컨대, 스타벅스에서는 각 분기별 최고 관리자를 뽑아 상을 주고 그들을 매년 말에 열리는 시애틀 합동 만찬에 초대한다. 그런 행사나 의식들을 통해 조직에서 중요하게 생각하는 핵심가치와 어떤 면을 높게 평가하고 있는지를 알리는 것이다.

표 5-1 조직의 의례

의례 유형	예	목적
통과의례	입사오리엔테이션, 임원승진교육, 퇴임식	규범과 핵심가치의 교육
결속의례	체육대회, 단합대회	공동규범형성, 커뮤니케이션
향상의례	포상식, 사내회보에 광고	모티베이션 향상, 조직몰입도 향상

은유

"I'm still hungry".

한국 축구 감독이었던 히딩크 감독이 2002년 월드컵에서 16강에 진출한 후 했던 말이다. 왜 엉뚱하게 배가 고프다고 했던 것일까? 승리에 대한 의지를 "배고프다"라는 은유로 표현했던 것이고, 이 말은 우리에게 강한 인상을 남겼다. 배고프다는 은유적 표현이 어떤 말보다 강렬하고 명쾌했던 것이다.

우리는 일상에서 대화를 하거나 글쓰기를 하면서 의도적으로 은유를 사용하고 있다. 은유란 대상이 되는 사물이나 현상을 유사성이 있는 다른 것으로 표현하는 방법을 말한다. 즉, 직설적으로 메시지를 전달하는 것이 아니라 일종의 '돌려 말하기'인데, 적절한 은유는 직설적으로 말하는 것보다 훨씬 더 효율적이고 강렬한 메시지를 전달한다. 1979년 유신 정권의 말기 어느 날, 우리는 아마도 우리나라 정치사에서 가장 통렬했던 은유 한마디를 들었다 : "닭의 목을 비틀어도 새벽은 온다". 한국 정치사에 길이 남을 이 말은 김영삼 당시 신민당 총재가 법원의 총재 직무정지에 이어 국회에서 의원직 제명을 당하자 던진 저항의 한마디였다. 이 말은 당시의 민주화운동을 하던 이들에게 비전과 희망을 주었다.

은유는 때로 이해하기 어렵거나 설명하기 곤란한 문제를 이해 가능하게 하고 더욱 설득력 있는 언어의 역할을 해준다. 예컨대, 어린이에게 꿈을 키워주고 싶을 때 "너는 지금 하얀 도화지와 같다"고 말할 수 있을 것이다. 하얀 도화지와 같이 그림 그리는 대로 꿈이 이루어질 수 있다고 말한다면 아이는 자신의 무한한 가능성에 대해 쉽게 이해할 수 있을 것이다.

풍부하고 생동감 있는 언어는 공유된 비전을 가지고 있는 사람들을 묶는 도구이다. 그래서 훌륭한 리더들은 적절한 은어로써 자신의 메시지를 효과적으로 전달한다.

과거 GE의 잭 웰치(Jack Welch) 회장이 펼친 혁신 정책 가운데 대표적인 것은 '벽 없는 조직(Boundarylessness)'이다. 그는 이러한 은유를 통해 관료제적 조직문화에서 벗어나서 조직 구성원들 간에 자유로운 의사소통이 이루어지는 개방적인 조직문화를 강조하였다.

노드스트롬 백화점의 어느 경영자는 직원들에게 경쟁의 성격을 깨닫게 해주기 위해 다음과 같은 은유적 글을 붙여놓았다.

아프리카에서는 매일 아침 가젤*이 잠에서 깬다. 가젤은 가장 빠른 사자보다 더 빨리 달리지 않으면 죽는다는 사실을 알고 있다. 그래서 그는 자신의 온 힘을 다해 달린다. 아프리카에서는 매일 아침 사자가 잠에서 깬다. 사자는 가젤을 앞지르지 못하면 굶어 죽는다는 사실을 알고 있다. 그래서 그는 자신의 온 힘을 다해 달린다. 당신이 사자이든 가젤이든 마찬가지이다. 해가 떠오르면 달려야 한다.

얼마나 간결하며 멋진 은유인가? 경쟁이 치열하니 열심히 일해야 한다고 힘주어 말하는 것보다 훨씬 설득력이 있어 보인다.

38세의 젊은 나이에 SAS 항공회사를 회생시킨 얀 칼슨(Jan Carlzon)은 '진실의 순간(Moment of Truth)'이라는 단어를 수사적으로 활용했다. 얀 칼슨이 제시한 공동과제는 고객 서비스였다. SAS가 만성적자에서 벗어나기 위해서는 고객 중심의 조직으로 거듭나야 한다고 믿었다. 그리고 고객 중심 조직의 상징은 직원과 고객이 만나는 그 순간이라고 생각했다. 그때가 바로 '진실의 순간'이며 그 순간에야말로 고객을 감동시킬 수 있어야 한다고 주장했다. 그는 '진실의 순간'이란 투우사와 소가 서로 노려보고 있는 순간이라고 은유적으로 표현함으로써 직원과 고객이 만나는 그 찰나의 시간이 투우사와 소가 생사를 두고 노려보는 시간과 같다는 강렬한 메시지를 담고 있다.

이처럼 적절한 은유는 메시지를 매우 효과적으로 전달한다. 물론 듣는 사람이 이해하지 못하고 은유에 의미를 부여하지 못한다면 그건 은유라고 할 수 없을 것이다.

---

* 영양의 한 종류

일화

사례 : 정주영 신화

1971년, 정주영 전 현대그룹 회장의 생전 일화 한 토막이다. 울산조선소를 구상하면서 그가 처음으로 기술자들에게 했던 말은 "쇠가 물에 뜨냐?"는 것이었다. 기술자들마저 어이없게 만들었던 이 말은 당시 우리나라 조선업의 현실을 단적으로 보여주는 것이기도 했다. 그러나 무슨 일이든 반드시 되게 하는 정주영에게 이것이 장애물이 될 수는 없었다.

현대조선소 설립 당시 가장 큰 문제는 돈이었다. 정주영은 1971년 9월 영국 버클레이 은행으로부터 차관을 얻기 위해 런던으로 날아가 A&P 애플도어의 롱바톰 회장을 만났다. 조선소 설립 경험도 없고, 선주도 나타나지 않은 상황에서 영국은행의 대답은 간단히 "NO"였다. 정주영은 그때 바지주머니에서 5백 원짜리 지폐를 꺼내 펴 보였다. "이 돈을 보시오. 이것이 거북선이오. 우리는 영국보다 300년 전인 1500년대에 이미 철갑선을 만들었소. 단지 쇄국정책으로 산업화가 늦었을 뿐, 그 잠재력은 그대로 갖고 있소."라는 재치 있는 임기응변으로 롱바톰 회장을 감동시켜 해외 차관에 대한 합의를 얻었다.

그런데 더 큰 문제인 선주를 찾는 일이 남아 있었다. 그때 정주영의 손에는 황량한 바닷가에 소나무 몇 그루와 초가집 몇 채가 선 미포만의 초라한 백사장을 찍은 사진이 전부였다. 정주영은 봉이 정선달이 되어 이 사진 한 장을 쥐고 미친 듯이 배를 팔러 다녔다. 그리

고 놀랍게도, 결국 계약 한 건을 성사시켰다. 그리스 선박왕 리바노스였다. "정주영의 인상을 보니 믿을 수 있을 것 같아서"라는 비합리적인 이유로 그는 계약서에 서명했고, 현대조선소는 조선소 건립과 동시에 2척의 배를 진수시킨 세계 조선사에 유일한 기록으로 남게 되었다. 이렇게 정주영의 개척정신과 적극적인 추진력으로 이루어낸 현대조선소는 현재 세계 최대 규모의 중공업회사로 성장했다.

출처: 권영욱, <결단은 칼처럼 행동은 화살처럼>, 아라크네, 2006, 75쪽

일화는 조직의 영웅이나 조직문화의 특성을 보여주는 행동에 대한 에피소드를 말한다. 조직은 구성원들에게 일화를 들려주면서 조직의 전통을 만들어 내며 이를 영속화한다. 공유된 일화 속에 구성원들은 그들 간의 동질감과 조직에 대한 자부심을 느낀다. 그래서 일화는 구성원들을 묶는 역할을 한다.

조직의 경우 일화의 내용들은 대개 창업자의 업적, 조직의 운명을 결정했던 중요한 결정, 최고경영자에 대한 이야기 등에 관한 것이다. 조직 내에 떠돌아다니는 전설, 무용담, 성공담 등도 일화에 해당된다.

일화는 우리를 인도한다. 조직의 일화는 조직의 가치나 규범이 무엇인지를 알려주며 위인에 대한 일화는 어떻게 사는 것이 성공적이며 올바른가에 대해 말해준다. 위 사례를 비롯한 정주영 회장의 여러 가지 일화는 주로 불가능하게 보였던 일들을 성공적으로 추진했던 사례들이다. 이러한 일화는 현대그룹의 추진력, 불가능을 모르는 도전, 형식타파 문화를 계승하는 도구가 되고 있다. 또한 조직 구성원들을 바람직한 방향으로 학습시키는 훌륭한 수단이기도 하다. 노드스트롬 백화점의 사내에는 대고객 서비스에 대한 신화와 영웅담이 나돌고 고객으로부터 받은 감사의 편지들이 쏟아져 들어온다.

일화는 사실보다 강한 영향력을 가진다. 스탠퍼드 대학교의 비즈니스 스쿨에서 일화에 관한 실험을 했다.[53] 초점은 MBA과정의 학생들에게 회사가 대량해고를 회피하기 위한 정책을 시행했다는 사실을 설득시키는 것이었다. 한 집단에게는 단지 일화만 사용되었다. 다른 집단에게는 경쟁사와 비교하여 낮은 해고율을 보여주는 통계자료가 제시되었다. 세 번째 집단에게는 통계자료와 일화가 모두 제시되었다. 네 번째 집단에게는 회사의 정책만을 보여주었다. 이 네 가지 방법 가운데 회사의 정책에 대해 가장 큰 설득력을 주었던 방법은 무엇이었을까? 바로 일화만 보여준 방법이었다. 일화가 사람들에게 가장 큰 설득력이 있는 수단이라는 것을 알 수 있다.

우리의 어린 시절을 생각해보자. 누군가 일화를 들려주면 언제나 귀를 쫑긋하고 들었다. 성인이 되어서도 마찬가지이다. 대학교에서 수업시간에 졸던 학생들도 일화 한 토막을 들려주면 눈을 번쩍 뜨고 집중한다. 과거 미국의 레이건 대통령의 연설이 미국 국민들에게 설득력을 가질 수 있었던 이유도 그가 상징적인 일화를 잘 이용한 데에 있다. 사실을 늘어놓는 것보다는 일화 한 토막이 사람의 감성을 더욱 자극할 수 있는 것이다.

그래서 위대한 리더들은 일화를 즐겨 사용한다. 일화는 구체적이지 않아도 지루함 없이 방향과 통찰력을 주는 방법이다. 월마트의 샘 월튼 회장이 조그만 상점으로부터 시작한 얘기, 컴퓨터회사 델의 창업자인 델(Michael Dell)이 대학교 기숙사에서 컴퓨터왕국을 창업한 일화들은 흥미를 유발하고, 사람들은 그러한 일화에 감동받는다. 게다가 수십 년 전의 일화가 지금도 회자되는 것처럼 일화는 앞으로 10년 후에도 기억될 것이다. 그리고 그 일화가 들려질 때마다 교훈을 줄 것이다.

메리케이 코스메틱의 애쉬(Mary Kay Ash) 회장이 신규 뷰티컨설턴트들과의 선약을 지키기 위해 대통령 주재 리셉션 초청을 거절한 것은 유명한 일화이다. 초청 당시 그녀는 사업차 워싱턴에 있었음에도 불구하고 댈러스에 있는 신입사원 미팅에 참석하기 위해 달려갔다. 이러한 일화 하나가 직원에 대한 CEO의 마음이 어떤지 백 마디 말보다 더 명확하게 보여줄 것이다. 그리고 왜 이 회사가 '가장 일하고 싶은 100대 기업(포춘지 선정)' 가운데 하나이며 직원들이 "다시 태어나도 이 회사에 근무하고 싶다"고 자랑스럽게 말하는 곳으로 유명한지 알 수 있을 것이다.

▨ 영웅

가치가 문화의 영혼이라면 영웅은 그러한 가치를 형상화한 것이다. 영웅은 사람들이 따라야 할 역할모델을 보여준다. 영웅은 모든 사람들이 바라지만 쉽게 시도하기 어려운 일들을 해낸 사람들이다. 영웅의 행동은 상징적인 모습으로서, 평범한 것과 거리가 있지만 그렇다고 불가능한 것도 아니다. 그들은 성공이라는 것은 인간의 능력 안에 있다는 사실을 드라마틱하게 보여준다.

일제 강점기 시절, 그 암울했던 시기에 한국민들은 열등의식과 좌절감에 빠져있었다. 이때, 독립운동가들은 역사의 영웅들을 후세들에게 전하기 위해 조선 위인전기를 만들었다. 그리고 이러한 위인전은 실의에 빠져있는 국민들에게 민족에 대한 자부심과 의지를 불러일으키는 데에 커다란 역할을 하였다.

영웅은 사람들이 따라야 할 역할모델이다. 사람들은 영웅의 에피소드를 듣고 그의 행동을 배우게 된다. 영웅은 실제 인물이기도 하지만 때때로 만들어지거나 적절하게 '포장'되기도 한다.

오래전 TV에서는 <대장금>, <해신>, <불멸의 이순신> 등 사극을 통한 영웅 만들기가 하나의 유행이었다. 물론, 대다수 사람들의 삶은 영웅의 삶과 거리가 멀다. 그러나 사람들은 영웅의 모습을 보면서 그들이 가진 신념과 정신을 동경하고, 이를 본받고자 한다. 영웅의 삶에 자신의 삶을 이입하면서, 타인과 동일한 신념을 공유하고 자신의 가치관과 정체성을 형성하게 된다.

우리나라는 영웅 만들기에 인색하다. 그래서 영웅이라 하면 신화나 전설쯤에 나올 만한 대단한 인물을 생각하곤 한다. 이에 비해 외국에서는 타인을 위해 자신을 희생한 사람이라면 사회적으로 기꺼이 영웅이라는 호칭이 주어진다.

특히 미국의 영웅 만들기는 널리 알려졌다. 예를 들어보자. 미국이 이라크 공격을 단행한 이후 미군 5명이 이라크군에게 포로로 잡힌 다음 날, 모든 방송은 텍사스, 펜실베이니아 등 포로들의 고향으로 마이크를 넘겨 가족 및 친지들을 화면 앞으로 불러냈다. 그리곤 위험에 처한 아들과 딸들이 그동안 얼마나 용감했으며 국가와 가족을 위해 살아왔는지 전하며 '영웅 만들기'에 나섰다. 전사자들의 경우는 더하다. 이라크 남부 움카스르에서 작전

중에 처음으로 전사한 해병 제1사단 소속 테럴 셰인 칠더스 소위는 "죽어야 한다면 전투 중에 죽기를 바랐다"는 동료의 인터뷰 기사를 내보내기도 했다.

미국의 강한 힘은 영웅을 만들어 가는 사회 분위기에서 생긴다고 한다. 미국은 훌륭한 사람을 찾아내고 영웅을 만들어 나가는 나라다. 매년 초 대통령 연두교서를 듣는 미국인들은 어김없이 영부인 곁에 자리한 낯선 얼굴들을 볼 수 있다. 대통령은 몇 명의 영웅적 시민들을 소개하며 온 국민의 마음을 흔들어 놓는다. 미국식 영웅 만들기의 단면이다. 9 · 11테러로 수천 명이 목숨을 잃었을 때도 허술한 안보 책임을 추궁하지 않고 복구 작업을 진두지휘했던 루돌프 줄리아니(Rudolph Giuliani) 전 뉴욕 시장을 영웅으로 만들었다.

이렇게 영웅을 만들어가는 예는 수없이 많다. 이러다 보니 미국에는 각계 각 분야에 명사들도 많고 영웅들도 많다. 그래서 미국의 많은 청소년들과 젊은이들은 자기들도 장차 그와 같은 명사와 영웅이 되고자 열심히 자기 일에 최선을 다하면서 봉사마인드를 갖고 꿈을 꾸며 성장해 간다.

회사의 경우도 마찬가지이다. 조직의 영웅은 구성원들에게 조직에 대한 자부심과 유대감, 동기를 불러일으킨다. 예컨대, 단신으로 아프리카에 들어가 상당한 금액의 수출 계약을 체결한 영업맨에 관한 이야기는 구성원들에게 어떤 자세와 행동이 요구되는지를 말해준다. 세계적 운송화물회사인 UPS와 페덱스(Fedex)에는 '고객들에 대한 정시배달' 약속을 지키기 위한 영웅담이 숱하게 많다. "주소가 잘못 기재돼 배달이 제대로 안 됐다는 연락을 받고 직원이 주말에 직접 차를 몰아 300km나 떨어진 고객에게 배달해 줬다"거나, "9 · 11테러가 발생하자 위험을 무릅쓰고 24시간 안에 수백 톤에 이르는 구급약 등을 현장에 배달해 줬다"는 얘기, "직원들이 폭풍우를 헤치고 트럭을 몰고 갔다"는 등 고객을 위해서라면 물불을 가리지 않는다는 영응답들이다.

조직의 영웅은 조직문화를 더욱 강화시킨다. 영웅은 문화의 가치를 보여주고 비즈니스의 성공과 동기유발에 중요한 교훈을 준다. 영웅은 조직의 전설로서 조직을 지금까지 있게 한 원동력이 무엇인지를 보여주며 사람들이 따라야 할 행동 표준이 된다.

회사가 직원들을 잠시 동안만이라도 영웅으로 대우한다면 그들은 영웅처럼 행동할 것이다. 영웅의 가치를 충분히 인식해야 하는 이유가 여기에 있다.

비전

미국 일리노이 대학에서 재미있는 실험을 하였다. 이 대학 농구팀 선수를 A, B, C 세 그룹으로 나누어 A그룹 선수에게는 한 달 동안 슈팅 연습을 시키고, B그룹 선수에게는 한 달 동안 슈팅 연습을 시키지 않았다. C그룹 선수들에게는 연습을 시키지 않은 대신 숙소에서 마음속으로 연습하는 모습을 상상하게 했다. 그래서 이들은 매일 30분 동안 마음속에서 자신이 직접 공을 던져 득점하는 장면을 그려보고, 또 기량도 점점 향상되는 자신들의 모습을 상상하는 소위 '마음의 훈련'만을 했다고 한다.

한 달이 지난 후 세 그룹의 슈팅 득점률을 테스트했다. 그런데 놀라운 결과가 나왔다. 전혀 훈련을 하지 않은 B그룹이 아무런 진전이 없었던 것은 예상대로였다. 하지만, 매일 체육관에서 실제 연습을 한 A그룹과 시각화(Visualization)를 통해 마음의 훈련을 한 C그룹 선수들이 똑같이 슈팅 득점률에서 25%의 향상을 보였다는 것이다.

이 실험 결과는 보이지 않는 것을 마음으로 보는 것, 곧 비전이 얼마나 큰 효과를 가져오는지를 여실히 증명해 주고 있다. 비전은 무한한 자원인 상상력을 이용하는 것이다. 스스로 아직 일어나지 않은 상황 속에 처해있다고 가정하고, 자신이 원하는 것을 갖고 있고, 원하는 일을 하고 있고, 또 바라는 것을 달성한 것처럼 미리 마음속에 그려보는 것이다. 미래의 성공한 자신을 미리 그려봄으로써 자기 동기부여를 강력하게 유발시키는 작업이다. 그런데 신기하게도 이런 비전 자체가 현실로 나타난다는 것이다.

조직의 비전은 미래의 그림이다. 비전은 조직이 나가야 할 방향을 밝혀주며, "그 방향으로 가면 우리 조직이 어떨 것이다"라는 신나는 이미지를 보여준다.

사람들은 그들의 리더가 조직을 어느 방향으로 이끌어가고 있으며 왜 그 방향이 중요한지를 알고 싶어 한다. 그리고 그 방향으로 가는 것이 그들의 욕구와 의미를 실현해줄 수 있다고 설득이 될 때 리더를 기꺼이 따르려고 한다. 그래서 조직에서 비전 제시는 사람들을 움직이는 동력이며, 리더가 구성원들을 이끌기 위한 강력한 상징적 수단이다.

비전은 서로를 연결해주는 끈과 같다. 업무를 하다 보면 각기 다른 종류의 업무나 분야에 있는 조직 구성원들은 불가피하게 갈등관계에 놓이게 되곤 한다. 조직의 목표를 공유한다고 해서 영업과 생산 간의 갈등이 없어지는 것은 아니며, 이들 간의 이해관계 차이는 여전히 존재한다. 이때, 이들이 공통적으로 추구하는 비전은 사람들에게 공동의 운명을 위해 함께 노력하도록 부추기는 역할을 하게 된다.

비전은 일반적으로 말하는 계획과 다르다. 조직의 방향을 설정한다는 것은 조직이 추구해 나갈 어떤 변화를 의미하지만 계획 설정은 변화가 아니다. 그것은 경영 프로세스의 일부로서, 사전에 예상한 결과를 만들어 내기 위해 설계하는 일이다.

"비전을 제시하라. 그다음, 구성원들이 회사의 비전을 자기 스스로 실천하도록 하라."
(Express a vision. Then, let your employees implement it on their own.)

GE의 회장이었던 잭 웰치의 말이다. 1999년 잭 웰치가 한국을 방문했을 때였다. 한 경영자가 "세계에서 가장 존경받는 기업의 가장 존경받는 경영자로 선정된 리더십 비결이 무엇입니까?"라고 묻자 그는 "딱 한 가지입니다. 나는 내가 어디로 가는지 알고 있고, GE의 전 구성원은 내가 어디로 가고 있는지를 알고 있습니다."라고 답했다.

훌륭한 경영자는 자신과 함께 일하는 사람들이 기업의 실상뿐만 아니라 시장이 어떻게 형성되는가에 대해서도 자신보다 더 잘 파악하고 있다고 생각한다. 훌륭한 경영자는 비전을 제시하고 기업을 위해 일하는 사람들에게 그것을 이해시켜 그들 역시 그 비전을 자신의 것으로 삼게 만든다. 잭 웰치는 10만 명 이상의 직원을 해고하면서 '중성자탄 잭'이라는 별명을 얻고 내부의 거센 저항세력이 있었지만 그의 비전 제시는 강력한 리더십의 핵심이었다.

상징적 리더십 역량 진단

다음은 상징적 리더로서의 역량을 측정하는 내용이다. 당신이 리더라면 스스로에 대해 진단하고, 부하인 경우라면 소속 조직의 리더에 대해 진단해보자.

전혀 아니다 = 1   아니다 = 2   보통이다 = 3   그렇다 = 4   매우 그렇다 = 5

1. 우리 조직에는 구성원들에게 일체감을 느끼게 해주는 상징이 있다. (   )
2. 우리 조직에는 구성원들이 자부심을 느끼는 조직에 관한 일화가 많다.
(   )
3. 나는(우리 리더는) 부하들에게 보다 설득력 있고 강렬한 메시지를 던지기 위해 은유적 표현을 즐겨 사용한다. (   )
4. 나는(우리 리더는) 의례나 의식을 통해 조직의 공유가치를 강화하고 있다.
(   )
5. 나는(우리 리더는) 평소에 말과 행동을 통해 조직의 바람직한 가치를 강화하려고 노력한다. (   )
6. 우리 조직의 분위기는 외부 다른 조직과 구별되는 특징이 있다. (   )
7. 구성원들은 창업자의 업적이나, 조직의 운명을 결정했던 중요한 결정, 성공담 등을 잘 알고 있다. (   )
8. 구성원들은 내가(리더가) 어떤 가치를 중요시하는지에 대해 잘 알고 있다.
(   )
9. 평가와 보상의 기준에는 우리 조직이 중요시하는 공유가치가 잘 반영되어 있다. (   )
10. 우리 조직의 구성원들의 사고방식에는 공통된 점이 많다. (   )

11. 구성원들은 윗사람의 특별한 지시가 없어도 주어진 상황에서 어떻게 행동하는 것이 바람직한 것인지 잘 알고 있다. ( )

12. 우리 조직에는 조직의 핵심가치를 말해주는 유형 또는 무형의 상징들을 쉽게 발견할 수 있다. ( )

13. 우리 조직에는 조직의 가치나 규범이 무엇인지를 알려주는 일화가 있다. ( )

14. 나는(우리 리더는) 강력하고 설득력 있는 상징을 제시해줌으로써 신바람과 열정을 불러일으킨다. ( )

15. 우리 조직에는 조직을 지금까지 있게 한 원동력이 무엇인지를 보여주며 사람들이 따라야 할 행동 표준이 되는 영웅담이 있다. ( )

점수 합산 후 다음과 같이 진단할 수 있다.

• 60점 이상 : 탁월한 상징적 리더

• 45~59점 : 상징적 마인드가 있지만, 좀 더 개발이 필요함

• 44점 이하 : 상징의 힘을 깨우쳐야 함

3. 조직문화

조직은 문화다

조직을 좀 더 자세히 둘러보면, 그곳엔 무의미 속에 의미가 있다. 물고기가 물을 의식하지 못하듯 우리가 당연하게 생각하는 것들 속에는 우리의 행동을 지배하는 일정한 패턴이 있다. 바로 문화이다.

우리는 모두 사회적 동물이다. 우리는 소속감과 의미를 원한다. 여러 가지 경험과 시행착오 등을 통해 우리는 일을 처리하는 수용된 방식으로써 문화를 창조한다. 시간이 지남에 따라 우리의 존재, 우리가 가치를 부여하는 것, 우리가 생각하는 방식, 우리가 일을 하는 방식 등을 서서히 형성해가면서 문화를 축적한다. 우리의 가치관과 믿음을 강화하기 위해 영웅을 내세우기도 한다.

문화는 말로 공유하기 어려운 것이어서 의례나 의식을 통해 서로 유대관계를 맺고 애착을 가질 수 있는 기회를 갖는다. 그리고 그런 기회를 통해 사람과 조직을 한데 묶는 상징적 접착제를 제공한다.

조직문화란 조직 구성원들 간에 공유되는 가치체계를 말하는 것으로 조직 구성원들이 공통적으로 가지는 가치, 믿음, 사고방식이다. 사람은 가치관과 사고방식에 따라 전혀 다른 성격을 가지고 있다. 조직의 경우도 마찬가지다. 조직 구성원의 공유가치가 무엇이냐에 따라 조직은 전혀 다른 성격을 가지며 구성원들의 태도와 행동도 다르다.

우리가 그동안 경험해 보았던 모임이나 집단을 생각해보자. 어떤 집단은 활기가 넘쳐나고 사교적인가 하면 어떤 집단에 가면 말 붙이기도 어려운 경우가 있다. 어떤 조직에서는 모든 사람들이 의욕에 넘치며 도전적으로 일을 추진하는가 하면 어떤 조직은 무사안일과 복지부동의 분위기이다. 또한 토론을 할 때 지위와 관계없이 자유롭게 의견을 나누는 집단이 있는가 하면 높은 사람의 눈치만 보는 집단이 있다. 이러한 차이는 그들이 공유하고 있는 가치나 사고방식의 차이에서 나오는 것으로 이것을 우리는 조직문화라고 부른다. 여기에서 구성원들 사이에 공유되는 가치나 믿음 등이 강하면 '강한 문화'라고 하고, 공유되는 정도가 약하면 '약한 문화'라고 한다.

성공하는 기업은 대부분 조직을 위대하게 만드는 요소들을 강화하는 강렬하고 뭔가 특별한 문화를 갖고 있다. 예를 들어보자. 월마트의 직원들이면 모두가 외치는 구호가 있다. 월마트(Wal-Mart) 철자를 일일이 말한 다음 "누가 최고?(Who is No.1?)"라고 물은 뒤 "언제나! 고객!(The Customer! Always!)"이라고 말하는 것이다. 실제로 매장에서 직원들을 만나면 이들은 마치 '열정적인 신도'가 신(神)에 대해 이야기하는 것처럼 고객에 대해 이야기한다. 이러한 문화가 바로 이들의 경쟁 무기이다.

IBM의 CEO였던 거스너(Louis V. Gerstner, Jr.)는 조직문화의 중요성을 다음과 같이 말한다.

> "나는 IBM에 오기 전까지 문화라는 것은 비전, 전략, 마케팅, 재정 등과 함께 어떤 조직의 구성과 성공의 여러 가지 중요한 요소들 중 하나에 지나지 않는다고 생각했다. … 그러나 나는 한 가지 중요한 측면을 오해하고 있었다. 10년 가까이 IBM에 있으면서 나는 문화가 승부를 결정짓는 하나의 요소가 아니라 문화 그 자체가 승부라는 것을 알게 되었다."[54]

조직문화의 효과

조직문화는 어떤 효과가 있을까? 사실 조직문화는 조직에 스며있기 때문에 그 파급 효과를 명확히 인식하기 어렵다. 그러나 조직문화는 조직의 정신적 배경과 같아서 크게 두 가지 면에서 조직 전체에 커다란 영향을 미친다.

첫째, 조직문화는 구성원들에게 정체성 내지 일체감을 느끼게 해준다. 누구나 자신과 비슷한 가치나 규범을 가지고 있는 사람에게 친밀감과 동질감을 느끼기 마련이다. 조직문화도 마찬가지이다. 같은 가치와 규범, 상징을 가지고 공동의 조직생활을 하게 되면 이들 간에는 일체감이 형성된다.

아마도 가장 강한 일체감을 갖는 조직은 해병대가 아닐까 싶다. 복무 중일 때는 물론 제대 후에도 "한 번 해병이면 영원한 해병"이라는 의식을 가지고 그들 간의 강한 동질감을 표현하고 있다. 이러한 일체감은 조직에 대한 충성심을 높이고 목표달성을 보다 수월하게 해줄 것이다.

둘째, 조직문화는 조직 구성원들의 행동과 규범에 표준을 제공한다. 구성원들은 조직의 가치와 규범을 내면화하게 되고, 이는 이들이 주어진 상황에서 어떻게 행동해야 하는지를 알려준다. 즉, 일일이 "이렇게 해야 한다" 또는 "저렇게 행동하면 안 된다"고 말하지 않아도 조직문화가 바람직한 태도와 행동이 무엇인지, 주어진 상황에서 어떻게 대처해야 하는지에 대해 가르쳐준다. 조직문화가 행동의 가이드 역할을 하는 것이다.

생각과 가치관이 분명한 사람은 어떤 상황에 처해있을 때, 어떻게 행동해야 하는지에 대해 주저함이 없다. 조직문화도 마찬가지이다. 강한 조직문화를 가지고 있는 조직의 구성원들은 그들이 어떻게 행동해야 하는지 알고 있다. 그들이 마음속에 늘 간직하고 있는 상징들이 그들의 생각과 행동을 이끌어주며 무엇이 중요한지를 알려준다.

그래서 조직구조가 조직 구성원의 행동을 지배하는 공식적인 시스템이라면 조직문화는 조직 구성원의 행동을 지배하는 비공식적 분위기라고 할 수 있다.

타이레놀 사례는 조직문화의 이와 같은 가이드 역할을 잘 보여준다. 1982년 어떤 정신질환자가 청산가리를 일부 타이레놀 캡슐에 집어넣어, 이로 인해 여덟 명이 사망하는 사건이 발생했다. 그 당시 CEO는 휴가 중이었는데 비상조치를 취하기 위해 회사로 돌아올 필요가 없었다. 훗날 기자가 왜 휴가를 중단하고 돌아와 일을 처리하지 않았느냐고 물었을 때 그는 회사의 가이드 원칙이 확고하기 때문에 직원들은 자기가 없어도 어떻게 대응해야 하는지 잘 알고 있다고 답했다.

실제로 모든 계층에 있는 관리자들은 즉각적으로 대응했고 고위층의 지시를 기다릴 필요도 없이 제품을 모두 회수했다. 공유가치에 대해 모든 직원들이 숙지하고 있었기 때문에 윗사람의 허락을 기다릴 필요 없이 즉각적으로 대응할 수 있었던 것이다. 이것이 공유가치의 힘이다. 그리고 리더의 책임 가운데 하나는 이러한 공유가치를 끊임없이 강화시키고 전파시키는 일이다.

4. 조직문화는 어떻게 만들어지나?

    사람의 성격도 사람마다 다르듯이, 조직문화도 마찬가지다. 같은 사업을 하고 비슷한 환경, 게다가 구성원들이 같은 사회·문화적 환경에서 자라온 사람들이라고 해도 조직문화는 조직마다 다르다.

    조직문화의 차이를 보여주는 재미있는 일화가 있다. 일본의 미쓰비시와 혼다는 모두 다른 기업들에게 모범이 되고 특색 있는 조직문화를 가지고 있는 회사들이다. 두 회사에서는 서로의 장점과 특징을 얻기 위해서 사원들을 상대방 회사에서 몇 개월씩 근무하게 하였다. 그 결과는 어떠했을까? 몇 달 후, 양사 직원들 모두 소화불량으로 힘들어하고 있었다. 자기 회사의 조직문화에 익숙해져 있던 사원들이 다른 회사에서 낯선 조직문화에 적응하기가 어려웠던 것이다. 실제로 혼다의 경우에는 자유롭고, 자율적으로 근무를 하고, 커피 타임도 많은 반면에 미쓰비시의 경우에는 격식이 많고, 철저한 규칙과 시간 속에서 움직이는 회사였다.

    우리나라의 경우도 현대와 삼성은 극명하게 대비되는 조직문화로 이야기되고 있다. 그렇다면 이런 조직문화의 차이는 어디에서 오는 것일까?

    조직문화를 형성하는 데에 영향을 미치는 주요 요인으로는 창업자, 조직구조, 사회화, 보상 등을 들 수 있다. 이렇게 형성된 조직문화는 앞에서 언급한 일화, 의례, 영웅 등의 상징을 통해 극명하게 드러나고 발전하게 된다.

창업자

    창업자는 조직문화의 특성을 결정하는 가장 커다란 요인이라고 할 수 있다. 창업자의 창업목적이나 성공사례, 문제해결 방식 등은 전통이 되어 전승되고 발전한다. 특히 조직이 처음 시작할 때나 전환기적 사건에 관한 성공 에피소드로서 창업자와 관련된 것들은 그대로 조직문화의 핵심을 이룬다. 그래서 예전에 현대의 기업문화와 정주영 회장의 성품, 그리고 삼성의 기업문화와 이병철 회장의 성품을 떼어놓고 생각할 수 없었다.

창업자는 창업 초기에 구성원들을 직접 선발하게 되는데 이때 선발되는 사람들은 창업자와 비슷한 가치와 이해관계를 갖고 있는 사람들로서, 이들은 창업자의 가치를 계속 이어가게 된다. 그리고 이후에도 선발과정을 통해 자신들과 가치를 공유할 수 있는 사람을 선택하게 된다. 따라서 시간이 지나면 조직 내 모든 구성원들의 가치는 서로 비슷하게 되어 하나의 문화를 형성하게 된다.

◪ 조직구조

조직구조는 조직 활동을 통제하기 위해 설계된 것으로 규칙, 과업, 권한 관계 등을 공식화한 것이다. 예컨대, 기계적 구조와 유기적 구조를 비교해보자. 기계적 구조에서는 규범이나 규칙, 권한 관계 등이 매우 엄격하고 집권화되어 있다. 이런 구조에서는 권위에 복종하고 규칙과 안정성을 중시하는 문화가 형성되기 쉬울 것이다.

반면, 유기적 구조는 분권화되어 있고 규율에 얽매이지 않고 상황에 따라 유기적으로 움직이는 조직이다. 이런 조직에서는 창의적이고 모험적이며 위험을 감수하는 행동을 바람직하게 여기기 때문에 기계적 구조에서와는 전혀 다른 문화가 형성될 것이다. 이렇듯 조직구조는 조직문화에 커다란 영향을 미칠 수 있다.

따라서 조직문화를 바꾸기 위해 조직구조를 바꿀 수도 있다. 잭 웰치는 GE 내부의 관료주의를 타파하기 위해 벽 없는 조직(Boundarylessness)을 추구하면서 보다 많은 자율(권한)과 책임을 부여하는 등 조직구조를 유연하게 만든 결과, 조직문화를 보다 활기차게 만들 수 있었다.

사회화

새로운 집단에 들어가면 우린 그 집단의 분위기부터 살피게 된다. 집단 생활을 해야 하는 만큼 자기 개성대로만 행동할 수는 없기 때문이다. 그리고 어떻게 처신하는 것이 좋을지를 판단하게 된다. 이런 과정을 통해 우리는 그 집단의 분위기에 동화된다. 이와 같이 조직 구성원이 조직문화에 적응하는 과정을 사회화라고 한다.

선발과정을 거쳐 비슷한 가치를 가진 사람을 선발했다고 해도 새로운 구성원들은 완전히 조직문화에 동화된 상태가 아니다. 따라서 조직은 조직 사회화 과정을 통해 새로운 구성원들의 조직문화 적응을 돕는다.

대표적인 방법은 오리엔테이션이다. 오래전, 대학 졸업 후 삼성에 입사했던 한 친구를 신입사원 오리엔테이션을 받고 나온 직후에 만난 적이 있다. 그 친구는 삼성과 창업주에 대한 인식이 확 달라졌을 뿐 아니라 자신의 태도와 가치관도 달라졌다고 하면서 상당한 자부심과 의욕을 느끼는 듯했다. 조직문화에 대한 학습이 이루어진 것이다.

그 밖에도 선배나 상사에 의한 멘토링(Mentoring, 후견인)제도도 신입 구성원의 사회화를 촉진시킨다. 물론 이러한 사회화 과정에서 분위기에 적응이 안 되는 사람들은 다른 곳으로 떠날 것이다. 그 결과, 조직문화에 동화된 구성원들만 남아 기존의 조직문화를 유지시켜 나갈 것이다.

▨ 보상의 힘

아마도 문화의 강력한 시그널이면서도 무시되고 있는 것이 보상일 것이다. 모든 사람들이 가장 주목하는 것은 누가 승진하고 보상받느냐이다. 그러나 승진은 실제의 기능에 비해 평가 절하되고 있는 경영도구이다.

제록스(Xerox)가 조직문화를 변화시키는 데 사용한 가장 강력한 수단은 승진이었다. 즉 '품질을 통한 리더십(Leadership Through Quality)'이라는 기본 가치에 가장 잘 부합하는 인재들을 중심으로 승진을 시켜왔고, 이를 오랜 기간 동안 일관되게 실시해왔다. 그 결과, 이러한 조직의 기본 가치에 충실한 인재들이 경영자와 관리자의 대부분을 형성하게 되어 조직문화 변화에 성공하게 되었다.

조직 구성원들은 보상을 보고 핵심가치와 목표를 깨닫는다. 에이스하드웨어(Ace hardware)는 고객을 돕기 위해 노력한 직원에게 그 행동을 인정하는 증명서를 주는데, 이 증명서는 CEO가 서명한 후 직원에게 전달된다. 이것은 돈도 많이 들지 않는 것이며 금전적 보상도 아니지만 직원은 이것을 받고 자부심을 느끼며 자기 사무실에 붙여놓는다.

보상은 손가락과 같다. 사람들은 손가락이 어디를 가리키는지를 본다. 고3 학생들이 쳐다보는 것은 교훈이나 급훈이 아니라 대학입시 기준이고, 그 기준에 맞춰 행동하고 공부한다.

바람직한 행위에 대해 보상을 해주는 것은 그 가치를 전파하는 것이다. 그런데 경영에서 스피드의 필요성에 대해 강조하면서 규칙과 관행을 우선시하는 업무 수행에 대해 높은 평가와 보상을 준다면 스피드에 대한 가치가 결코 '공유'될 수 없을 것이다.

조직문화 진단

조직문화는 관계문화, 혁신문화, 위계문화, 과업문화 등의 네 가지로 분류될 수 있다. 다음은 조직이 이들 문화의 특성을 각각 어느 정도 가지고 있는지를 알아보기 위한 문항들이다. 소속 조직의 문화적 특성에 대해 진단해보자.

전혀 아니다 = 1   아니다 = 2   보통이다 = 3   그렇다 = 4   매우 그렇다 = 5

[관계문화]

1. 우리 조직은 인간미가 넘치며 가족처럼 느껴진다.   (   )

2. 우리 조직은 구성원들이 공동체의식과 일체감을 형성할 수 있도록 많은 노력을 한다.   (   )

3. 우리 조직은 구성원들 간의 협조적인 관계와 팀워크를 중시한다. (   )

4. 우리 조직의 구성원들은 상호 간에 원만한 인간관계를 유지한다. (   )

[혁신문화]

5. 우리 조직은 혁신적인 아이디어와 창의적인 사고를 존중한다.   (   )

6. 우리 조직은 매우 역동적이고 활력이 넘친다. 구성원들은 새로운 것에 대한 도전을 두려워하지 않는다.   (   )

7. 우리 조직은 변화와 혁신을 강조한다.   (   )

8. 우리 조직은 새로운 방법을 모색하고 실행하는 데 기꺼이 위험을 감수한다.   (   )

[위계문화]

9. 우리 조직에서는 원칙에 충실하고 규정된 절차에 따라 일한다.   (   )

10. 우리 조직은 명령계통이 분명하며 이를 중심으로 의사소통이 이루어지고 업무가 수행된다.   (   )

11. 우리 조직에서는 위계질서의 확립과 준수가 강조된다.   (   )

12. 우리 조직은 안정과 지속성을 강조하며 능률적이고 원활한 조직운영이 중시된다.   (   )

[과업문화]

13. 구성원들에 대한 평가는 직무수행능력과 실적을 중심으로 이루어진다.
                                                           (   )

14. 우리 조직은 구성원들의 경쟁적 분위기와 성과달성을 중시한다. (   )

15. 우리 조직은 과업 수행에 필요한 전문지식과 능력을 중시한다. (   )

16. 우리 조직은 절차나 관행보다는 합리적인 목표달성을 우선시한다.
                                                           (   )

점수 계산

각 문화 유형별로 점수를 합산하고, 진단해보자. 점수가 많을수록 그 유형의 문화적 특성이 강한 문화이다. 자신의 소속 조직과 다른 사람의 조직과도 비교해보자.

- 관계문화 : 조직내부의 통합을 중시하는 문화로서, 구성원들에 대한 배려가 높으며 단결과 협동을 중시하는 문화
- 혁신문화 : 구성원들의 창의성과 기업가적인 정신, 모험심을 강조하며 혁신과 변화를 중시하는 문화
- 위계문화 : 위계질서와 명령계통이 분명하며 절차와 규칙을 중시하면서 조직의 효율성에 가치를 두는 문화
- 과업문화 : 조직의 명확한 목표설정과 성과달성, 생산성, 합리성 등에 가치를 두는 문화

체크포인트

1　종종 어떤 사건이나 물건 그 자체보다는 거기에 부여한 상징적 의미가 무엇이냐가 중요하게 작용한다.

2　상징은 사람들이 부여한 공통된 의미와 가치를 통해 사람들을 묶는다.

- 상징은 물질적인 상징 외에도 신화, 영웅, 일화와 우화, 의례, 의식, 은유 등 다양한 형태로 나타난다.

3　조직문화는 조직 구성원들이 공통적으로 가지는 가치, 믿음, 사고방식이다.

- 조직문화는 사람들이 어떻게 행동하고 생각해야 하는지에 대해 말해준다.
- 리더는 이러한 공유가치를 끊임없이 강화시키고 전파시켜야 한다.

4　보상은 바람직한 가치를 전파하는 문화의 강력한 시그널이다.

실습 1

내가 소속된 조직이나 다른 조직을 방문하여 그 조직의 문화를 분석해 보자.

1. 조직문화의 전반적인 특징은 어떠한가?

2. 조직문화를 강화시키는 상징들은 어떤 것들이 있으며 그 효과는 어떠한가?

실습 2

A기업과 B기업은 얼마 전 합병을 했다. 합병으로 인한 상당한 시너지 효과가 예상되었지만 오히려 부작용만 발생하고 있다. 예컨대, 서로 다른 조직문화를 합치다 보니 가치관과 업무 처리 방식의 차이로 인한 갈등이 종종 발생한다. 식사나 회식도 예전 자기 회사 사람들끼리만 하고, 승진이나 주요 자리를 둘러싼 파벌 싸움도 두드러지게 나타나곤 한다.

당신은 합병된 이 회사의 CEO의 입장에서, 직원들을 하나로 묶기 위한 상징적 리더십이 필요하다고 느낀다. 구체적으로 당신은 어떤 상징적 리더십을 펼치겠는가?

5~6명이 한 조를 만들어 토론을 하고 발표를 해보자. 다른 조들과 비교해보고 어느 조가 가장 훌륭했는지 평가해보자.

실습 3

당신이 소속된 회사의 매출은 최근 정체 상태에 있다. 회사가 주력으로 삼고 있는 제품은 오랫동안 수익을 가져다주었지만, 시장은 이미 포화 상태이고 이 제품이 앞으로도 소비자에게 매력을 끌지는 불확실하다. 그러나 아무도 어떤 혁신을 추진을 할 생각이 없고, 현 상태를 유지하고 싶어 한다.

이 회사를 좀 더 적극적이고 창의적인 조직문화를 가진 회사로 만들기 위해 무엇을 해야 할 것인가?

5~6명이 한 조를 만들어 토론을 하고 발표를 해보자.

제6장

멀티프레임으로 바라보기

지금까지 경영세계를 지배해 온 네 가지 프레임을 살펴보았다. 어떤 경우에는 이 가운데 특정한 프레임이 조직의 중요한 사안을 결정하는 역할을 하기도 하고 문제의 중심에 놓이기도 한다. 두 가지 이상의 프레임들이 조직과 경영에서 동시에 작용하기도 한다. 문제 상황을 진단하고 이해할 때 또는 해결안을 모색할 때 어떻게 다양한 프레임으로 통찰하고 해결안을 모색할 수 있을까?

1. 통찰을 위한 멀티프레임

▨ 프레임 키워드들

<고등학교 교사들이 파업에 들어갔습니다. 그들은 봉급 인상을 요구하고 있습니다> 시위 장면이 화면에 나타난다. 「교사들의 시위도 동기는 똑같네요」 뤼크레스는 흥미 없다는 듯이 냉소를 흘린다. 「당신이 잘못 생각하고 있어요. 사실 저들이 원하는 건 돈이 아니라 존경이에요. 예전엔 교사의 사회적 지위가 높았어요. ... 뉴스에서는 교사들을 마치 휴가와 특권에 굶주린 사람들로 묘사하고 있지만, 그들이 원하는 건 그저 조금 더 많은 인정과 존경입니다. 사실, 사람들이 내세우는 동기가 언제나 그들의 진정한 동기인 건 아니죠」

- 베르나르 베르베르(Bernard Werber), 『뇌』

주어진 사건을 어떤 프레임을 갖고 접근할 것인가는 사건의 올바른 처방을 위해 매우 중요하다. 상황에 따라서는 어떤 한 가지 프레임이 다른 프레임보다 현실을 파악하는 데에 더 적절한 해답을 줄 수 있다. 예컨대, 어떤 문제의 주된 원인이 구성원들의 낮은 동기유발이나 사기에 있는 경우도 있겠지만, 불합리한 구조에 그 원인이 있는 경우도 있을 것이다. 이런 경우 근본 원인을 구조 프레임에서 찾지 않고 인간 프레임에서만 찾는다면 올바른 처방이 나오기 어려울 것이다. 때로는 구조 프레임으로 접근해야만 올바른 해석과 처방이 가능한 경우가 있는 반면, 상징 프레임이 아니면 이해하기 어려운 경우도 있을 것이다.

그런데 어느 하나의 사건을 보다 풍부한 관점에서 해석하고 적절한 처방을 내리기 위해서는 한 가지 이상의 프레임을 갖고 접근해야 하는 경우가 대부분이다. 두 가지나 세 가지 프레임, 또는 네 가지 프레임으로 생각해야 제대로 그 상황을 이해하고 해결할 수 있는 것이다.

우선 지금까지 우리가 살펴본 네 가지 프레임들의 키워드를 정리해보자. <표 6-1>에서 보듯, 이해하기 어렵지 않을 것이다. 이 키워드들을 기억한다면 어떤 상황을 판단하고 해결안을 제시하는 데 매우 유용한 지침을 줄 것이다.

표 6-1 각 프레임별 키워드

프레임	키워드
구조 프레임	기술적 및 객관적 이슈, 구조의 상황적합성, 분업과 조정, 역할, 합리성, 제도 및 정책
인간 프레임	인간의 기술 및 역량, 태도, 에너지, 모티베이션, 인간의 욕구, 개인과 조직 간의 적합성(fit)
정치 프레임	상호의존성, 지속적 이해 차이와 갈등, 희소자원의 분배, 권력의 분배 및 행사, 연합, 교섭과 타협
상징 프레임	의미, 상징, 은유, 문화, 전통, 신화, 공유가치, 모호성

구조 프레임 – 합리성의 세상

구조 프레임은 합리성을 강조한다. 사람들은 구조가 지시한 대로 움직이기 때문에 구조가 합리적으로 설계되어 있느냐가 중요하다. 구조 프레임의 초점은 합리성과 논리적 절차, 기술적(technical)이고 객관적인 문제에 적합하다. 기술적이라는 것은 "어떤 일을 하는 최선의 기술적인 방법이 무엇인가?"와 같은 문제이다. 그리고 객관적인 문제란 달성하고자 하는 목표 또는 결과가 관찰 가능한 현상이나 활동, 자원 등인 경우이다. 사람들이 어떤 감정을 가지게 되느냐와 관계없이 어떤 일을 발생하게 하는 것이 주된 관심사라면 그 이슈는 객관적이라고 할 수 있다. 객관적인 문제의 예로는 생산 프로세스를 설계하는 일, 예산에 대한 의사결정, 제품 구입 등을 들 수 있다. 이 밖에도 역할 분담이나 책임관계, 제도적인 문제들도 구조 프레임의 영역에 해당된다.

인간 프레임 – 감성의 세상

인간 프레임은 조직에 속해 있는 모든 구성원들이 욕구와 감정, 사고와 의지, 본능, 능력, 나아가서 무한한 잠재 역량을 함께 갖고 있다는 점을 강조한다. 구조 프레임이 객관적인 이슈에 적합하다면, 인간 프레임은 사기, 태도, 충성심, 신뢰, 몰입 등과 같은 주관적인 문제에 적용하기에 적절하다. 따라서 개인의 사기와 태도 등이 주어진 문제 상황을 해결하는 데에 가장 중요한 요인이라면 인간 프레임이 고려되어야 할 것이다.

정치 프레임 – 생존의 세상

정치 프레임은 이해관계의 차이와 갈등, 권력의 행사와 타협 등과 관련이 있다. 정치 프레임에 의하면 자원은 항시 부족하기 마련이므로 개인과 집단은 이 부족한 자원을 어떻게 배분할 것인가를 놓고 계속 싸울 수밖에 없다. 따라서 정치 프레임은 주로 분배적인 문제를 다룬다. 예컨대, 비용을 효율적으로 관리하는 방법을 개발하는 일은 기술적인 문제이다. 그러나 충분하지 않은 예산에 대한 집행권을 누가 가지느냐에 관한 결정은 분배적이다. 흔히 양면적인 속성을 지니고 있는 것으로 생각되는 권력과 정치라는 두 가지 현상은 조직에서 결코 소멸될 수 없을뿐더러 간과될 수도 없는 엄연한 현실이다. 정치 프레임에서는 사람들이 일반적으로 자신의 이익을 추구하기 위해 합리적으로 행동하지만, 개인 간 혹은 이익집단들 간에 혼란스럽고 무질서한 싸움이 발생하기 때문에 정치적 개입이 요구된다고 가정한다.

상징 프레임 – 의미의 세상

'의미'는 인간에게 중요한 것이지만 외부로부터 주어지는 객관적 실체는 아니다. 그것은 어떤 가치체계를 통해 도달하게 되는 것이다. 상징 프레임에서는 지나치게 복잡하고 불확실하거나 불가사의하여 합리적인 분석이 쉽지 않은 상황에서 상징은 질서와 의미를 인식하게 해주는 하나의 수단이라고 가정한다. 이런 점에서 상징 프레임은 인간 프레임과 마찬가지로 사기, 태도, 충성심, 신뢰, 몰입 등과 같은 주관적인 문제에 적용될 수 있다.

이제 이러한 프레임 키워드들을 중심으로 상황을 바라보고 진단해보자. 우리는 적절한 문제해결 방향을 쉽게 찾을 수 있을 것이다.

프레임 키워드로 진단하기

만약 문제가 되고 있는 상황이 심각한 수준의 희소자원으로 인해 발생한 것이라면 어떤 프레임을 가지고 이 문제를 해결할 수 있을까? 이 경우의 초점은 어떻게 이해관계를 조정할 것인가, 원하는 것을 얻기 위해 권력과 영향력을 어떻게 확보하고 행사할 것인가에 관한 것이다. 따라서 정치적 프레임으로 해결안을 찾아야 한다.

조직의 낮은 생산성의 원인이 부서들의 불합리한 역할체계인 경우라면 그 해결책은 구조 프레임에서 찾아야 할 것이다. 구성원들의 동기유발이나 사기에서 해결안을 찾는다면 방향을 잘못 짚은 격이 된다.

다음 사례들을 살펴보자.

> [사례 1] 당신은 어느 보험회사의 지점장이다. 그 지점에서는 보험설계사
> 들의 사기와 의욕이 낮고 이직률은 높은 고질적인 문제를 가지고
> 있다. 당신은 이들의 사기를 높이기만 하면 틀림없이 실적이 높
> 아질 것으로 확신한다.

이 사례를 어떤 프레임으로 접근할 것인가? 앞의 <표 6-1>을 참고
해 보자. 궁극적인 목표는 실적 향상이다. 그러나 단기적인 문제는 사기와
의욕으로서, 이것은 주관적인 문제이다. 초점은 일이 더 잘 돌아가게 하는
데 있으므로 분배적인 문제가 아니다. 그리고 크게 모호하지도 않은 상황이
다. 무엇이 직원들의 사기에 영향을 미치며 무엇을 할 수 있는지에 대해서
는 어느 정도 알려져 있기 때문이다. 단지 갈등이나 자원이 어느 정도 수준
인지에 대해서는 알 수 없다. 그러나 전형적인 보험회사의 지점이라면 갈등
과 자원은 특별히 높지도 않고 낮지도 않은 중간 정도라고 추측할 수 있을
것이다.

이러한 분석을 종합해볼 때, 이 사례는 인간 프레임이 가장 적합하고
정치 프레임과는 가장 거리가 멀다고 볼 수 있다. 문제의 초점은 자원 부족
이나 분배적인 것이 아니기 때문이다. 만약 문제의 초점을 사기나 의욕보다
는 실적에 둔다면 구조 프레임도 도움이 될 수 있다.

> [사례 2] 회사는 앞의 사례와 같은데 다른 상황이다. 당신이 담당하는 지
> 역의 경쟁사들은 당신의 지점보다 영업 전문 인력들이 단단히 구
> 축되어 있다. 이들 회사는 전문 인력을 개발하는 데에 상당한 투
> 자를 하고 있다. 요즘 보험업은 수지타산이 잘 맞지 않는 안 좋

은 상태이다. 회사에서도 비용 절감에 온 힘을 쏟고 있다. 그런데 당신은 지점에 영업 전문 인력이 2명만 보강되면 실적을 월등히 올릴 수 있다고 믿는다. 당신의 과제는 상사에게 이런 상황을 설득시키는 것이다.

이 경우, 아마도 정치나 상징을 쉽게 떠올릴 수 있을 것이다. 사기나 동기유발과 관련된 것도 아니고 구조적인 이슈도 아니다. 갈등은 높고 자원은 희박하며 상사를 설득시키는 것이니 영향력을 적절하게 행사해야 할 상황이다.

앞서 살펴보았던 기계적 구조를 생각해보자. 우리가 그런 조직에 있는 구성원들의 역할 구조를 설계하려고 한다면 대체적으로 객관적이고 기술적인 문제를 다루게 된다. 거기에는 합당한 자원도 있고 모호성이나 갈등 수준은 낮으며 톱－다운식으로 일 처리가 이루어진다. 그러나 그 반대의 특성을 가진 구조의 경우 일의 성격이 주관적이고 모호하며 즉흥적인 대응이 필요하다면 목표와 수단을 둘러싼 갈등 수준도 매우 높을 것이다. 우리의 분석 틀에 의하면 전자의 경우 경영상의 문제를 이해하는 데에는 구조 프레임이 도움이 되겠지만, 후자의 경우는 정치 프레임이나 상징 프레임이 더욱 적절할 것으로 보인다.

"어떤 프레임을 선택하여 문제가 되는 상황에 접근할 것인가?"는 쉽지 않은 리더의 과제이다. 모든 상황마다 기계적으로 단 한 가지의 정답만 있는 것은 아니지만, <표 6-1>의 프레임별 키워드는 프레임을 선택하는 역량을 향상시키기 위한 하나의 가이드가 될 수는 있을 것이다.

지금까지 살펴본 것과 같이 각 프레임은 상황에 따라 다른 프레임보다 좀 더 적절하게 설명하고 적용될 수 있다. 각각의 프레임이 특정한 상황에서만 유효한 것도 아니다. 예를 들어, 상징이 합리적 상황과 전혀 무관하다는 것은 아니다. 그러나 구성원 각자가 자신이 수행할 직무에 대해 명확히 알고 있고, 그것을 수행하는 최선의 방법에 대하여 다른 구성원들과 공감대를 형성하고 있을 때에는 상징적 과제들이 두드러지게 요구되지 않을 뿐이다.

2. 프레임에 의한 원인 분석

▨ 고객 예탁금 횡령 사건이 왜 일어났을까?

사례 : 농협 직원의 고객 예탁금 횡령 사건

진안농협 용담지소에서 고객 예탁금을 횡령한 사실이 적발돼 지난 8일부터 농협중앙회 도지역본부 특별감사가 실시 중에 있으며 고객 돈을 횡령한 여직원 김모 과장은 경찰에 고발, 구속수사가 진행 중에 있다.

농협에 따르면 용담지소에 근무하던 김씨는 이미 오래전부터 정기예탁금 해지, 조합원 명의도용 대출 등으로 횡령, 현재 18억 8천만 원으로 밝혀졌으나 계속 조사 중으로 앞으로 얼마나 피해금액이 더 불어날지 알 수가 없다고 한다.

이 같은 사실은 지난 4월 장기근속자 인사이동으로 김씨가 주천지소로 발령, 근무지 이동에 따라 문제점이 드러나기 시작했고 횡령 의혹이 제기된 지난 3월까지 27년간을 인사이동 한번 없이 용담에서만 근무를 했던 것으로 드러나 지역조합이 건실 경영을 할 수 있도록 지역 농협 간 인사교류, 지도·감독을 해야 하는 농협중앙회도 비난의 화살을 피할 수 없게 되었다.

주민 박모씨는 "용담지소는 7년 전 사고 조합으로 특별감사를 수차례 받았으며 99년 진안농협으로 합병 시 합병감사가 이루어졌음에도 문제점을 발견하지 못했다는 것은 의문이고 또한 감사관리 능력에 대해 의구심이 간다"며 "조합장이 장기근속자인 김씨의 인사이 동을 시키지 않은 이유가 궁금하다"고 말했다. 또 다른 주민 이모씨도 자신의 자립대출통장이 98년도에 개설, 횡령 유용된 사실을 농협 채무확인서를 받아 보고서야 알았다며 강하게 항의했다. 진안농협 관계자는 "현재 지역본부 특별감사팀을 파견, 정밀 조사 중에 있고 조합피해 최소화를 위해 대책 마련에 나서고 있다"고 밝혔다.

한편 이번 사건의 피해자는 대부분 수몰민들과 지역주민들이다. 김씨는 지역주민에게 신뢰를 얻고자 예금주의 집까지 자주 방문하여 통장의 기한연장 및 이자지급시기에 정확히 맞추어 전화통화를 하기도 했으며 이내 신뢰를 얻은 김씨에게 고객들은 예탁금 등을 관리하도록 하여 오늘과 같은 대형금융사고로 이어졌다고 한다.

출처: 진안신문, 2003. 8. 11

불행하게도 금융기관의 고객 예탁금 횡령 사건은 잊힐만하면 터지곤한다. 직원들의 윤리의식이 확고하기만 해도 이런 사건이 발생하지 않겠지만 그것만을 기대할 수도 없는 일이다. 이제 네 가지 프레임으로 들여다보면서 이 사건의 원인을 다양한 시각에서 바라보자.

먼저, 농협에는 여러 가지 구조적 문제점이 눈에 띈다. 첫째, 농협의 경우 원칙적으로 직무 순환이 이루어지도록 되어있다. 그러나 현실적으로 대부분의 농협에서는 직무 순환이 제대로 이루어지고 있지 않아, 업무담당자는 같은 업무를 계속해서 같은 지점에서 하고 있는 실정이다. 이에 따라 상위 관리자가 부하직원의 업무 관리를 철저히 하지 않을 경우 각종 비리가 발생할 여지가 생긴다. 용담지소의 경우는 무려 27년간 인사이동 한번 없었다고 한다.

둘째, 지나치게 세분화된 업무로 인하여 부서 간, 직무 간, 업무수행자 간의 업무 관련성이 떨어져 고유 업무영역에서 비리 발생 여지가 있다.

셋째, 인력채용 후 배치에도 문제가 있다. 농협 직원은 대부분 그 지역에 연고를 가지고 있다. 마음만 먹으면 조합원의 사적인 부분까지 알 수 있으며 조합원은 직원을 신뢰하는 상태이다. 이걸 악용하여 직원은 비리를 저지른 것이다.

넷째, 농협의 경우 중앙회는 금융권으로 분류되어 금융감독원의 관리를 받고 있지만 회원조합(구 단위농협)의 경우는 조합원의 출자로 만들어진 조직이어서 구속력을 가진 감사기능이 없다. 2년마다 있는 중앙회의 감사가 있지만 형식적 수준에 불과하다.

이와 같은 여러 가지 구조적 결함은 언제든 비리가 발생할 수 있는 배경이 되고 있다.

직원들의 도덕적 해이와 같은 인간 측면의 문제 지적도 이런 경우 빠질 수 없다. 직원들이 기본적으로 갖추어야 할 직업윤리가 제대로 갖추어져 있다면 이와 같은 비리 문제는 발생하지 않았을 것이다. 사실, 농협에는 직원들의 능력을 향상시키기 위한 여러 가지 종류의 교육을 실시하고 있지만, 윤리의식에 대한 지속적인 예방 교육은 제대로 이루어지지 않았다. 또한 인사평가는 형식에 그치고 있어 적절한 행동과 태도에 대한 육성과 점검이 제대로 이루어지지 않은 데에도 원인이 있다.

정치적인 프레임으로 바라보면 조합장의 권력문제에 초점이 맞춰진다. 첫째, 농협과 축협의 통합과정에서 조합장들의 '밥그릇 싸움'이 일어났다.

이러한 권력다툼은 자신의 지위를 보장받기 위해 각종 비리의 온상이 되었다. 각 조합장들은 통합된 조합에서 다시 조합장을 역임하기 위해 조합원들과 임직원에게 뇌물을 주었으며, 또한 자신의 권력유지에만 급급하여 조합 내 직원들의 관리 소홀을 초래했다.

둘째, 조합장 자신의 권력유지를 용이하게 하고, 또한 임기 동안 조합장이 되기 위해 사용한 선거자금을 회수하기 위해 공금횡령, 고객 예탁금 갈취, 양곡 등 판매대금을 조작하였다. 이것은 조합장의 묵인 아래 조합 내 직원들과의 끈끈한 유대관계로 인해 발생하였다. 앞의 사례에서 볼 수 있듯이 그 직원이 그렇게 큰돈을 횡령하고도 발각되지 않았던 이유는 조합장의 권력하에 '눈감아주기'에 의해 가능했다는 지적이다.

농협에는 조직의 상징과 문화에도 문제가 있어 보인다. 농협은 다른 일반 금융기관과는 다른 상징적 의미가 있다. 농협은 근면, 자조, 협동을 바탕으로 농업 생산성 향상과 생활의 합리화는 물론 '농업인 조합원'의 경제적 · 사회적 지위 향상을 도모하고 농촌 복지 문화 증진으로 삶의 질을 향상시키기 위한 단체이다. 그러나 현재는 단지 '흑자'를 위한 경제적 목표만 중시하고 돈이 되는 사업만 관심을 두어, 돈이 안 되는 조합원들을 외면하며 본래의 정신을 잃고 있다. 농협 직원들 역시 농협 본래의 사명감이나 의무감은 없으며 이들의 규범이 될 만한 조직문화도 빈약한 상태이다.

때로는 한두 가지의 결정적인 문제가 어떤 현상의 핵심일 수도 있다. 그리고 그 경우에는 해당 문제만 처방하면 해결될 가능성이 높다. 그러나 대부분의 문제들은 다양한 차원의 문제점과 얽혀있고 복잡하여 눈에 선명하게 들어오지 않는 경우도 허다하다. 이처럼 다양한 프레임으로 바라본다면 문제가 되는 상황은 더욱 선명하게 진단될 수 있다. 그리고 보다 근본적이고 포괄적인 처방책도 올바른 진단에서 나올 수 있을 것이다. 농협 사례만 보더라도 구조적인 문제점만 파헤치고 처방해서는 이와 유사한 사건을 예방하기 어렵다는 것을 알 수 있다.

▨ 대학가의 저조한 투표율

최근 대학가의 학생회장선거의 예를 보자. 학생들의 투표율이 50%를 넘기는 대학은 흔치 않아 보인다. 내가 속한 대학의 경우, 몇 년 전 투표율이 90%가 넘는 놀라운 일이 일어났는데 알고 보니 투표를 하면 선물을 줬다고 한다. 예전에 어느 언론사에서 대학가의 저조한 투표율 현상을 기사로 크게 다룬 적이 있었는데, 그 원인으로 지적된 첫 번째는 '개인주의'였다. 학생들이 예전에 비해 개인주의화되어 자신의 이익과 무관한 일에는 참여하지 않는다는 것이다. 그런데 나도 대학생 시절에 "요즘 학생들은 자기밖에 모르는 개인주의자들이다"는 얘기를 흔히 들었지만, 그 시절 투표율은 70%가 넘었던 것으로 기억한다. 그때보다 요즘 학생들이 더욱 개인주의화된 것일까? 아마도 그러한 경향도 있을 것이다.

그러나 프레임별로 생각해보면 다른 측면의 원인을 들 수 있을 듯하다. 그중 하나는 상징적 측면이다. 학생들의 직접투표에 의한 총학생회장 선출은 나의 대학 시절 당시 민주화 투쟁의 산물이었다. 직접선거는 당시의 학생들에게 매우 중요한 상징적 의미를 가지고 있었다. 몇 년 전 대학 총장선거를 간접선거로 바꾸려고 할 때 교수들이 저항한 이유 중 하나도 거기에 있다. 그러한 상징적 가치가 지금의 학생들에게 남아있을 리 없다. 실제 물어보면 그러한 사실을 알지도 못한다. 따라서 상징적 의미를 빼고 개인주의 현상으로만 저조한 투표율의 원인을 돌리는 것은 완전한 해석으로 보기 어려울 것이다.

New Coke에 대한 소비자의 반응

1980년대 초, 이른바 콜라전쟁[55], 즉 코카콜라(Coca-Cola)와 펩시(Pepsi) 간에 숨 막히는 일대 접전이 벌어진 적이 있었다. 펩시는 대대적인 시음행사인 펩시 챌린지(Pepsi Challenge) 대회를 열어가며 코카콜라 시장을 잠식해 들어가고 있었다. 눈을 가리고 코카콜라와 펩시를 마신 후 어느 쪽이 더 맛있는지 묻는 시음대회였는데, 평균적으로 약 65% 대 35% 정도로 사람들은 펩시가 더 맛이 좋다고 평가했다. 이 시음대회에서 자칭 Coke 애호가라고 공언한 사람들조차도 펩시의 맛이 더 좋다고 평가했고, 일반적으로 사람들이 가지고 있는 두 음료에 대한 선입견을 깨뜨린 펩시의 성공작이었다.

코카콜라도 펩시에 대응하기 위해 애틀랜타 소재 코카콜라 본부에서 시음대회를 개최했는데, 여기서도 펩시가 근소한 차이로 다시 승리하였다. 그 후, 펩시는 마이클 잭슨과 5백만 달러 상당의 계약광고에 사인을 함으로써 음료업계에 다시 충격을 주었다.

코카콜라 경영진들은 신경이 곤두섰다. 그리고 가히 혁명적인 전략을 도입하기로 결정했다. 그것은 기존의 Old Coke를 New Coke(Diet Coke)로 대체한다는 것이었다. 그 나머지 일화는 역사적인 기록으로 남아있다. 코카콜라 애호가들은 새로운 제품을 거부했다. 어떤 사람들은 배신감을 느꼈고, 대다수 사람들이 흥분했다. 예컨대 어떤 사람은 쌓아 두었던 코카콜라 병을 깨버리고, 음식점 밖에 '코카콜라 판매중지'라고 써 붙였다. 베벌리힐스에 살고 있는 데니스 오버스트리트라는 사람은 구제품 코카콜라 500상자를 쌓아놓고 한 상자당 30달러에 판다고 광고를 했는데 순식간에 거의 다 팔려나갔다. 샌프란시스코의 Examiner 칼럼니스트인 빌 만델(Bill Mandel)은 새로운 Diet Coke를 '겁쟁이들을 위한 코카콜라'라고 조롱했다.

이런 반응들에 모든 탄산음료 제조업자들과 코카콜라의 모든 직원들은 깜짝 놀랐다. 6월까지 계속 치솟은 소비자들의 분노로 인해 최고경영자에서 비서에 이르기까지 코카콜라 전체 직원들은 자신의 사생활이 피해를 입을 정도였다. 심지어는 이들의 친구들과 친지들까지 비난하고 나섰기 때문에, 지금껏 긍지를 가졌던 직원들조차도 이제는 자신이 코카콜라 회사와 관계가 있다는 것을 드러내는 것을 꺼리는 지경에 이르렀다.

위기감을 느낀 코카콜라는 신속히 예전의 콜라를 생산하기 시작했다. 그러자 New Coke의 엄청난 소용돌이로 인해 촉발된 그 숱한 논란과 열정이 사그라들었고, 전면적인 공론화 덕분에 코카콜라는 탄산음료 업계에서 다시 이전의 지배력을 되찾았다.

도대체 이런 상황을 어떻게 설명해야 할까? 어떤 프레임으로 이 상황을 이해할 것인가? 제품 모델의 교체가 이런 반응을 불러온다는 것은 도무지 합리적으로 이해되지 않는다. 싫으면 안 사면 그만 아닌가? 상당히 모호하고 비합리적인 상황이다. 자원이나 갈등과는 전혀 관계가 없다. 그렇다면 이런 상황을 바라보는 가장 적절한 프레임은 상징 프레임일 것이다.

이제 상징 프레임을 통해 다시 이 상황을 음미해보자. 펩시와의 경쟁에 지나치게 집착한 나머지, 코카콜라의 경영진들은 상징적 문제의 핵심, 즉 어떤 사물이나 사건은 그 자체보다는 그 안에 내포되어 있는 의미가 훨씬 더 강력한 힘을 가진다는 사실을 간과했다. 코카콜라의 경영진들은 자신들의 제품이 소비자에게 어떤 의미를 지니는지를 잊은 것이다.

많은 사람들에게 코카콜라는 야구, 햄버거와 함께 미국을 상징하는 것 중의 하나였다. 그것은 미국인의 소중한 기억과 관련되어 있다. 코카콜라의 경우 1941년, 미국은 일본의 진주만 공격으로 제2차 세계대전에 참전하게 되었는데, 이때 코카콜라가 군인들에게 공급되면서 미국정부는 코카콜라를 중요한 군수물자의 하나로 인정하게 되었다. 당시 미군에게 코카콜라는 종교와 다름없을 정도로 인기를 끌었고 그 이후 국민 음료수로 등극하게 되었다. 코카콜라는 단순한 탄산음료가 아닌 것이다. 따라서 예전 코카콜라의 생산 중지는 단순히 하나의 제품을 생산 중단하는 정도의 수준이 아니었다. 그것은 미국의 중요한 상징물 중의 하나가 사라진다는 것을 의미하는 것이었다. 이런 상징적 측면을 생각하지 않고 구조나 전략적 측면에서만 원인을 찾으려 한다면 이 문제의 핵심을 벗어나는 것이다.

구조인가 사람인가?

누구나 다른 사람들과 함께 음식점에 가서 제각기 다른 주문을 한 경우가 있을 것이다. 종업원은 "자장면 1개, 짬뽕 2개..." 식으로 주문을 받아서 주방에 말로 전달한다. 이런 경우 적어도 한 번쯤은 경험했을 것이다. 자장면은 한 명이 주문했는데 두 개가 나온 일!

유럽에 가본 사람은 경험해봤으리라. 혼자 가서 겨우 커피 한 잔을 주문해도 그걸 종이에 적어서 주방에 전달한다. 뭐 그 정도도 기억 못 하나 싶었다. 그러나 몇 명이 같이 가서 주문하든, 주문한 것과 다른 것이 나오는 경우는 한 번도 경험하지 않았다. 모든 주문은 반드시 종이에 적어 주방에 전달하도록 매뉴얼화된 덕이다.

어떤 문제가 생기면 겉으로 보기엔 사람 문제인 것 같지만 실은 구조나 상황의 문제인 경우가 의외로 많다. 그래서 현명한 리더라면 "사람들이 왜 이 모양이야?" 하면서 사람 탓으로 쉽게 단정 짓지 않을 것이다. 이 사람들이 이렇게 행동하게 만든 구조가 무엇인지 생각해보고 이들이 제대로 행동하게 만들려면 구조나 상황을 어떻게 만들어야 할지를 고민할 것이다.

체크리스트의 효과

아툴 가완디(Atul Gawande)[56]가 <뉴요커>를 통해 보도한 사례를 보자. 집중치료실의 환자들은 대부분 투약을 위해 팔에 정맥주사관을 꽂고 있는 경우가 많다. 만약 그 관이 전염되면 위험한 합병증이 발생할 수도 있다. 이러한 주사관 감염 문제를 해결하기 위해 존스홉킨스병원의 피터 프로노보스트(Peter Pronovost) 박사는 5개 부문으로 구성된 체크리스트를 만들었다. "의사는 주사관을 삽입하기 전에 손을 씻어야 한다" "환자의 피부에서 주사바늘이 들어가는 부분은 소독이 되어야 한다" 등의 내용이었다. 결과는 놀라웠다. 미시간주의 여러 집중치료실에서 18개월에 걸쳐 이 체크리스트를 사용한 결과, 주사관 감염사고가 거의 사라졌으며, 관련 합병증 치료비용이 발생하지 않아 병원에 약 1억 7,500만 달러의 비용절감 효과를 가져왔을 뿐만 아니라 약 1,500명의 생명을 구하기도 했다. 체크리스트라는 일종의 매뉴얼이 사람의 행동을 올바른 길로 안내한 것이다. 사람이 아닌 구조에서 해결안을 찾은 덕이다.

정지선을 지키게 하려면

횡단보도를 건너려 할 때 저 앞에서 오는 차가 나를 위해 정지해줄까? 이런 장밋빛 기대를 하면서 천천히 건넜다가는 위험할 수 있다. 그 차는 오히려 더 빨리 속도를 낼지 모르니까. 내 경험으로는 횡단보도에서 보행자를 우선시하는 훌륭한 분은 1년에 한두 번 정도 만나는 듯하다. 외국에 가보면 횡단보도에서 보행자를 우선시하는 행동은 물론, 운전자들이 대부분 정지선을 칼같이 지키는 걸 보면 이런 생각이 든다. "아, 정말 시민의식의 차이다!"

물론 정말로 그런 면이 있기도 할 것이다. 그런데 가만히 보면 꼭 시민의식이 원인이 아닌 경우도 있다. <그림 6-1>을 보자. 신호등의 위치를 보면 뭔가 특이하다. 정지선(사진의 아랫부분 하얀 선)을 넘으면 신호등이 보이지 않도록 설치되어 있다. 신호를 보고 출발하려면 노란색 부근의 정지선이나 횡단보도를 넘어서면 안 된다. 간혹 정지선을 넘어선 경우에 운전자는 신호등을 보기 위해 고개를 뒤쪽 방향으로 쭉 내밀어야 겨우 볼 수 있다. 운전자들이 정지선을 칼같이 지킬 수밖에 없는 이유다.

교통 캠페인을 대대적으로 벌임으로써 운전자들의 교통질서 의식을 높일 수도 있지만 이처럼 구조와 환경을 바꿔서 문제를 해결할 수도 있다. 문제를 사람 탓으로만 돌릴 것이 아니라 구조와 환경 탓일 수도 있음을 생각해 볼 필요가 있다.

그림 6-1 프랑스의 횡단보도

3. 프레임들의 충돌과 논쟁

오키프 박사를 둘러싼 서로 다른 프레임들

사례 : 메인 섬을 떠나라는 명령에 불복한 오키프 박사

오키프(O'Keefe) 박사는 자신의 거취문제를 놓고 메인(Maine)주 주민들과 국립의료 봉사단 간에 치열한 공방전이 벌어지고 있는 것을 알았다. 최근 국립의료 봉사단 본부는 오키프를 관리자로 승진시켜 메릴랜드주의 록빌로 발령을 냈던 것이다. 오키프 자신은 록빌로 가고 싶지 않았으며, 부모들도 그가 가기를 원치 않았다. 섬 주민들은 분개하면서 상원의 도움을 요청하였는데, 이는 국립의료 봉사단 관료들을 놀라게 했다. 메인주의 공화당 의원인 코헨과 미 보건성 장관인 헤클러는 그를 여기에 계속 붙들어두고 싶었다.

오키프가 떠나려 하지 않았던 것은 결코 명예나 어떤 이득 때문은 아니었다. 사실상 그는 마을에 하나뿐인 응급차를 일주일에 두 번 정도 손수 운전하고 있었으며, 중병이 걸린 환자들을 응급선이나 해안경비정, 개인비행기, 심지어는 고기잡이 어선까지 동원하여 육지의 병원으로 수송하였다. 이곳 주민들에게 오키프는 신비에 쌓인 영웅이었다. "그분은 20일 중 단 하루 잠을 잘까 말까 합니다. 그분은 항상 미소 띤 모습으로 밤낮없이 일을 하시니까요".

오키프에게 승진을 받아들이든지 아니면 사직을 하라고 단호히 주장하던 국립의료 봉사단 관료들은 지난주 성난 주민들로부터 봇물처럼 터져 나온 항의에 상당히 놀랐다. 주민들의 항의로 인해 전국 방송매체의 주목을 끌면서 급기야는 메인주 의회대표단이 진상조사에 나서게 되었다. 국립의료 봉사단 측은 아마 오키프는 섬으로 돌아가지 못할 것이라고 말하고, 그들은 그 섬이 이제는 외부의 지원 없이도 자체적으로 의료활동을 할 수 있다고 생각했다.

공화당 의원인 코헨은 "하위 관료들의 무감각성에 매우 실망했다"고 말하고 있지만, 정작 국립의료 봉사단의 입장에서는 의료진이 부족한 전국의 벽지에 배치되어 있는 1,600명이 넘는 의사들로 이루어진 하나의 군대조직에서 오키프의 존재는 일개 보병에 불과한 것이었다. 그럼에도 불구하고 그는 감히 지휘관의 명령에 이의를 달았던 것이다.

미연방 공중위생국 보도관인 바쓰는 목요일의 전화 인터뷰에서 "그것은 마치 마이어스군사기지에 남아있고 싶어 하던 한 병사가 갑자기 TV에 출연하여 국방장관을 움직이게 하려고 그를 쥐새끼라고 외쳐대는 것과 전혀 다를 바 없다."라고까지 말하였다.

출처: D. Goodman, "Doctor Fights Order to Quit Maine Island", Boston Globe, Oct. 15, 1983, 1쪽)

위 사례는 현실에서 흔히 볼 수 있는 상황이다. 사람들은 자신의 시각으로만 세상을 바라보면서 서로를 이해할 수 없다고 말한다. 이 사례에서 등장하는 주요 인물들도 각기 다른 프레임을 가지고 문제를 보고 있다.[57]

먼저 국립의료 봉사단 관리들을 보자. 관료조직에 있는 대부분의 사람들과 마찬가지로 이들이 가장 중시하는 것은 철저히 지켜야 할 과업 역할과 책임, 규칙, 위계체계 등이다. 따라서 이들의 프레임은 우선적으로 구조적이다. 승진, 이동 등 일정한 원칙에 입각한 조직의 체계적인 질서를 개인적인 이유로 거스른다는 것은 조직 전체의 질서를 위협하는 일이다. 오키프 박사의 행동 역시 조직의 명령에 이의를 제기했으니 명백히 '무질서'한 행동인 것이다.

오키프 박사의 입장은 인간 프레임에 있다. 자신이 승진이나 명예보다는 이 섬에서의 일에 보람을 느끼고 있어 계속 봉사를 하고 싶고, 섬 주민들도 그를 원하고 있는데 도대체 무엇이 문제가 되는지 이해할 수 없다는 입장이다. 조직의 규칙과 명령이 사람들의 욕구보다 더 중요하다는 논리는 그에게 납득되지 않는다. 승진과 다른 곳으로의 이동은 도대체 누구를 위한 것인가? 오키프 박사에게 국립의료 봉사단의 조치와 반응은 마치 조직의 규칙을 위해 사람이 존재하는 듯이 보일지도 모른다.

한편, 상원의원 코헨에게는 자신의 정치적 입지가 달린 문제이다. 주민들이 자신에게 정치적 영향력을 행사해줄 것을 요청한 상태이다. 자신이 주민들이 기대하는 역할을 제대로 하지 못할 경우, 그에 대한 지지도가 어떻게 될지는 분명하다. 게다가 하위관료들이 자신의 선거구민의 의견을 이렇게 무시한다는 것은 불쾌한 일이다.

주민들 입장은 상징적인 프레임에 있다. 그들에게 오키프는 영웅이다. 국립의료 봉사단의 지적대로 오키프 박사가 더 이상 그 섬에 필요하지 않다고 해도 그들은 오키프 박사의 신화를 계속해서 간직하고 싶어 한다. 주민들에게 오키프의 신화와 영웅적 에피소드는 단순한 의료서비스 이상의 의미를 가지는 것이다.

　　이와 같이 사람들이 의존하고 있는 프레임은 제각기 다르다. 자신만의 프레임을 고집한 채 다른 사람들의 프레임을 이해하려고 하지 않는다면 문제가 해결되기 어렵다. 서로가 답답할 뿐이다. 그것은 누가 더 올바르게 인식하느냐의 문제가 아닌, 단지 내려다보고 있는 창문의 색깔 차이일 수 있다. 사람들은 자신의 눈에 보이는 경관을 보고 판단하고 행동하는 것이다.

▨ 정의란 무엇인가?

사례 : 정의를 바라보는 프레임

　　2004년 여름 멕시코만에서 세력을 일으킨 허리케인이 플로리다를 휩쓸었다. 뒤이어 가격폭리 논쟁이 불붙었다. 올랜도에 있는 어느 주유소는 평소 2달러에 팔던 얼음주머니를 10달러에 팔았다. 전력부족으로 한여름에 냉장고를 사용하지 못하던 많은 사람들이 울며 겨자 먹기로 그 값을 지불했다. 가정용 소형발전기를 취급하는 상점에서는 평소 250달러 하던 발전기를 2,000달러에 팔았다.

　　플로리다 주민들은 바가지요금에 분통을 터뜨렸다. 한 주민은 "남의 불행을 이용해 이익을 챙기는" 행위는 옳지 않다고 말했다. 플로리다주 법무장관도 같은 생각이다. "기가 막힐 일이다. 허리케인이 지나간 뒤에 남의 고통을 이용해먹으려는 사람들의 탐욕이 도를 넘었다".

　　그러나 일부 경제학자들은 이 법과 주민들의 분노에 오해의 소

지가 있다고 주장했다. 자유시장 경제학자인 소웰은 가격을 수요와
공급의 원칙으로 설명한다. 그에 의하면, 얼음, 생수, 발전기 등의 가
격이 높아지면 수요자는 소비를 억제하고 공급자는 허리케인 피해를
입은 먼 곳까지도 재화와 용역을 공급하려는 욕구가 높아지는 장점
이 있다. 소웰은 비싼 값이 전혀 부당하지 않다면서, 그것은 구매자와
판매자가 서로 교환할 물건에 부여하기로 한 가치일 뿐이라고 설명
했다.

하버드대 학생 사이에서 최고의 강의로 손꼽혀온, 정의를 이해하는 기
준과 방식을 다룬 마이클 샌델 교수의 <정의란 무엇인가?>[58]에서 나온 흥
미로운 사례를 보자.

재난 앞에서 수요 공급의 원칙 운운하며 가격의 합리성을 지적하는 경
제학자들이 냉정하게 보일지도 모르겠다. 인간적 도리를 지적하는 인간 프
레임과 합리적인 측면에서 바라본 구조 프레임! 무엇이 옳고 그른가를 떠
나 이들 간의 프레임 차이가 눈길을 끈다.

정의와 같이 어떤 도덕적 이슈를 가지고 논의할 때, 일반적으로 사람들
은 보편적으로 받아들일 수 있는 철학적 준거를 가지고 판단하기보다는 자
신들의 프레임과 감정에 의존하여 판단하는 경향이 있다. 자신의 주장이 옳
다고 믿고 싶겠지만, 그 판단의 원천이 자신이 가지고 있는 하나의 프레임
에서 나오는 것은 아닌지 살펴볼 필요가 있다. 많은 경우, 우리는 인간의 감
성과 합리성, 이 가운데 무엇이 더 진리에 가까운가를 두고 논쟁을 하고 있
을지도 모른다. 다양한 프레임을 살펴볼 수 있다면, 아니면 최소한 그런 마

음의 문이 열려 있다면 어떤 문제를 바라보는 보다 균형 있는 시각을 발달
시키는 데 도움이 될 것이다.

▨ 게이츠 교수 사건을 보는 서로 다른 시각

　　지난 2009년 미국에서는 '인종차별 논란'에 불을 지핀 사건이 하나 있
었다. 크롤리 백인 경찰관이 게이츠 하버드대 교수를 자택에서 체포한 것이
다. 게이츠 교수는 출장에서 돌아와 자신의 집 현관문을 열었다. 하지만 문
이 고장이 나서 열리지 않자 뒷문으로 자기의 집에 들어간 후 문을 열려고
애쓴 것. 이를 본 이웃 주민이 도둑으로 오인, 경찰에 신고했고 출동한 크롤
리 경사가 게이츠 교수를 체포했다.

　　이 과정에서 게이츠 교수와 크롤리 경사의 말이 다르다. 게이츠 교수는
경찰의 태도가 거칠었고 신분증을 보여줬는데도 수갑을 채웠다는 것. 결국
자신이 흑인이었기에 이런 태도를 취했다는 주장이다. 반면 크롤리 경사는
신분증을 제시하라는 요구는 업무규정에 따른 당연한 조치였고 교수가 이
를 거부했을 뿐 아니라 흥분한 상태에서 고함을 질렀다는 주장이다. 어쨌든
게이츠 교수는 '주택침입죄'가 아닌 'Disorderly Conduct' 혐의로 체포됐다.
이는 일종의 '경찰 모독 및 공무집행 방해죄'와 유사한 내용이다.

　　이후 게이츠 교수는 언론에서 미국 경찰관의 인종차별을 주장했고, 흑
인사회에서 잠잠했던 인종갈등이 표면화되고 있던 상태였다. 오바마 대통령
은 TV로 생중계된 회견에서 경찰의 행동을 두고 "어리석게(stupid) 대처했다"
며 자신도 만약 백악관에 그런 식으로 강제로 문을 열고 들어가려고 한다면
"총을 맞을 것"이라고 비유를 했다. 그러자 매사추세츠주 경찰단체 대표들
은 오바마 대통령이 경찰의 명예를 실추시켰다며 사과를 촉구하고 나섰다.

오바마 대통령의 발언이 '인종차별' 논란을 더욱 확산시키자, 대통령은 "잘못된 용어 선택이 크롤리 경사를 비방하는 인상을 심어줬다"고 수습에 나섰다. 또한 오바마 대통령은 크롤리 경사, 게이츠 교수와 백악관에서 맥주 한잔하며 앙금을 털어내자며 '백악관 3자 맥주 회동'을 제안했다.

흥미롭게도 여기서도 이 사건과 관련된 사람들의 프레임 차이를 발견할 수 있다. 게이츠 교수는 자신이 흑인이라는 이유로 부당한 대우를 받았다는 인간 프레임으로 이 사건을 보고 있다. 그러나 크롤리 경사는 업무규정에 따른 조치였을 뿐이라는 구조 프레임의 입장이다. 오바마 대통령은 정치적 프레임으로 이 사건을 본다. 자신의 발언으로 정치적 입지가 곤란을 겪을 위험에 놓이자 서둘러 정치적 수습에 나선 것이다. 마지막으로 미국 국민들은 이 사건을 게이츠 교수와 크롤리 경사의 개인적 다툼으로 보지 않는다. 게이츠 교수는 흑인이고 크롤리 경사는 백인이다 보니 이들 간의 갈등은 흑인과 백인 간의 인종갈등을 상징적으로 보여주고 있기 때문이다. <그림 6-2>를 보면 그 상징성이 더욱 두드러진다. 이들의 자리배치를 보자. 사진 왼쪽부터 하얀 와이셔츠의 백인(바이든), 검은색 양복의 흑인(게이츠), 검은색 양복의 백인(크롤리), 하얀 와이셔츠의 흑인(오바마) 순으로 참으로 공평하게 흑백으로 자리배치를 한 것이 보일 것이다. 혹시라도 있을 상징적인 흑백 불균형이 국민들에게 나타나지 않도록 한 것이다.

그림 6-2 미국 백악관에서 게이츠(왼쪽) 하버드대 교수와 크롤리 경사(오른쪽 두 번째)가
오바마 대통령, 바이든 부통령과 함께 맥주를 마시는 장면

출처: LA중앙일보, 2009. 7. 31.

교원평가제를 둘러싼 논쟁

대학에 들어가기 전 입시학원에 다녔던 시절, 마지막 강의 후 선생님에 대한 강의평가를 하라는 안내를 받았다. "아니 어떻게 학생이 선생님을 평가한다는 말인가?" 당시 학원 선생님에 대해 미안한 마음도 있었고 약간 측은한 생각도 들었다. 훗날 내가 대학에서 학생들에게 강의평가를 받게 될 것이라곤 상상도 못하던 시절이었다.

대학에서는 이미 오래전부터 강의평가가 실시되어 왔지만, 중고등학교에서는 한참 동안 논쟁이 진행되다가 비로소 교원평가제가 실시되었다. 교원평가제에 대한 찬성과 반대 논리들을 한번 살펴보자. 여기서도 프레임의 차이를 볼 수 있다.

찬성하는 주요 이유 가운데 하나는 교사의 내면적 도덕성 문제이다. 교사라고 보기 어려운 태도와 용납하기 힘든 언행을 일삼는 부적격 교사들을 퇴출시키는 위해서 교원평가제가 필요하다는 것이다.

또한 수업의 질적 향상을 위한 동기유발에도 교원평가가 필요하다는 시각이다. 교사는 수업에 성의를 다해야 함은 말할 나위도 없고, 학생들의 인격적 성장 과정을 애정을 가지고 지켜보며 그에 도움을 줄 의무가 있다. 그러나 현재로는 일단 임용시험에 붙고 나면 평생직장이 보장되는 만큼, 일을 안 하려고 마음만 먹으면 끝도 없이 안 할 수 있다. 따라서 동기유발을 시킬 아무런 자극이 없어 각자의 소신에 맡길 수밖에 없는 점 등이 찬성의 이유로 지적되고 있다. 주로 인간적 요인들과 관련된 이슈들이다.

그러나 반대 측에서는 주로 구조적인 측면과 상징적인 측면을 지적하고 있다. 가장 큰 구조적 문제점은 현행 입시제도이다. 학생과 학부모가 입시경쟁체제에 목매달지 않을 수 없는 환경에서 교사는 창조적이며 효율적인 교수법을 개발할 수 없으며 교사의 수업권이 크게 위축된다는 것이다. 또한 현재의 근무성적평정제도와 중복된다는 점, 일부 사립학교에서 부적격 교원을 만들어내는 구조에 대한 대책이 선행되어야 한다는 점 등을 지적한다.

지금은 보편화되어 있지만 대학 교수에 대한 학생들의 강의평가도 초기엔 상당한 저항이 있었다. "스승의 그림자도 밟아서는 안 된다"는 전통적인 유교문화가 남아있는 우리에게 그것은 스승의 권위에 도전하는 것으로서 쉽게 생각하기 어려운 일이었다. 스승과 제자 간에는 무엇보다 상징적인 의미가 있다고 여겨졌기 때문이다.

어느 인터넷 매체에 "학생에게 평가를 받아야 한다면 차라리 죽음을 택할 것"이라며 교원평가제에 반대하는 글이 기고되기도 했다. 교원평가제가 갖는 여러 가지 문제점을 지적하였지만 이 글에서 초점을 두었던 핵심은 '스승'이라는 상징성이었다.

"...스승과 학생의 관계는 어디까지나 인격 대 인격의 도덕적 관계가 되어야 하며 계량가능한 지식전달의 효율로써 평가되는 관계가 될 수는 없는 것이다. ... 교원평가제는 제도적 문제가 아닌 교권이라는 인격의 도덕성과 실력에 관한 문제이며 그것은 결코 단순한 제도적 장난으로 달성될 수 있는 문제가 아니라는 것이다..."

출처: 2005년 11월 14일, 오마이뉴스, 김용옥

촉법소년 관련 법률개정안 추진에 대한 찬반 논란

　　법무부는 형사처벌에서 제외되는 촉법소년 상한 연령을 만 14세에서 만 13세로 낮추는 내용의 법률개정안을 입법예고했다. 그 주된 이유로는 전체 소년인구가 감소 추세에 있음에도 촉법소년 범죄는 매년 증가 추세이며 특히 최근 10년간 14세에서 18세의 범죄소년에 의한 강력범죄가 매년 약 2,500~3,700건 발생하고 있다는 점 등이다.

　　이러한 개정안 추진에 대해 제기되는 주요 찬반 주장을 프레임별로 살펴보면 다음과 같다.

　　찬성

　　(인간 프레임) "1953년의 13세와 2022년의 13세는 정신적, 문화적, 육체적 모든 방면에서 큰 차이가 있다. 형사 미성년자의 나이를 조정해 현실화하는 것이 맞다."

　　반대

　　(구조 프레임) 법적으로 검찰과 법원 소년부를 기능과 목적에 있

어 완전히 다른 조직으로 설계했기 때문에 검찰이 업무를 효율적으로 수행하는 것을 기대하기 어렵다.

(인간 프레임) 청소년들은 이성적이고 합리적인 판단을 하는 데 미흡하고, 자기 행동에 대해 완전한 책임을 지는 데는 부족하다. … 선도·교화·교육을 통해 올바른 길로 나아가게끔 소년들에게 동기를 부여하고 그들의 태도를 개선시키는 것이 중요하다.

(정치 프레임) 법무부의 대책은 정확하지 않은 자료에 근거한 섣부른 정책이며, 소년 범죄마저 검사의 관할에 두고 검찰의 권력을 강화하려는 속셈과 이어진다.

(상징 프레임) 유엔아동권리협약은 국제사회가 이 세상 모든 아이들을 위해, 그 아이들의 인권을 보호·증진·실현하기 위해 만든 약속이다. 아동은 지금과 현재 우리 사회를 구성하고 있는 존귀하고 존엄한 존재이며, 권리의 주체자로 상징되고 있다. 세계의 많은 나라들은 이 가치를 국가, 지역사회, 학교, 가정에서 자발적으로 지킬 수 있도록 노력하고 있다.

▨ 언론의 프레임

언론사들은 흔히 자신들이 지향하는 프레임에 맞는 단어를 중심으로 주장을 편다. 쉽게 말해, 보수나 진보가 자주 사용하는 단어가 있다는 뜻이다. 파업을 바라보는 언론사의 단어들은 어떻게 다를까? 희망버스의 예를 보자.

희망버스는 2010년 한진중공업 파업사태 당시, 크레인에 올라가 고공

시위를 벌였던 김진숙 민주노총 부산본부 지도위원과 조합원들을 응원하기 위해 한진중공업으로 운행된 버스였다. 그 이후 희망버스는 다른 파업의 현장에서도 종종 등장하였고 하나의 상징처럼 여겨졌다. 바로 이 희망버스를 바라보는 시각은 언론사마다 다르다. 당연한 일이다. 흥미로운 것은 이들이 사용하는 단어다. 파업에 대한 그들의 주장은 프레임에 따라 각기 다른 단어로 표현된다.

먼저 한겨레 신문의 사설을 보자.

> 희망버스는 <u>연대와 나눔, 희망의 생생한 증거</u>다. ... 이들의 마음은 이제 김진숙과 한진중공업 해고자를 넘어, 우리 사회의 다양한 불평등과 불공정을 함께 해결해가는 운동으로 발전하고 있다. (중략) 공권력은 이들과 김진숙을 격리시켰다고 안도할지 모르나 그것은 참으로 어리석은 생각이다. 희망버스는 더욱 <u>거대한 태풍</u>으로 진화할 것이고, 경찰의 물리력은 그 앞에서 <u>조그만 등불</u>의 신세가 될 것이기 때문이다.

출처: 한겨레신문 사설 2011. 7. 10.

그림 6-3 희망버스

출처: 민중의 소리

이 신문은 주로 상징 프레임에 초점을 맞춘다. 희망버스는 연대와 나눔, 희망의 생생한 증거로 상징화하면서 희망버스를 거대한 태풍으로, 경찰의 물리력은 조그만 등불로 비유하고 있다.

이번엔 경향신문의 사설을 보자. 이 사설은 희망버스에 대한 시각이 앞의 한겨레신문과 비슷하지만 초점을 두고 있는 프레임은 다르다.

> 촛불을 들고 행진하는 대열에는 유명인사도 몇몇 있었지만 대부분 평범한 시민들이었다. 촛불시위대는 … 크레인 위에서 농성 중인 김진숙 민주노총 부산본부 지도위원을 향해 "사랑해요" "힘내세요"를 외쳤다. 이 회사 노동자의 부인들은 타오르는 촛불 앞에서 '고맙습니다'라는 펼침막을 흔들며 엉엉 울었다. (중략) 지난 10년 동안 회사는 4,277억원의 이익을 냈으면서도 노동자들에게는 시시때때로 해고의 칼을 휘둘렀다. 더욱이 지난 2월에는 172명 정리해고 통보를 해놓고 주주들은 174억원의 배당금을 챙겼다. 극심한 도덕적 해이가 아닐 수 없다.
>
> 출처: 경향신문 사설, 2011. 6. 13.

평범한 시민들, 해고의 칼, 도덕적 해이, "사랑해요"를 비롯한 감성적 언어들과 주주의 도덕적 해이 등 인간 프레임의 단어들을 강조하면서 파업의 당위성을 강조하고 있다.

마지막으로 동아일보 사설을 보자. 파업에 대한 시각은 앞의 두 사설과 달리 부정적이다.

> 공장 일대는 폭력이 난무하는 '해방구'였다. '희망버스' 시위대가 공장을 점거하려다 회사 측과 충돌해 110명이 다쳤다. (중략) 버스와 열차를 타고 전국에서 모인 3,000명(경찰 추산)이 격렬한 시위를 벌이는 과정에서 시위대, 회사 직원, 경찰이 죽봉에 이마가 찢어지고 돌멩이에 얼굴을 맞았다.

... 버스 원정시위가 갈수록 <u>불법 폭력화</u>하는 행태를 우려하지 않을 수 없다. (중략) 정부 당국이나 경찰 수뇌부는 앞으로 법에 따라 <u>불법시위</u>를 진압할 경우에는 경찰관들이 위축되지 않도록 분명한 <u>가이드라인</u>을 제시할 필요가 있다. 시위대들이 경찰을 무서워하지 않는데 어떻게 <u>엄정한 법집행</u>이 가능하겠는가. 이런 폭력 시위를 방치한다면 정부의 <u>법치</u>에 대한 의지도 의심받을 수밖에 없다.

출처: 동아일보 사설, 2013. 7. 23.

흥미롭게도 이 사설에서는 앞의 사설들에서 볼 수 있는 단어들이 등장하지 않는다. 대신, 폭력과 관련된 단어들, 불법, 법집행, 법치 등을 통해 질서와 관련된 구조 프레임에 초점을 맞추고 있다는 것을 알 수 있다.

이렇듯, 파업에 부정적인 시각을 표현하는 언론사들은 구조 프레임과 관련된 단어들에 초점을 맞추는 반면, 파업에 긍정적인 언론사들은 노동자들의 감정에 공감하는 인간 프레임이나 상징 프레임에 속하는 단어들을 강조한다는 것을 알 수 있다. 이러한 성향은 파업에만 국한되지 않을 것이다. 신문이나 방송에서 파업과 같은 사회 이슈에 대해 주장하는 사람의 프레임 성향에 따라 단어 선택이 달라질 것이다.

▨ 다양한 프레임이 생산적인 의사결정을 한다

지금까지 살펴보았듯이, 프레임 간의 충돌은 우리 주변에서 흔히 발생하지만, 프레임의 차이를 극복한다는 것은 쉽지 않은 일이다. 그러나 적어도 우리는 프레임의 차이를 통찰할 수는 있어야 한다. 문제해결의 실마리는 그 차이를 통찰하고 인정하는 데에서 출발할 수 있을 것이다. 자신의 프레임으로만 바라본다면 왜 그들이 반대하는지, 왜 그들은 그런 시각만 고집하는지 이해할 수 없다. 다른 사람의 프레임을 이해하기보다는 자신의 프레임으로 보는 세상만이 옳다고 주장할 뿐이다.

다양한 프레임을 받아들인다는 것은 더 넓은 시각으로 문제를 바라본다는 것이다. 하나의 시각만을 고집한다면 그 세상만 보일 뿐이며 집단의사결정 시에는 집단사고(Group think)*에 빠질 수도 있을 것이다. 이 점에서 프레임의 충돌은 오히려 보다 풍부하고 생산적인 시각을 위해 바람직할 것이다.

이와 관련하여 슐츠하르트(Schulz – Hardt) 등은 흥미로운 실험을 했다. 연구자들은 사람들에게 특정 사업에 투자할 것인지를 결정하는 찬반 토론이 진행될 것이라고 안내하고, 자신이 어떤 입장을 표명할지 결정하도록 하였다. 그리고 각자가 결정한 찬성, 반대 의견에 따라 집단을 만들었다. 5명이 한 그룹을 이루는 방식으로 네 가지 유형의 집단에 사람들을 배정하였다. 첫 번째 집단은 모든 구성원이 같은 의견을 가진 '동질집단'이었다. 두 번째 집단은 5명 중 1명만 다른 의견을 가진 '이질집단', 세 번째 집단은 5명 중 2명이 다른 의견을 가진 '이질집단', 그리고 집단을 이루지 않은 개인들로 구분되었다. 이후 사람들에게는 토론을 성공적으로 진행하는 데 도움이 될 만한 자료 목록을 보여주고, 참고하고 싶은 자료를 요청하라고 안내하였다.

실험 결과, 개인보다는 집단에서, 이질집단보다는 동질집단에서 자신의 의견과 일치하는 쪽의 자료만을 요청하는 현상이 확인되었다. 토론을 제대로 진행하기 위해서는 나와 의견이 다른 주장에 대한 면밀한 검토가 필요함에도 불구하고 사람들은 다양한 정보를 확보할 때의 장점을 간과하였다.

게다가 이질집단의 일부는 쉽게 동질집단으로 변화하였다. 집단 간 동일한 의견을 갖게 되는 것은 구성원들의 자신감을 높이는 반면, 더 많은 정

---

* 집단사고란 응집력 높은 집단의 구성원들이 갈등을 최소화하며, 의견의 일치를 유도하여 비판적인 생각을 하지 않는 것을 뜻한다.

보를 찾기 위한 노력의 정도를 떨어뜨린다. 동일한 의견을 가진 집단은 방어적으로 자신들이 가진 의견에 대한 애착을 갖는다. 반면, 이질적인 의견을 공유하고 있는 집단은 더 좋은 의견이 무엇인지 판단하기 위하여 다양한 가능성을 생각하려는 경향이 높아진다. 흥미로운 사실은 이와 같은 실험의 결과는 대학생은 물론 해당 사업 분야의 전문가라고 할 수 있는 관리자 집단에서도 마찬가지였다는 점이다.

비록 가상의 시나리오를 다룬 실험이었지만, 의사결정 과정에서 다양한 의견, 즉 다양한 프레임을 가진 사람들이 더욱 생산적인 의사결정을 할 가능성이 있다는 것을 알 수 있다.

댓글에서 보는 프레임들의 충돌

2010년 프로야구 한국시리즈를 앞두고 양준혁 선수의 덕아웃 합류문제가 논란거리로 떠올랐다. 삼성라이온즈팀에서는 정식 엔트리에 들지 않은 양준혁 선수를 덕아웃에 앉히고 싶어 했지만, 상대측인 SK 와이번스의 김성근 감독은 원리원칙에 벗어난다면서 이의를 제기했다.

결국 양준혁은 더 이상 벤치에 앉을 수 없게 됐다. 플레이오프 때는 두산의 양해 속에 벤치를 지켰지만 한국시리즈에서는 안 된다. 심판위원장은 "규정대로 할 수밖에 없다... SK와 삼성 모두 규정된 인원 외에는 덕아웃에 앉을 수 없다"고 밝혔다.

출처: 스포츠조선, 2010. 10. 14.

원칙론을 강조하는 김성근 감독은 구조 프레임을 보여준다. 분명 그의 말대로 엔트리에 포함되지 않으면 벤치에 있어서는 안 된다. 그러나 두산은 이를 문제 삼지 않았다. 은퇴한 그에 대한 인간적 배려와 그가 가진 상징성을 존중해주었다.

이러한 문제에 대해 팬들이 남긴 댓글들을 보면 다양한 프레임의 반응을 볼 수 있다. 예컨대, 다음과 같은 댓글은 상징 프레임을 주장하고 있다.

> "양준혁은 역대 최고 수준의 레전드급 선수입니다. 그가 남긴 기록과 발자취는 한국프로야구사에 있어 아주 특별한 의미를 지니고 있어요. 두산도 그러한 양준혁에 대한 예우 차원에서 그가 덕아웃에 앉아 있는 것에 대해 별다른 어필을 하지 않았습니다."

인간 프레임을 가진 일부 팬들은 이것을 원칙과 합리성의 문제가 아닌 김성근 감독의 개인적인 자질 문제로 받아들인다.

> "이것이 김경문과 김성근의 차이인 듯" (댓글 중)
> "선동열이랑 김성근이 반대 입장이었으면 선동열은 태클 못 걸었을 것 같은데......"

그러나 정치 프레임을 가진 사람들은 원칙도 아니고 개인 자질도 아닌 생존의 문제로 받아들인다. 감독 입장에서는, 양준혁 선수의 존재가 상대편에 도움을 준다면 당연히 이의를 제기할 수 있는 것 아니냐고 보는 것이다.

"대범함과 편협함으로 이 문제를 접근하기보다는, 1년 농사를 어떻게 성공으로 이끌려는 의지와 노력으로 봐주어야 합니다. 팬으로는 당연히 여유를 갖고 볼 수도 있겠지만 전장에서 싸우는 이들은 생존의 문제입니다. 전혀 문제가 될 사항이 아니라 봅니다."

4. 변화를 어떻게 준비할 것인가?

　인류의 역사는 변화의 역사라고 해도 과언이 아니다. 변화는 곧 인류의 생존전략이자 환경적응의 과정이었다. 변화를 통해 인류는 진화와 발전을 거듭하며 더 나은 생존방안을 모색해온 것이다. 기업의 경우도 마찬가지다. 변화적응의 과정은 창조의 과정으로 연결되고, 환경변화에의 대응은 곧 새로운 것을 이끌어내고 창출해냄으로써 스스로 발전해나가는 자기 진화의 과정이다. 그래서 수많은 전문가들과 기업인들은 변화하지 않으면 생존하지 못할 것이라고 입을 모아 말하고 있고, 기업들은 변화의 물결에 동참하면서 발전의 기회로 삼으려고 한다.

　코터(John Kotter)[59]에 의하면 관리는 복잡한 상황에 대처하는 기능이고 리더십은 변화에 대처하는 기능이라고 한다. 관리가 실행계획을 수립하고 자원을 할당하는 것이라면, 리더십은 조직이 나아갈 방향을 설정함으로써 조직이 건설적인 변화를 시작하도록 만드는 것이다. 리더는 변화의 급류 속에서 생존과 발전을 동시에 이루어야 한다.

　파산 직전의 닛산자동차에 사장으로 취임하여 단 1년 만에 사상 최대 흑자로 탈바꿈시켜 놓았던 카를로스 곤(Carlos Ghosn) 르노ㆍ닛산자동차 회장은 "경영은 변혁, 즉 새로운 것을 창조하는 것이다. 한자리에 머무는 것은 경영이 아니다."[60]라고 하면서 늘 변화와 혁신을 강조하였다.

　그러나 안타깝게도 변화는 쉽지 않고 변화에 성공하는 기업들은 그리 많아 보이지 않는다. 마키아벨리도 "새로운 질서를 만드는 것보다 어렵고 성공 가능성도 낮으며 위험한 일은 없다."[61]라면서 변화의 어려움을 강조하였다.

기업들이 성공적인 변화를 열망하지만, 잘 안 되는 이유는 무엇일까? 리더들이 범하는 가장 흔한 실수는 상황과 관계없이 단 한 가지 혹은 두 가지 프레임에만 의존하는 것이다. 예컨대, 조직구조 개편에만 의존하거나, 개혁의 필요성에 대해 PR 하는 데에만 열중하거나, 또는 인사제도를 바꾸는 데에만 초점을 맞추는 것이다. 그러나 변화는 새로운 역할을 정립하는 것 외에도 현재 조직의 권력 구도에도 영향을 미치며 조직에 깊이 뿌리를 내리고 있던 문화와 상징에도 영향을 미친다. 변화는 객관적이고 합리적인 이슈들 외에도 구성원들의 감성적이고 정치적인 문제이기도 한 것이다.

우리는 흔히 변화를 주도하는 데에 있어 리더의 의지가 가장 중요하다고 한다. 그것도 옳은 지적임에 틀림없다. 그러나 어리석은 사람이 부지런하면 사고가 나기 쉽다. 변화가 가져올 다양한 측면의 결과들을 통찰하지 못한 채, 한두 가지 프레임에만 의존하여 변화를 밀어붙이면 자칫 대혼란을 초래할 수 있음을 기억해야 한다.

이제 변화를 네 가지 프레임으로 바라보자. 각 프레임은 변화를 보는 서로 다른 시각과 과제를 제시해준다. 구조적 관점은 합리적인 역할체계와 명확성에, 인간적 관점은 심리적 측면과 역량에, 정치적 관점은 갈등과 협상에, 상징적 관점은 의미의 상실에 주안점을 두고 있다.

▨ 구조 프레임

조직의 구조는 각 개인과 단위집단들이 수행해야 할 역할과 책임, 권한 그리고 이들 간의 상호관계를 표현한 것이다. 이들 과업들은 여러 가지 방식의 수평적·수직적인 방법을 통해 조정된다. 그런데 현재의 구조에 변화를 주게 되면 사람들은 당장 자신의 역할에 대해 혼란스럽고 역할이 모호해진다. 자신이 전에 했던 방식은 어떻게 바뀌어야 하며 다른 사람들에게 기대한 역할은 어떤 변화가 오는지에 대해서도 혼란스럽다.

그래서 때론 누군가가 그 일을 하겠지 하는 생각에 일 처리가 공중에 떠있기도 하고, 서로 중복적으로 그 일을 하기도 한다. 가장 흔히 발생하는 현상은 과거 방식으로의 회귀이다. 그래서 TQM, 리엔지니어링, 리스트럭처링 등 수많은 개혁의 시도들이 결국엔 역할 혼란만을 가져온 경우가 허다하다. 예전에 전통적인 조직에서 팀제로 조직구조가 바뀌는 과정에서 그런 현상이 빈번하게 나타났다. 일 처리 방식이 직위 위주에서 직무 중심으로 바뀌어야 하지만, 바뀐 역할에 대한 이해 부족으로 과거 피라미드식 관리방식을 쉽게 탈피하지 못하는 것이다.

이러한 문제들을 최소화하기 위해서는 구조적 이슈에 대해 미리 예견하고 역할과 상호관계를 재조정하려는 노력이 이루어져야만 한다. 특히 부서 간의 역할조정 방식이 변화된 경우에는 이들 당사자 간의 충분한 커뮤니케이션이 필요하다. 예전에 조선업에 속한 어느 회사에서 부서들의 역할 변화를 시도한 적이 있다. 특히 생산과 설계 간의 역할 및 목표의 변화는 매우 중요한 것이었다. 이들은 비공식적 미팅을 통해 새로 조정된 역할의 내용에 대해 논의를 갖고 재조정하는 과정을 통해 그 변화의 의도와 내용을 충분히 이해하고 수용할 수 있었다.

변화가 이루어지는 경우, 대부분 개인과 집단은 자신의 역할에 대해, 그리고 자신의 일이 다른 사람의 일과는 어떻게 연관되어 있는지 정확하게 이해하는 경우가 흔하지 않다. 조직혁신으로 인한 역할변화가 가져올 혼란을 예방하기 위해서는 새로운 역할과 상호관계에 대해 공감하고 합의에 도달하는 과정이 필요할 것이다.

▨ 인간 프레임

요즘 드라이버나 망치 하나로 간단히 고칠 수 있는 것들은 거의 사라졌다. TV나 PC가 고장 났을 때, 고치겠다고 덤비는 아버지들은 이제 많지 않다. 어린 자식이 PC나 게임기가 잘 안 된다고 고쳐달라고 할 땐 무력감이 느껴지고, '뭐든지 할 수 있는 아빠'의 이미지는 땅에 떨어진다. 새로운 기술의 도입은 우리에게 편리함만을 가져다주는 것은 아니다. 그것은 우리에게 적응할 것을 요구하고 많은 사람들은 그러한 요구 앞에서 무력감과 두려움을 느낀다.

변화도 마찬가지다. 기술발달로 인한 무력감은 대량생산에 종사하는 단순반복 노동자들에게만 해당되는 일이 아니다. 변화는 사람들에게 빠른 시간 안에 변화할 것을 요구한다. 직무와 역할의 내용이 바뀌면 행동과 기술, 대인관계 등도 변해야 한다. 변화의 결과가 아무리 바람직한 것이라고 해도 현재의 상황을 버린다는 것은 불편할 수밖에 없다.

일반적으로 사람들은 자신들이 새롭게 요구되는 기술과 행동에 적응하지 못할 것이라는 두려움을 갖고 있다. 사람들의 변화 적응 능력은 제한되어 있다. 드러커(Peter Drucker)[62]가 지적했듯이, 조직의 발전에 가장 큰 장애는 조직이 요구하는 속도로 자신들의 태도와 행동을 변화시킬 수 없는 무능력이다. 사람들이 머릿속으로는 변화의 필요성을 이해하면서도 마음으로는 받아들이기 어려운 것이다.

변화는 다른 유형의 무력감도 초래할 수 있다. 변화에 공감하는 사람들이라도 그 변화가 위로부터 일방적으로 주어진 것으로 지각될 경우 심리적 무력감에 빠질 수도 있다. 그 변화가 자신이 받아들일 수도 있고 거부할 수도 있는 선택권이 있는 것이 아니기 때문이다.

그래서 변화에는 교육이 뒷받침되어야 한다. 사람들은 변화의 흐름에서 낙오될까 두려워한다. 변화에 수반되기 쉬운 무능력과 불안감을 씻어주기 위해서는 새로 요구되는 기술이나 행동에 적응할 수 있도록 교육 측면의 안내가 필요하다.

커뮤니케이션도 중요하다. 변화에의 저항이 부정확한 정보나 오해에서 비롯되는 경우가 종종 있다. 조직과 리더에 대한 신뢰가 충분하지 않은 상태에서 추진되는 변화는 부풀린 소문을 만들어내고 피해의식을 부추긴다. 그리고 변화의 결과가 자신들과 조직에게 정말 이로울지 확신을 갖지 못한다.

이것은 신뢰의 문제이기도 하지만, 동시에 상황에 대한 인식이 리더와 부하들은 다를 수밖에 없음을 보여준다. 부하들이 리더만큼 절실하게 변화의 필요성을 느끼지 못한다는 것인데 그 이유는 접할 수 있는 정보의 양이 다르고 정보에 대한 해석 능력도 다르기 때문이다. 따라서 조직의 구성원들이 상황을 바르게 인식하는 데 필요한 정보와 지식을 제공하고 서로의 생각을 교환함으로써 공감대를 형성할 수 있도록 해야 한다.

정치 프레임

조직은 서로 다른 이해관계와 목표를 가지고 있는 사람들이 모인 곳이다. 조직의 변화는 이들의 이해관계에도 영향을 미치기 마련이다. 그래서 사람들은 변화로 인해 자신의 입지나 이익이 줄어들거나 잃을 것을 염려할 때, 조직의 변화에 저항한다.

사람들은 조직의 이익보다는 자신의 이익에 우선적으로 초점을 맞춘다. 일반적으로 조직이 어떤 변화를 시도하면 사람들은 본능적으로 그 결과가 자신에게 유리하게 작용할지 아니면 불리하게 작용할지에 대해 계산기를 두드린다.

특히 자신의 입지에 커다란 변화를 가져올 조직구조 개편의 경우는 더욱 심하다. 조직구조가 개편이 되면 이익을 보는 사람이 있는 반면 손해를 보는 사람이 생긴다. 현재의 부서가 더 많은 영향력을 갖게 될 수도 있고, 별 볼 일 없는 부서가 되기도 한다. 심지어 통폐합되어 없어지거나 외주업체로 이관하여 조직에서 떨어져 나가는 경우도 발생할 수 있다.

그때, 승자는 그 변화에 적극 찬성하거나 표정관리에 들어가게 되지만, 패자는 저항태세로 돌입하게 된다. 그러한 저항과 정치적 행위들은 표면적으로 나타나기도 하고 은밀하게 진행되기도 한다. 패자는 흔히 그러한 변화가 부당하다는 논리를 개발하고 주장한다. 결국 조직변화가 경쟁하고 있는 여러 이해관계 집단들 사이에 분열과 갈등을 조장하게 된다.

새로운 조직구조에서의 권력 위상의 변화로 인해 비생산적인 정치 행위들이 만연할 우려도 있다. 예컨대, 합리적인 정보보다는 자신에게 유리한 정보를 흘리거나 조작하는 일들이다.

이러한 정치적 문제들을 최소화하기 위해서는 구성원들을 변화의 추진 과정에 끌어들이는 것이 필요하다. 직접적으로 변화의 계획 과정에 참여시킬 수도 있고 설문조사 등을 통해 그들의 의견을 반영시킬 수도 있다. 예전에 어느 회사에서 성과급제를 도입하기 위해 설문조사를 했다. "급여수준을 어떤 기준으로 차등화하는 것이 바람직한가?"라고 질문을 했더니 압도적인 비율로 '성과'를 가장 중요한 기준으로 꼽았다. 나이나 근속년수를 첫 번째로 꼽는 사람은 10%도 되지 않았다. "최대 차등 폭은 급여의 어느 정도가 적절한가?"라는 질문에도 상당한 수준의 차등 폭을 제시하는 응답들이 나왔다. 이러한 조사결과를 근거로 성과 중심의 급여제도를 제시하였으니 반박할만한 합당한 근거가 없었던 것이다.

이와 관련하여 주요 경영의사결정에 직원들을 참여시키는 제도를 예로 들어보자. 이러한 경영참여를 보는 정치 프레임의 시각은 인간 프레임과 다르다. 인간 프레임에서는 참여가 개인의 욕구 충족을 위해 활용된다는 데 초점이 있다. 그러나 정치 프레임에서는 참여를 조직목표에 구성원들을 규합시키기 위한 '끌어들이기' 과정으로 본다. 특히, 저항할 가능성이 높은 사람들이나 주요 오피니언 리더들의 참여를 유도하는 것이 중요하다. 리더는 이들의 의견을 경청하고 충고를 활용해야 한다. 이것은 저항을 사전에 예방하는 효과뿐 아니라 대세론을 얻는 데에 도움이 될 것이다.

　이 밖에도 주요 인물들과의 연대 결성과 협상을 통한 의견 조정 등도 성공적인 변화를 위해서 필요한 리더의 정치적 행위일 것이다.

▨ 상징 프레임

　사랑하는 사람과의 이별은 상실감을 가져오기 마련이다. 익숙한 것과의 이별도 마찬가지다. 어린 시절 친구들과 늘 함께 놀던 공터가 어느 날 사라지고 현대식 건물이 들어섰을 때 아이들은 상실감을 느낀다.

　오랫동안 익숙했던 조직의 업무 패턴과 가치들이 개혁에 의해 갑자기 낡고 불합리한 것으로 선언되면 사람들은 심리적 공허함을 느낄 수 있다. 그러한 변화가 주도되지 않고 일방적으로 추진되었다면 더욱 그럴 것이다.

　사실 가치관의 변화, 소중했던 상징의 변화에서 오는 혼돈과 상실감은 과업 역할 변화로 인한 혼돈 못지않게 쉽게 다룰 수 없다. 그래서 중요한 변화에는 그로 인한 상실감을 치유하기 위한 의례가 늘 따른다. 그 예로는 환송만찬이나 이·취임식, 졸업식 등을 들 수 있다. 조직 전체 차원의 변화인 경우에도 사람들에게 과거의 방식에서 벗어나서 새로운 의미를 공유할 수 있는 기회를 제공해 주는 의례를 만드는 것이 필요하다. 그것은 새로운 조직문화나 상징의 선포식이 될 수도 있고, 변화를 알리는 리더의 행동이될 수도 있다. 예컨대, 컨티넨털 항공(Continental Airlines)의 CEO인 베튠(Gordon Bethune)은 회사를 새로운 방향으로 이끌기 위해 각종 규칙과 규제조항으로 가득 찬 케케묵은 규정집을 한데 모아 직원들과 함께 주차장으로가서 불태워버렸다.

오랫동안 특별한 경쟁자 없이 시장에서 독점을 누린 회사를 생각해보자. 대체로 이런 회사는 종신고용에다 안정성과 통제 위주의 문화가 형성된다. 그러나 시장 환경이 급변하여 변화가 불가피해지면 예전과 같은 집권적구조로는 대응하기 어렵기 때문에 분권화가 필요하다. 이런 상황에서 단순히 조직구조만 바꾼다고 해결되지는 않을 것이다. 구성원들의 적극성과 도전의식을 불러일으키기 위한 공유가치의 변화도 필요하다.

공유가치의 변화는 보통 새로운 조직문화 개발을 통해 이루어진다. 회사에서 실시하는 워크숍 역시 공유가치의 변화를 알리는 하나의 의례가 되기도 한다. 그 워크숍이 전략수립을 위한 것이든, 프로세스 개선을 위한 것이든 그 자체의 목적과는 별도로 의례적 가치를 가진다. 예컨대, 차기년도부서별 전략수립을 위한 워크숍인 경우, 구성원들은 부서별로 목표와 전략을 토론을 통해 구상하면서 이것을 달성하기 위해 무엇이 필요하고 변화해야 하는지에 대해 논의한다. 그 변화 내용은 당사자들의 의지나 역량과 관련된 것일 수도 있지만 회사 전체 차원의 문제일 수도 있고 연관부서에 해당되는 사안들도 있다.

이들은 모두 함께 모인 자리에서 이러한 사안들에 대해 발표와 논의를하게 된다. 그리고 각자 무엇이 달라져야 하는지에 대해 공감하고 확정한다. 그리고 나면 새로운 출발을 위한 가치를 공유하고 다짐을 하는 자리가마련된다. 이러한 과정을 통해 사람들은 과거에서 벗어나 새로운 업무방식에 적응할 수 있게 될 것이다.

1 상황에 따라 적절한 프레임으로 바라보아야 한다.

- 구조 프레임 - 기술적 및 객관적 이슈, 구조의 상황적합성 및 합리적 상황
- 인간 프레임 - 인간의 역량, 태도, 모티베이션 또는 인간의 욕구 문제
- 정치 프레임 – 이해 차이와 희소자원 분배와 관련된 이슈, 권력의 문제
- 상징 프레임 - 의미, 상징, 문화, 공유가치로 인한 문제이거나 모호한 상황

2 문제에 대한 올바른 진단과 처방을 위해서는 다양한 프레임으로 접근해야 한다.

3 특정 상황을 바라보는 다양한 프레임의 존재는 보다 풍부하고 생산적인 시각을 위해 바람직하다.

4 변화는 객관적이고 합리적인 이슈들 외에도 구성원들의 감성적이고 정치적이며 상징적인 문제이기도 하다.

실습 1

드라마나 영화는 프레임을 연습할 수 있는 좋은 학습 자료이다. 예컨대, 영화 <크림슨 타이드(Crimson Tide)>는 네 가지 프레임들을 관찰할 수 있는 장면들이 여러 곳 있다. 드라마나 영화를 하나 선택하여 네 가지 프레임에 해당하는 이슈가 나타난 장면을 찾아보자.

실습 2

최근 발생한 하나의 사건을 다음과 같이 프레임 측면에서 분석해보자.

1. 그 사건의 원인을 프레임별로 제시한다면?
2. 그 사건의 해결(또는 예방)방안을 프레임별로 제시해보자.

제7장
멀티프레임 리더십

이제부터 우리는 지금까지 살펴본 프레임에 기초해서 리더십을 행사하는 리더들을 살펴볼 것이다. 구조 프레임에 기초해서 리더십을 행사하는 구조적 리더, 인간 프레임의 인적 리더, 정치 프레임의 정치적 리더, 마지막으로 상징 프레임의 리더십을 행사하는 리더를 상징적 리더라고 부를 것이다. 이들 네 가지 유형의 리더와 리더십의 특징에 대해 살펴본 후, 이들 다양한 프레임의 리더십을 통합적으로 행사한 멀티프레임 리더십의 사례를 살펴보자.

1. 프레임별 리더십의 특징

░ 구조적 리더

합리적 구조를 지향

슬로언 2세(Alfred P. Sloan, Jr.) 회장[63]은 1923년에 GM의 회장으로 취임하여 1956년 퇴직할 때까지 33년간 회사의 중추적 인물로, 20세기를 대표하는 가장 위대한 경영자 중 한 사람이다. 회장을 맡은 1923년 GM의 미국시장 점유율은 포드의 절반에도 미치지 못했으나 1931년 포드를 제치고 1등 자동차회사로 올라섰다. 가장 두드러진 성공요인은 그가 구축해 놓은 구조와 전략이었다. 당시 보편적인 구조 형태는 기능식 집권적 구조였다. 그러나 슬로언은 이런 구조가 GM에는 적합하지 않기 때문에 더 나은 구조 형태를 취할 필요가 있다고 생각했다. 소비자의 욕구를 충족시키기 위해 한 회사 안에 여러 회사가 존재하는 것처럼 독립사업부제를 도입하였는데, 이는 세계 최초의 분권적 조직이었다.

그의 기본원칙은 단순했다. 계획기능과 자원배분기능은 집권화하고, 일선 현업의 의사결정은 분권화하는 것이었다. 슬로언의 구상하에서, 각 사업부는 자동차 생산과 판매에 주력하고, 최고경영층은 장기전략과 주요자금 조달결정에만 전념하였다. 그리고 본사 지원인력은 최고경영층의 전략적 의사결정에 필요한 정보와 통제시스템을 지원하도록 하였다.

머지않아 이 구조는 효력을 나타냈다. 1920년대 후반 무렵, GM은 연령별·소득별로 서로 다른 소비자 수요를 고려한 다양한 자동차 라인업을 구성하며 유연한 조직구조를 갖추게 되었다. 경제잡지 <포춘(Fortune)>은 당시 GM의 제품군을 '보통 사람들을 위한 쉐보레, 가난하지만 자존심 강한 사람들을 위한 폰티악, 야망을 가진 정치인을 위한 뷰익, 부유층 인사들을 위한 캐딜락'으로 소개하기도 했다. 반면에 헨리 포드는 여전히 고도로 집권화되어 있는 조직을 이끌어가고 있었기 때문에, 각 사업부별로 차종을 전문화시키고, 다양한 가격대의 차량을 생산하는 GM의 사업부들과는 도무지 경쟁해 나갈 방법이 없었다. GM의 이 선구적인 구조형태는 마침내 다른 기업에서도 표준으로 채택되었다.

구조적 리더는 조직의 생산성에서 구조의 영향을 중시하는 리더이다. 조직목표를 명확히 설정하고 조직구조와 환경과의 관계를 주시하면서 목표 달성에 적합한 구조와 제도를 만드는 것을 가장 중요하게 생각한다. 슬로언 GM 회장의 사례는 구조가 조직의 성과에 얼마나 커다란 영향을 미칠 수 있는지를 여실히 보여주고 있다. 슬로언은 GM이 처해있는 환경에 따라 구조와 전략을 다각적으로 구상한 훌륭한 구조적 리더였다. 예컨대, 불황이 닥칠 경우에는 회사의 생존을 위해 현업부문들을 신속히 집권화했지만, 일단 경기가 회복되면 다시 분권화로 복귀하였다. 이러한 구조의 변화만으로도 조직은 전혀 다른 모습을 보일 수 있다.

효과적인 구조와 제도가 없는 경우, 리더는 사람들의 에너지를 최대한 이끌어내기 어렵다. 주어진 역할 분담이 전략을 효과적으로 수행하는 데에 방해가 되거나, 헌신적인 몰입에도 불구하고 사람들은 각자의 역할과 다른 사람과의 업무 관계를 제대로 알지 못한 채 우왕좌왕할 수도 있다.

구조적 리더는 조직에서 발생하는 문제는 사람의 문제라기보다는 구조적인 결함에서 비롯된다고 믿기 때문에 사람들의 성격과 정서적인 문제보다는 구조적 요인들에 초점을 두면서 문제를 해결해나간다.

조직의 문제는 흔히 구조적 불합리성이나 결함으로부터 발생한다. 예컨대, 구조적으로 책임소재가 명확하지 않은 경우, 사람들은 골치 아픈 문제를 자신의 문제처럼 해결하려 나서지 않는다. "다른 사람이 처리하겠지" 하면서 서로 미루곤 한다. 또, 문제를 신속하게 처리해야 하는 상황인데도, 그 업무의 처리 방침이 반드시 일정한 결재단계, 그것도 여러 단계를 밟도록 규정을 정해 놓았다면 신속한 업무 처리는 애당초 기대하지 말아야 할 것이다. 이와 같이 조직구조 자체에 결함이 존재하거나 비효율적인 요인이 있다면, 이것을 그대로 놔둔 채 사람을 바꾸거나 교육시킨다든지 또는 동기부여하는 방법으로는 문제를 근본적으로 해결할 수 없을 것이다.

우리는 구조를 만들지만 일단 구조가 만들어지면 사람들은 그 구조의 틀 안에서 일의 질서를 찾는다. 구조적 리더가 그 질서를 어떻게 만들 것인가에 따라 조직은 전혀 다른 모습을 가질 것이다. 조직의 구조에 따라 조직이 전혀 다른 모습을 가질 수 있고 조직의 효율성이 크게 달라진다면, 최적의 구조를 설계하는 일은 리더의 중요한 역할 가운데 하나일 것이다.

명확한 목표와 역할을 중시

구조 프레임을 가진 리더는 일을 수행할 때 명확한 역할과 일 처리를 중요하게 생각한다. 흔히 리더십 스타일은 사람 중심과 과업 중심의 두 종류로 분류될 수 있다. 사람 중심의 리더십이란 리더가 구성원들에게 보내는 우호적인 행동이나 구성원에 대한 관심 등을 의미한다. 예를 들어 구성원들을 지원해주고 배려해주는 행동을 한다든지, 구성원의 이해관계를 대변해주고 개방적인 의사소통을 보여주며 적절하게 구성원들을 인정해주고 동등하게 대우해주는 행동들을 말한다. 과업 중심이란 리더가 부하직원들에게 역할과 기대되는 행동을 정확히 알려주며, 과업을 어떻게 처리해야 하는지를 명확히 전달하는 데에 초점을 맞추는 것을 말한다. 예컨대, 구성원들의 역할설정, 계획의 수립과 조정, 문제의 해결방식, 작업 수준의 설정과 표준 절차의 준수, 시한의 관리 등에 중점을 두는 리더십 스타일이다. 구조적 리더십은 바로 이러한 과업 중심 리더십에 해당된다.

해야 할 일의 내용과 목표 수준, 그 일을 처리하는 절차, 책임 등이 명확하게 정의되지 않는다면, 누구든 혼란스럽기 마련이고 동기유발되기 어려울 것이다. 흔히 리더는 부하들의 마음을 움직여야 한다고 말한다. 그런데 무엇을 어떻게 해야 하는지 명확하게 지시해주지 않은 채 열심히 격려만 하면 될 일인가? 구조적 리더는 추구해야 할 방향과 목표를 명확하게 가리키고, 이를 위한 개인의 역할을 분명히 정의해주는 것이 보다 중요하다고 믿는다. 특히 과업의 내용이 복잡하거나 모호한 상황, 또는 지시받는 사람의 역량 수준이 충분하지 않다면 이러한 구조적 리더십이 효과적일 수 있을 것이다.

냉철한 합리주의자

구조적 리더는 합리주의자이며 공사구분이 명확하다. 구조 프레임을 가진 리더는 누구를 봐주는 것 없이 냉정하고 적절한 방식으로 업무를 배분하며 처리한다. 우리 한국 사람들은 정이 많아서인지 이게 어렵다. 논리보다는 사람의 감정과 처지를 생각해야 하고 배려하는 것이 우리의 미덕이다. 그러다 보니 종종 공적인 것과 사적인 것을 구분 못 하기도 한다.

프로농구의 전창진 감독은 2010년에 전년도 꼴찌팀이었던 KT로 부임해 이 팀을 선두권으로 바꾸었다. 그는 간판 스타인 양희승의 기량이 예전과 같지 않자 은퇴시켰다. 고려대 후배인데다 전 감독과 개인적으로도 친했기 때문에 양희승이 유니폼을 벗자 다른 선수들은 매우 놀랐다. 이후 선수들은 전 감독을 공정한 사람으로 바라보게 된다. 사적인 감정보다는 합리성을 내세운 전 감독의 구조 프레임이 냉정하게 보일지 모르지만, 결과적으로는 좋은 성적을 낸 배경 가운데 하나였다.

그런데 구조 프레임에 지나치게 집착하는 사람들은 흔히 원칙만을 내세우는 경우가 있다. 조금만 생각해보면 이해할 수 있고, 타협할 수 있는 문제인 경우에도 원칙과 규정을 내세우면서 조금도 양보할 생각을 안 하는 것이다. 사실대로 따지고 원칙만을 내세우면 융통성 없고 냉정한 인간으로 취급받기도 하지만, 합리성을 추구하는 구조 프레임에서는 그것이 가장 이상적인 모습이다.

세상 모든 일이 언제나 합리적으로 진행되지 않으니 가끔은 융통성을 가지고 바라보고 대응할 필요가 있을 것이다. 그러나 원칙과 합리성을 중시하는 구조 프레임은 이 사회를 공정하고 신뢰 있는 사회를 만드는 데에 필요한 조건일 것이다.

░ 인적 리더

사람이 중심이다

짐 콜린스(J. Collins)는 세계에서 가장 위대한 회사의 특징을 "first who, then what"이라는 한마디로 표현했다.64) 사람이 경쟁력을 결정하는 가장 중요한 요인이라는 뜻이다. 인적 리더는 조직의 중심에 사람이 있다고 믿는다. 리더는 끊임없이 조직 구성원들과 접촉하고 커뮤니케이션하면서 그들이 잠재력을 발휘하도록 도와주고 이끌어 주는 존재가 되어야 한다. 필요한 능력을 가진 인재를 발굴하고 그들의 잠재성을 일깨움으로써 함께 조직을 키워나가는 것이야말로 리더에게 요구되는 핵심 역할이자 역량이다.

GE의 회장이었던 잭 웰치는 대표적인 인적 리더이다. 그의 대표적인 리더십 특징은 사람에 대한 극진한 관심과 투자였다. 그는 경영자의 가장 중요한 역할은 인적자원의 개발이라고 주장했는데, 자기에게 주어진 시간의 75%를 핵심인재를 찾고, 채용하고, 배치하고, 평가하고, 보상하고, 내보내는 데에 썼다고 말한다.

한국의 기업가들 가운데 대표적인 인적 리더라면 단연 삼성의 이병철 창업회장이다.

> "일년지계(一年之計)는 곡식을 심는 일이요, 십년지계(十年之計)는 나무
> 를 심는 일이며, 백년지계는 사람을 기르는 일이다."

그가 평소 자주 인용했던 격언이다. '인재제일주의'로 요약되는 인재경영은 이병철과 이건희의 기업가 정신을 특징짓는 경영철학이었다. 이병철 창업회장은 일찍부터 '기업은 사람이다'라는 말을 강조해왔는데, 오늘날 삼성이 거대기업으로 성장할 수 있었던 핵심 배경이라고 할 수 있을 것이다.[65]

통제보다는 촉진(후원)을 중시

인적 리더는 자신의 부하를 동료 또는 주인으로 간주한다. 부하들이 조직의 성공에 매우 중요한 역할을 하기 때문에 마땅히 의사결정에 참여할 권리가 있다고 생각한다. 그리고 그들에게 자율권을 줌으로써 역량을 충분히 발휘할 기회를 주며 촉진하는 데 초점을 둔다.

이 과정에서 인적 리더는 인정받고 싶은 욕구를 충족시켜줌으로써 직원들을 신바람 나게 한다. 아마도 사람들을 가장 신바람 나게 하는 것은 인

정과 칭찬일 것이다. 그러나 실상은 많은 리더들이 간과하는 것 가운데 하나이기도 하다. 어느 설문조사[66]에 따르면 직원들이 원하는 가장 큰 인센티브 다섯 가지 가운데 세 가지는 돈이 전혀 안 드는 것이었다. 그것은 (1) "고맙다"는 상사의 말, (2) "고맙다"는 상사의 메모, (3) 공개적인 칭찬이었다.

레이건 전 대통령의 연설원고 담당이었던 페기 누난(Peggy Noonan)은 자신의 원고 초안에 'Excellent!'라는 메시지가 돌아오자 이를 오려 가슴에 붙이고 다녔다고 한다. 인정받고 싶어 하는 것은 사람의 본능이다. 인적 리더는 이처럼 작은 것일지라도 부하직원이 노력한 결과에 대해 인정하고 칭찬을 해주면서 동기유발을 할 줄 아는 사람이다.

감성을 자극

미국의 인텔사는 직원들이 언제나 자유롭게 상사의 방을 찾아와 허심탄회하게 대화를 나눌 수 있도록 모든 경영진의 집무실 문을 없애 버렸다. 상사와 부하 간에 의사소통이 원활할수록 서로에 대한 이해가 깊어지고 강한 신뢰감이 생기는 것은 당연하다.

인적 리더의 커뮤니케이션은 지시적이거나 자신의 의견을 일방적으로 전달하는 것이 아니라 부하의 생각을 존중하고 상호이해를 촉진시키는 데에 주력한다. 많은 사람들이 자신의 입장만을 내세움으로써 오해와 갈등, 방어적 행동들을 불러일으키곤 한다. 그러나 인적 리더는 다른 사람들과 공감대를 형성하기 위해 노력하며 상대방을 존중하고 있다는 모습을 보여줌으로써 신뢰를 얻고자 한다.

감성은 인적 리더가 중요하게 생각하는 요건이다. 리더는 구성원들을 애정으로 대해주고 있다는 느낌을 줘야 하며, 감성을 자극할 줄도 알아야 한다. 그래서 인적 리더는 구성원들의 소망과 목표에 귀를 기울이며 이해하기 위해 노력하고, 인간적인 정을 가지고 허심탄회하게 의사소통하는 일을 중요하게 생각한다.

강력한 카리스마가 아버지 같은 리더십이었다면, 인적 리더는 어머니와 같은 사랑의 리더십을 펼치는 리더이다. 리더가 사랑하는 마음을 갖고 사람들의 욕구를 이해하며 충족시켜주기 위해 노력할 때, 그들은 리더 편이 되며 열정을 다해 일에 몰입하게 된다. 그리고 조직의 존속과 발전은 사람들이 자신의 역량을 얼마나 충분히 발휘하느냐에 달려있을 것이다.

정치적 리더

자신의 권력기반(영향력)을 키운다

한국 축구의 월드컵 4강 신화를 만든 히딩크 감독은 대한축구협회와 감독교섭이 이루어질 때 협회가 선수선발과 훈련에 일체 간섭하지 않는다는 조건을 내세웠다. 이를 통해 대표팀에 대한 통솔권이나 영향력을 자신에게 집중시켰으며, 이후 여론에 휩쓸리지 않고 자신의 방식대로 대표팀을 장악할 수 있었다. 또한 언론 플레이에도 능숙하여 기자들이 자신과 팀에 호의적인 자세를 취하도록 유도하는 등 정치적인 리더십을 보여주었다.

리더가 조직을 이끌어나가기 위해서는 힘이 필요하다. 조직에서 해야 할 일들이 모든 사람들에게 늘 쉽고 하기 좋은 일만 있는 것이 아니다. 특히 리더가 변화를 추구하는 경우에는 적지 않은 저항을 받게 된다. 이런 경우 리더는 보다 강력한 영향력과 구성원들의 지지가 필요하다. 이를 위해 정치적 리더는 자신의 권력기반을 확대해 나가면서 지지 세력을 형성한다.

뛰어난 정치적 리더는 다른 사람들에게 효과적으로 영향력을 행사할 수 있는 역량을 가진 사람이다. 성공하는 리더들은 공통적으로 뛰어난 정치적 역량을 가지고 있으며, 이 능력을 가지고 다른 사람들의 사고와 행동에 영향력을 행사한다. 리더가 정치적으로 능숙해지기 위해서는 사람들을 읽고 이해할 수 있어야 한다. 다른 사람들의 동기와 행동, 이해관계가 안개처럼 뿌옇게 보인다면 그들의 이해관계를 적절하게 이용하여 영향력을 행사하기 어려울 것이다.

주요 이해관계자들을 파악하고 이들과 연대를 맺는다

정치적 리더는 주요 이해집단들을 분간해내고 그들과 연대를 맺으면서 가급적 갈등을 생산적으로 관리할 줄 아는 리더이다. 모든 사람들에게 그들이 원하는 바를 모두 제공하기란 불가능하다. 여기에 리더의 정치적 역량이 필요하다. 조직의 존속과 발전을 해치지 않는 범위 내에서, 사람들이 합리적인 선에서 적절한 타협에 도달할 수 있도록 해야 한다.

조직에서 리더가 지지를 확보해야 하는 이해관계자는 조직 내부에 국한되지 않는다. 외부의 이해관계자가 조직과 리더의 입지에 결정적인 역할을 하기도 한다. 타이레놀 사례를 다시 보자. 앞서 언급했던 타이레놀 독극물 사건이 발생했을 때, 타이레놀의 제조업체인 존슨앤존슨(Johnson & Johnson)은 즉시 미국 전역에서 유통 중인 타이레놀 3,100만 병을 전량 회수하고 창고에 보관하던 재고물량도 전부 폐기처분하는 등 매우 신속하게 대처했다. 또, 당시 회장이었던 짐 버크(Jim Burke)는 상황을 자세히 알리기 위해 여러 차례 TV 프로그램과 신문에 출연했다.

그 결과, 언론에서는 존슨앤존슨이 사건 발생 후 취한 조치에 대해 매우 훌륭하고 책임감 있었다고 칭찬을 아끼지 않았으며, 존슨앤존슨의 조치에 매우 협조적이기까지 했다. 그것은 존슨앤존슨이 재빨리 책임감 있는 조치를 취했다는 사실 외에도 이 사건에 대한 모든 정보를 신속하게 공개하고 언론의 취재와 보도에 최대한의 협조를 아끼지 않았기 때문이었다. 언론을 잘 이해하고 내 편으로 끌어낸 것이 위기를 극복할 수 있었던 배경이었다.

정치는 개인적 욕망을 위해서만 쓰인다면 추악하고 파멸적이다. 하지만 정치가 필요 없는 곳은 독재국가일 뿐이다. 민주주의가 있는 곳에는 어디든 정치가 있다. 모든 사람들이 자유롭게 이익을 추구할 수 있는 곳이면 정치는 개인들의 이해를 조절하고 조직의 공통 목표를 달성하기 위해 꼭 필요한 수단이다. 그리고 그것이 조직의 존속과 발전에 얼마나 효과적으로 활용되느냐는 바로 리더의 정치적 수완에 달려있다.

상징적 리더

싱징을 적절하게 활용한다

상징은 단순히 어떤 의미가 담겨있는 그릇에 그치지 않는다. 상징을 통해 조직의 세계를 이해할 수 있는 것은 물론, 조직을 움직이게 할 수도 있는 전략적 도구이다. 구성원들이 의식하든 안 하든 간에 상징은 조직 속에서 살아 움직인다. 사람들이 생활하는 곳이 어디든 상징은 사람들의 행동과 언어, 의례 속에 존재한다.

상징적 리더는 보이지 않는 이런 상징의 힘을 간파하고 활용할 줄 아는 리더이다. 그는 상징을 통해 사람들을 하나로 묶는다. 사람들이 신봉할 수 있는 강력하고 설득력 있는 상징을 제시해줌으로써 그들이 조직에 강한 애착을 갖도록 인도하고 신바람과 열정을 불러일으키기도 한다.

상징적 리더는 종종 드라마 연출가가 되기도 하고 배우가 되기도 한다. 모든 상징적인 요인들을 활용하여 조직문화의 핵심 가치를 강화하고 구성원들을 감동시키기 위한 장면을 펼치면서 그들을 효과적으로 리드해나간다. 몇 년 전 어느 회사의 워크숍에서 있었던 일이다. 중장기발전전략에 대해 사업부별로 발표가 진행되다가 사업부장들 간에 심한 언쟁이 벌어졌다. 자신의 사업부를 중심으로 회사의 발전방향에 대해 주장을 하다 보니 서로 간에 이해관계가 충돌한 것이다. 분위기가 점차 험악해질 무렵, 뒤에서 잠자코 보고 있던 사장이 앞으로 걸어 나와 마이크를 잡고 한마디 한다. "제가 요즘 회사 걱정에 며칠째 잠을 제대로 못 자고 있는데, 오늘 여러분의 모습을 보면서 감동을 받았습니다. 이토록 회사에 대한 애정이 깊으니 어떤 위기라도 극복해나갈 수 있겠다는 확신이 들었습니다". 사실은 사업부 간의 이해관계 다툼이었지만 그 다툼을 회사에 대한 애정의 표시라고 상징화하면서 분위기를 부드럽게 반전시킨 것이다.

유능한 상징적 리더는 유형과 무형의 상징을 적절하게 활용할 줄 안다. 구성원들에게 상징성 있는 일화를 들려주고 영웅을 만들며 상징과 의례 등을 통해 조직에 대한 자부심을 일으키고 사명감을 불어넣어준다. 그 과정에서 상징들은 그들이 어떤 방향으로 가야 할지 알려주는 나침판 역할을 할 것이다.

상징적 모델로서 보여준다

센테니얼 메디컬센터(Centennial Medical Center)의 원장이었던 아놀드(Bill Arnold)는 자신의 사무실 문을 떼어 로비 천장에 매달아 놓았다. 그의 개방

정책(open-door policy)을 강조하기 위해서다. 조직의 분위기를 어떻게 이끌어 나갈지를 백 마디 말보다 빠르고 명확하게 전달하는 상징적인 행동이다.

월마트의 샘 월튼 회장의 사무실은 세계 최고의 다국적 기업 창업주라고 하기엔 너무나 작았으며, 동시에 늘 열려 있었던 것으로 유명하다. 언제나 월마트 모자에 픽업트럭을 타는 직원 같은 CEO가 샘 월튼이다. 이러한 리더가 이끄는 조직이라면 권위주의와 격식 위주의 문화가 형성될 틈이 없고, 평등한 동료의식을 강조하기 위한 구호나 운동도 역시 필요 없을 것이다.

크라이슬러의 구원투수였던 아이아코카는 단돈 1달러의 연봉을 받고서 크라이슬러 부활 작업에 뛰어들었고, 예전에 우리나라 주택은행장으로 취임했던 김정태 행장도 연봉으로 단돈 1원을 받았다. 이러한 리더의 자기 희생은 조직의 개혁 분위기에 적지 않은 상징적 효과를 가져왔다. 김정태 행장은 또한 임원전용 엘리베이터와 임원전용 식당을 없애는 등 권위주의적 문화를 탈피하려고 애썼다.

이처럼 상징적 리더는 바람직한 공유가치를 형성하기 위해서 부하들에게 행동으로 보여주기도 한다. 리더가 어떤 의미를 부여하기 위해 꼭 일화나 상징, 의례를 만들지 않아도 직원들은 리더의 행동에서 의미를 발견한다. 리더는 그 자체로 상징의 전도사이며, 움직이는 상징이다.

아이들은 부모의 행동을 보고 모방하고 배운다. 자식에게는 책 좀 읽으라고 잔소리하면서 TV 연속극만 보는 부모는 자식이 책 읽기 싫어해도 누구 탓을 할 자격이 없다. 조직에서도 마찬가지이다. 부하들은 리더를 늘 주시한다. 리더의 말과 행동은 부하들의 모델이 되며, 부하들에 의해 의미가 부여되고 해석된다. 그렇게 리더의 말과 행동은 곧 조직의 규범과 가치를 만들어간다.

상징은 실천이 동반되어야 한다. 상징과 현실이 다르면 조롱거리밖에 안 된다. 예컨대, 특별한 주의를 끌기 위한 표시로 상징적인 언어를 쓰는 경우가 있다. 즉 어떤 대상을 바라보는 방식을 새롭고 전략적인 방식으로 바꾸기 위해 특별한 언어를 쓰는 것이다. 샘 월튼 회장이 직원을 동료라고 부르는 경우가 그 예이다. 하지만 상징적인 언어를 쓰기만 할 뿐 존중받는 동료로서 대우하지 않는다면 직원을 동료라고 바꿔 부르는 것은 어떤 상징적 의미도 없을 것이다.

영화에서 보는 리더십 프레임

영화나 드라마는 우리가 배운 프레임을 흥미롭게 적용해볼 수 있는 좋은 소재이다. 그 가운데 주인공의 리더십 프레임이 잘 나타난 영화로 독자들에게도 친숙한 영화로는 해리포터를 들 수 있다.

영화 해리포터의 전체적 주제 의식은 악에 대항하는 선의 고결함이다. 이 영화에서도 네 가지 프레임의 리더십을 나타내는 장면들을 여럿 볼 수 있다. 볼드모트, 해리, 덤블도어 등 이 세 명의 지도자를 중심으로 몇 가지 예를 보자.

상징 프레임 – 이 영화의 내용 대부분은 '악'의 상징 볼드모트와 '선'의 상징 해리의 싸움을 보여주고 있다. 각각을 대표하는 해리와 볼드모트는 그 상징성을 자신의 군대를 이끄는 데 잘 사용하고 있다. 볼드모트가 죽이기로 작정했지만 유일하게 죽이지 못했던 해리는 그 증표로 '번개 모양 흉터'를 이마에 가지게 되고, 그의 이 흉터는 선을 구성하는 대부분의 마법사들에게 큰 구심점이 된다. 해리 자체가 선을 상징하고 볼드모트의 대항마를 상징하므로 해리는 그런 본인의 상징성을 잘 이용해 볼드모트에 반기를 드는 세력을 쉽게 모을 수 있었다.

정치 프레임 – 볼드모트는 언론을 장악해서 해리의 편을 나누고 본인의 연대를 형성하는 데 언론을 이용한다. 소외당하고 있던 거인족이나 켄타우로스 족 등 마법세계가 일반적으로 무시하고 있던 이들을 언론을 통해 구슬리고, 그들과 연대하여 세력을 부풀리는 등 볼드모트는 기존의 마법세계를 없애고 새로이 자신의 세력을 형성하여 그들을 억누르기 위해 적극적으로 연대를 형성한다.

인간 프레임 – 볼드모트의 경우 자신이 맡긴 일을 제대로 성취해낸 이들에게 보상을 적절하게 해준다. 부하가 원하는 것이 무엇인지를 파악하고, 그가 원하는 것 그 이상으로 돌려주는데 이는 대부분 볼드모트를 두려워함에도 불구하고 그의 밑에 있게 되는 이유 중 하나이다.

덤블도어는 늘 '사랑'이라는 단어를 강조한다. 그는 자신의 세력을 인격적으로 대우해주려고 노력하며, 보호가 필요한 이들에겐 보호를 해주고, 보상이 필요한 이들에게는 보상을 해준다.

2. 다양한 프레임의 리더십

리더의 주요 과제들

영화 <크림슨 타이드>는 핵미사일을 탈취해 미국을 공격하려는 러시아 반군을 저지하는 미국 핵 잠수함 이야기다. 영화는 상반된 두 캐릭터인 램지 함장과 헌터 부함장을 중심으로 전개된다. 잠수함에 화재가 발생하자 램지 함장은 혼란한 상황 속에서 훈련해야만 실제 전투에서 그 효과가 발휘된다면서 미사일 발사 훈련 명령을 내린다. 헌터 부함장이 이에 반발하는 모습을 보이자, 램지 함장은 잠수함 내에서 전 대원이 일사불란하게 행동하기 위해서는 일원화된 명령체계가 필요하며, 다시는 자신의 명령에 이견을 달지 말라고 경고한다. 함장과는 반대로 헌터 부함장은 화재의 재발 우려가 있는지 명확히 하고 대원들의 안전을 먼저 생각해야 한다는 입장이다. 또한 대원들의 사소한 다툼을 보고 예민해진 감정을 고려하여 인간적으로 병사들을 격려하는 것이 필요하다는 의견을 피력한다. 램지 함장은 구조적 프레임을 강하게 보여주는 리더인 반면, 부함장은 인간 프레임의 소유자인 셈이다. 이 두 사람의 장점만을 합친 리더라면 보다 균형적이고 이상적인 리더이지 아닐까?

우리가 살펴본 프레임들은 단지 이론적이고 논리적인 분류에 그치지 않는다. 유능한 리더들은 실제로 다양한 프레임의 리더십을 행사하고 있다는 것이 몇몇 연구들에 의해 입증되기도 했다. 대표로 코터(Kotter)[67]의 연구를 보자. 그는 1976년부터 1981년까지 5년의 기간에 걸쳐 15명의 성공적인 경영자들을 심층 분석하였다. 이들은 기업에서 동시에 여러 가지 기능에 대해 책임을 지고 있는 사람들로서 적어도 수백 명의 직원을 거느리면서 조직을 운영하고 있는 사람들이었다.

이들 경영자들이 맡고 있는 직무의 가장 뚜렷한 특징은 복잡성, 불확실성, 그리고 의존성이었다. 이들은 매우 다양하고 복잡한 문제들을 다루고 있었으나, 정작 이들이 가장 필요로 하는 정보는 다소 얻기가 어려웠다. 때문에 이들은 조직 내부와 외부에서 다양한 역할을 수행하는 수백 혹은 수천 명의 사람으로 이루어진 거대한 인적관계망의 도움에 의존하고 있었다.

<표 7-1>은 코터가 발견한 경영자의 직무를 특징짓는 여섯 개의 주요한 도전과 딜레마를 프레임에 따라 열거한 것이다. 그 내용들을 보면 경영자의 주요 과제에 네 개의 프레임이 비교적 균형을 취하고 있다는 것을 알 수 있다.

표 7-1 경영자의 주요 과제와 해당 프레임

	경영자의 주요 과제	해당 프레임 (괄호 안은 보조적 프레임)
1	불확실성 상황에서 목표와 정책의 설정	상징, (구조)
2	희소한 자원의 균형적 분배	구조, 정치
3	수많은 복잡한 과업의 진두지휘	구조, (인간)
4	상사로부터 지원 획득	정치, (인간)
5	지원부서와 다른 구성원으로부터 지원 획득	정치, (인간)
6	다양한 직원들의 동기부여 및 조정	인간, (구조)

경영자들은 조직을 위해 나아갈 방향이나 정책을 설정할 필요가 있다. 그러나 이는 쉬운 일이 아니기 때문에 합리적인 과정과 함께 신념이 필요한 행위이다. 희소한 자원들을 분배하는 것은 구조적인 측면인 동시에 정치적

인 성격을 가진다. 즉, 조직의 사명을 가장 효과적으로 달성하기 위해서는 자원을 어떻게 배분하는 것이 바람직한지, 동시에 주요 구성원들을 어떻게 만족시킬 것인지의 두 가지를 결합하여 고려하는 것이다.

수많은 복잡한 과업들을 진두지휘하기 위해서는 효과적인 명령체계는 물론, 핵심적인 정보를 제공해 줄 수 있는 사람들에 대한 효과적인 비공식 네트워크가 필요하다. 따라서 세 개의 집단, 즉 상급자, 하급자, 그리고 기타 핵심적인 이해관계자(본부 지원부서 인력, 고객, 그리고 공급자 포함)의 지원과 자원은 필수적이다.

성공적인 경영자들은 대인기술이 뛰어날 뿐만 아니라 무리 없이 권력을 사용하는데, 여기서 대인기술과 권력은 각각 인간 프레임과 정치 프레임의 기본적인 도구들이다.

코터는 더 나아가 성공적인 경영자들은 의제설정(agenda setting)과 네트워크 구축에 있어서도 매우 적극적이라는 사실을 발견했다. 이들의 성공은 수많은 사람들의 노력과 협조에 의존하는 만큼, 다른 사람들이 이해하고 지지해 줄 수 있는 비전이나 의제를 설정할 필요가 있었고, 적재적소에 걸쳐 막강한 네트워크 역시 구축할 필요가 있었다.

관리자와 리더의 차이

직장에서 근무하는 성인을 대상으로 강의를 할 때 이런 질문을 던져보았다. "여러분의 상사는 리더에 가깝다고 생각하세요? 아니면 관리자에 가깝다고 생각하세요?"

리더와 관리자의 차이에 대해 설명을 하지 않아도 대부분 어렵지 않게 답을 한다. 어떤 사람은 자신의 상사가 관리자라고 답하고, 또 어떤 사람은 리더에 가깝다고 말한다. 이들의 머릿속에 있는 관리자와 리더의 모습이 어떤 차이가 있는지 이유를 물어보면, 대체로 관리자는 주어진 '업무'에 초점을 맞춘 사람으로, 그리고 리더는 업무가 아닌 '사람'을 이끄는 사람으로 그린다. 이러한 생각은 학자들의 견해와 별로 다르지 않다. 리더십 연구의 권위자인 베니스(Bennis)와 그의 동료는 관리와 리더십의 차이를 알아보기 위해 사회적으로 성공한 60명의 CEO와 30명의 유명인사를 대상으로 인터뷰한 후 다음과 같이 정리하였다.

> '관리하는 것'은 책임을 완수하거나 목표달성에 이르는 것을 의미하는 반면, '리드하는 것'은 방향, 과정, 행동 그리고 의견을 이끌고 영향력을 행사하는 것을 의미한다는 중요한 차이가 있다. 관리자는 일을 적절하게 하는 사람이고, 리더는 효과적으로 주변 사람들의 동기를 자극하여 올바른 일을 하도록 이끄는 사람이다.[68]

다시 말하면, 관리를 한다는 것은 일을 강조하는 나머지 사람을 무시하거나 통제하려는 경향이 강한 것이고, 리더십을 발휘하는 것은 사람에 초점을 맞춰, 사람을 개발하고 움직여서 결과적으로 목표를 달성해 가는 것이다. 그렇기 때문에 관리자는 자신이 가지고 있는 권한에 의존하지만, 리더는 소통과 신뢰를 바탕으로 한다. 어떤 상사가 다녀가면 목표와 성과는 명백해지지만, 의욕은 떨어지는 경우가 있다. 그는 관리자일지언정 리더는 아닌 것이다.

그렇다면 어떻게 해야 부하에게 리더로서 인정받을 수 있을까? 여기에 대한 하나의 답을 벤시몬(Bensimon, 1988, 1989)[69]의 연구에서 찾을 수 있다. 벤시몬은 대학 총장과 교육고위관리들을 대상으로 실시한 연구에서, 단 한 개의 프레임을 사용하는 리더는 대부분 부하들에게 관리자로 인식되는 반면, 다양한 프레임을 사용하는 리더는 '리더'로 인식되고 있다고 밝혔다. 또, 한 가지 프레임에만 의존하는 총장은 대개 경험이 적은 사람들이었으며, 구조 혹은 인간 프레임에 의존하는 경향이 강했다. 다수의 프레임을 지닌 리더들은 한 가지 프레임을 지닌 리더들보다 더 유능한 리더로 평가되고 있으며, 특히 단순하게 구조 프레임에만 의존하는 총장은 무능한 리더로 인식되었다. 이러한 결과로 볼 때, 다양한 프레임을 사용하는 것이 실제로 리더십에 도움을 준다고 볼 수 있을 것이다.

윔펠버그(Wimpelberg, 1987)[70]도 초등학교 교장들에 대한 연구에서 이와 비슷한 결과를 발견하였다. 비효과적인 학교의 교장들은 거의 전적으로 구조 프레임에 의존하는 경향이 높은 반면에, 효과적인 학교의 교장들은 다수의 프레임을 사용하는 것으로 나타났다.

이처럼 평범한 리더들은 한두 가지의 프레임에 의존하고 있지만, 유능한 리더들은 다양한 프레임의 리더십을 행사하고 있다는 것을 알 수 있다. 연구들에 의하면 두 가지 이상의 프레임을 사용하는 리더는 25%가 넘지 않았으며 네 가지 프레임을 모두 사용하는 리더는 채 1%도 되지 않는다고 한다. 지금 이 프레임 리더십을 배우고 있는 독자들에게는 좋은 소식일 것 같다. 네 가지 프레임 리더십만 익히면 1%의 리더에 속하게 될 테니 말이다.

멀티프레임 리더십에 의한 위기 극복

멀티프레임의 리더십을 가진 유능한 리더는 상황에 따라 적절한 프레임의 리더십을 발휘하기도 하지만, 효과적인 리더십을 위해 다양한 프레임의 리더십을 동시에 발휘하기도 한다. 그렇다면 조직이 어려운 상황에 놓일 때 리더는 어떤 식으로 멀티프레임 리더십을 발휘할까?

삼성SDI의 대표이사로 발탁된 손욱 사장의 예를 들어보자. 그가 대표
이사가 되어 내부에 들어가 보니 수많은 문제들이 산적해 있다는 사실을 발
견했다. 표준화, 시스템화가 제대로 되어있지 않아 공장별로 모든 것이 제
각각 돌아가고 있었고, 조직 내에는 이기주의가 팽배해 있어 공장들 간 교
류 또한 활발하지 못하다 보니 시너지 효과는 꿈도 꿀 수 없는 상황이었다.
이런 상황에서 근본적인 변화가 필요하다고 생각했다는 그가, 어떻게 혁신
을 성공적으로 추진했는지 아래 내용들을 살펴보자.

사례 : 손욱 사장의 멀티프레임 리더십

삼성SDI 대표이사로 발령받았을 때 가장 먼저 생각한 것은 월드
베스트였다. (중략) 어떠한 일을 해결하기 위해서는 문제를 인식하고
원인을 규명하는 일이 중요한데, 임직원들의 생각이 저마다 달라 제
대로 한 방향으로 모이지 못하니 무슨 일을 이룰 수 있겠는가. 얽히
고설킨 우리 회사의 문제를 근본적으로 풀기 위해서는 전 사원이 한
마음 한뜻이 되도록 할 필요가 있었다.

혁신은 강한 의지만 있다고 되는 것이 아니었다. 이를 실현할 구
체적인 방도를 찾아야 했다. 그때 생각한 것이 바로 프로세스 혁신
(PI)이었다. 이는 업무처리방식과 정보 및 물류시스템을 고객지향으로
바꾸어 경쟁 우위의 변화대응력을 확보하는 것을 의미했다. (중략)

혁신의 주체, 즉 변화에 앞장서는 불씨를 확보하는 일이 중요했
다. … 외부에서 영입한 송대관 상무를 필두로 혁신에 대한 분명한
이해를 갖고 굳건하게 사업을 추진할 수 있는 우수한 인재들을 한데

불러 모아 최정예 TF(Task Force)를 구성했다. (중략)

나는 직원들이 "우리는 하나다"라는 마음을 형성하고 혁신이 체질화될 수 있도록 교육과 홍보 등을 통한 커뮤니케이션 활동에 힘을 기울였다. 칭찬한마당, 이웃사랑실천 프로그램 시행, 베스트 프랙티스(Best practice)를 전파하고 공유하며 실천의 선순환을 시스템화하였다. 베스트 프랙티스로 선정된 직원의 경우, 나는 그가 근무하는 공장에 가서 먼저 악수를 청하며 그를 격려했다.

우린 이러한 혁신의 절차를 단계적으로 밟음으로써 진화했고 결국 삼성SDI는 세 가지 방법을 통해 위기를 극복했다. 첫째는 프로세스의 혁신이다. 둘째는 6시그마 운동을 도입해 경영품질혁신을 추진했다. 셋째는 변화관리 즉 마인드 인프라의 구축을 중심으로 한 혁신 추진이다. 전 사원의 지혜를 하나로 모아 위기의식을 공감하고 목표를 함께 세워 나갔다.

출처: 손욱, <변화의 중심에 서라>, 크레듀하우, 2006

이 사례에서 보여준 손욱 사장의 리더십은 우리가 지금까지 살펴본 네 가지 프레임의 리더십을 균형 있게 모두 보여주고 있다. 지면 관계로 많은 부분이 생략되었지만 손욱 사장이 펼친 리더십의 주요 내용을 프레임별로 살펴보자.

구조적 리더십으로는 프로세스 혁신(PI)으로 업무처리방식을 고객지향적으로 바꾸어 경쟁력을 높였으며 6시그마 운동으로 경영품질혁신을 추진했다. 인적 리더십으로는, 혁신이 체질화될 수 있도록 교육과 홍보 등을 통한 커뮤니케이션 활동, 베스트 프랙티스의 전파 및 공유, 칭찬과 격려 등의 노력을 하기도 했다. 혁신에는 늘 저항과 반발이 생기기 마련이다. 혁신이 순조롭게 추진되기 위해서는 구성원들의 지지가 필요하다. 정치적 리더십이 발휘되어야 하는 이유다. 송대관 상무를 외부에서 영입한 것은 아마도 혁신을 추진하기 위한 세력을 얻는 데에 도움이 되었을 것이다. 우수한 인재들을 한데 불러 모아 최정예 TF를 구성한 것 역시 비슷한 정치적 이유다. 컨설팅 회사가 프로젝트를 진행할 때 이렇게 우수인재를 모아 태스크포스를 구성하는 경우가 많다. 명목은 이들로부터 좋은 의견을 수렴하는 데 있지만 또 다른 중요한 이유는, 이들의 의견을 반영하면서 이들을 혁신 과정에 끌어들이면 나중이 이들이 혁신을 추진하는 주체인 최고경영자와 그로부터 의뢰받은 컨설팅 팀의 편이 되어 혁신안에 대해 우호적인 분위기를 형성하는 데 큰 도움이 되는 것이다. 이러한 손욱 사장의 리더십들의 마무리는 상징 리더십이었다. '월드베스트(World Best)'라는 비전 내지 상징적 슬로건으로 조직이 지향해야 할 방향을 제시하였다.

이 사례를 보면서, 어느 프레임의 리더십이 가장 효과적이었느냐는 질문은 어리석을 것이다. 프레임 리더십들은 상호보완적 역할을 해주고 있기 때문이다. 예컨대, 구조적 리더십은 인적 리더십의 뒷받침이 없었다면 조직 분위기를 다소 삭막하게 만들 수도 있었을 것이다. 정치적 리더십이 없었다면 혁신시도가 직원들의 반발 없이 순조롭게 진행되었을지 의문이다.

리더가 펼칠 수 있는 다양한 프레임의 리더십이 때론 상황에 따른 선택의 문제가 되기도 한다. 상황에 따라서는 구조적 리더십이나 인적 리더십 등 한두 가지의 프레임 리더십만으로도 충분할 것이다. 그러나 대부분의 상황은 그리 간단하지 않다. 다양한 프레임으로 접근하여 상호보완적인 역할을 해야 한다. 많은 리더들이 자신에게 익숙한 한두 가지의 프레임에 의존하지만 그러한 리더십이 늘 효과적인 것은 아닐 것이다. 여기서 제시한 네 가지 프레임은 리더십의 균형을 이루기 위한 체크포인트 역할을 할 것이다.

표 7-2 손욱 사장의 멀티프레임 리더십

프레임	내용
구조	• 프로세스 혁신(PI) • 6시그마 운동
인간	• 교육과 홍보 등을 통한 커뮤니케이션 활동 • 칭찬한마당, 이웃사랑실천 프로그램 시행, 베스트 프랙티스 전파 • 베스트 프랙티스로 선정된 직원 격려
정치	• 외부에서 송대관 상무 영입 • 우수한 인재들로 최정예 TF 구성
상징	• 월드베스트(비전) 설정

사례 : 라스 콜린드의 멀티프레임 리더십

1980년대에 들어서면서 오티콘의 한 경쟁업체는 귓속에 들어가는 소형보청기를 최초로 출시했다. 하지만 오티콘 엔지니어들은 자신들의 제품이 음질 면에서 훨씬 우수하다는 확고한 믿음으로 예전 방식을 고집했고 결국 오티콘은 전 세계 보청기 시장 점유율의 절반을 빼앗겼다. 이러한 상황에서 오티콘의 이사회는 라스 콜린드를 새로운 최고경영자(CEO)로 영입하였다.

그는 일단 직원 수를 15% 감축하고 예산안 승인 권한을 기존의 78명에서 한 명으로 집중시킴으로써 오티콘의 출혈을 멎게 했다. 그리고 신제품 개발 부분뿐만 아니라 구매, 영업, 관리 프로세스도 프로젝트 중심 체제로 바꾸었다. 이러한 새로운 프로세스는 신제품 시장 출시 기간을 50% 단축시키는 등 오티콘에 상당한 성공을 가져다주었다.

라스 콜린드는 '생각할 수 없는 것을 생각하라'는 제목을 단 사내 정관을 통해 자신의 비전과 주장을 전달함으로써 변화에 착수했다. 그리고 두 달에 걸쳐 직원들과 중간 경영자들에게 자신이 변화를 위한 노력에 100% 헌신하리란 점, 그리고 그들 또한 헌신해야 하며 그렇지 않을 경우 회사를 떠나야 한다는 점을 설득시켰다. 결국 모든 직원들은 콜린드의 변화 작업에 대해 지지를 표명했다. 콜린드는 자신에게 반대하는 경영자들 일부에게 변화 작업을 위한 과도기 계획을 수립해달라는 도움을 요청했다.

그는 오티콘의 '피플 퍼스트(People First)'의 가치를 강조했다. '피플 퍼스트'는 그들이 함께 공감하고 공유할 수 있는 가치이자, 진정 사람을 향한 기술을 개발하고 적용할 수 있게 만든 상징 그 이상의 의미였다.

콜린드 사장은 직원들 간의 의사소통이 부족한 문제를 해결하기 위해 사무실 칸막이도 없앴다. 그래서 직원들은 탁 트인 공간 곳곳에서 자유롭게 회의를 할 수 있었다. 그리고 정해진 출근 시간을 없앰으로써 직원들의 자율성을 보장하였다.

1991년 8월, 콜린드는 덴마크 언론사들을 초청해 오티콘이 새로운 본사로 이전하는 장면을 TV로 중계하도록 했다. 널찍한 작업 공간을 제공하기는 하지만 제대로 된 사무실이라고는 거의 없는, 버려져 있던 터보그(Tuborg) 맥주 공장으로 이전한 것이다. 콜린드는 언론이 촉각을 곤두세우도록 함으로써, 전 직원들이 변화 작업을 성공시키기 위해 최선을 다할 수밖에 없는 분위기를 조성했다. 마지막으로, 콜린드는 자신의 개인 돈으로 오티콘 주식의 17%를 매입했다. '오티콘의 변신'이라는 '도박'에 스스로 '판돈'을 걸어 대내외적인 신뢰성 확보하고 덴마크 병원과의 협력관계를 유지했다.

위 사례에서 콜린드의 리더십을 프레임별로 분석해보자.

3. 대인관계

▨ 커뮤니케이션 프레임[71]

누군가와의 갈등상황에서 상대방의 지배적 프레임이 나와 너무나 다를 경우 어떻게 대응해야 할까? 우리는 간혹 다른 사람의 주장이나 행동을 이해할 수 없다. 그의 관점이나 생각하는 방식, 즉 프레임이 나와 전혀 다른 경우다. 그와의 대화를 원만하게 이끌기 위해서는 무엇이 필요할까? 경청과 공감은 어떤 순간에도 가장 기본적이면서 효과적인 대화 기술이지만 그것으로 충분해 보이지 않는다.

우리는 여전히 프레임의 지배를 받는다. 우리는 각자의 프레임에 따라 주어진 상황을 해석하고 지각하며 반응한다. 그래서 같은 상황에 대해 반응하는 태도나 행동도 구조 프레임을 가진 사람과 인간 프레임을 가진 사람이 서로 다르다. 게다가 인간은 주어진 정보 중 자신의 성향에 맞는 67%의 정보만을 받아들인다고 한다. 자기 프레임에 맞지 않는 이야기는 귀에 안 들어온다는 얘기다.

사람마다 자신만의 스타일이 있다. 자신에게 익숙한 스타일대로 대화를 나누고 누군가를 설득하기도 한다. 논리와 사실관계를 따지고 드는 사람도 있고 감성적으로 다가가서 상대방의 마음을 얻으려고 하는 사람도 있다. 때론 그런 방식이 통하기도 하지만 늘 그런 것은 아니다. 특히 상대방이 나의 프레임과 다른 프레임의 소유자인 경우는 어떨까? 상대방이 내가 접근하는 대화의 프레임과 다른 프레임을 가지고 있다면 둘은 서로의 대화에 쉽게 공감할 수 있을까? 비즈니스 세계에서 일본인에게 가족의 안부를 묻는 것은 실례가 되는 행동이다. 그러나 인도인에게 가족의 안부를 묻고 잘 기억해주면 협상이 순조로워진다. 협상이든, 교육이든, 설득이든 상대방을 아는 것은 모든 일의 성패를 결정하곤 한다.

아무리 미사여구의 설득에 능하다고 해도, 상대방이 어떤 스타일의 사람인지, 논리적인지 감정적인지, 아니면 이해타산에 밝은 사람인지 알지 못하면 그 설득이 제대로 먹혀들지 의문이다. 상대방과 나를 알면 백전백승이라 했듯, 상대의 프레임을 알면 이미 반은 성공한 것이나 다름없다. 상대방의 지배적인 프레임 유형을 알 수 있다면 그 사람을 이해하고 상대하는 데에 많은 도움이 되며, 의사소통이 보다 수월해질 수 있다.

그런데 여기서 잠깐! 상대방의 프레임을 바꿔놓겠다는 결심은 포기하는 것이 좋다. 그건 거의 불가능할 것이다. 누군가 "그 사람 만나면 내가 그 사람의 성격을 바꿔놓겠어."라고 말한다면 수긍하겠는가? 일단은 '상대방의 프레임에 맞추기'가 필요하다. 자신의 정체성을 포기하고 일을 상대방의 페이스대로 진행되도록 놔두라는 의미가 아니다.

<한비자>에 설득에 대한 이런 말이 있다. "설득할 때 가장 어려운 점은 상대방의 마음을 읽고 자신의 뜻을 거기에 맞추는 데 있다." 마찬가지로 상대방의 프레임을 알고 거기에 맞추는 것은 매우 중요하다. 어떤 일을 할 때 달성해야 할 목표물이 명확해야 하듯, 대인접촉에서도 상대방에 맞춰야 하고 상대방의 입장에서 생각해야 한다.

심리학에 의하면, 상대방과의 래포(친밀하고 조화로운 관계)를 형성하기 위해 우선은 상대방이 행동하는 방식대로 자연스럽게 맞추어나가는 것(matching)이 중요하다. 이렇게 맞추기가 잘된 후에야 목표하는 방향으로 상대방을 유도하는 것이다. 마찬가지로 상대방의 프레임을 알고 거기에 맞추는 것은 매우 중요하다. 사람은 누구나 자신과 프레임이 비슷한 사람에게 끌린다. 상대방의 입장에서 생각하고 상대방의 프레임에서 바라보면 그 사

람을 이해할 수 있고 대화도 보다 수월해질 것이다.

그렇다면 상대방이 어떤 프레임을 가졌는지 어떻게 알 수 있을까? 프레임별 키워드를 떠올려보자. 그 키워드에 해당되는 표현들을 즐겨 사용하거나 그와 관련된 행동을 보이면 상대방의 프레임을 파악하기에 좋은 단서가될 것이다. 물론 한 사람이 단 하나의 프레임만을 가지는 것은 아니다. 한사람이 여러 개의 프레임을 사용하는 경우도 많다. 그러나 어떤 사람이 특정한 프레임을 나타내는 표현을 자주 사용한다면 바로 그것이 그 사람의 주된 프레임일 것이다.

▨ 프레임별 대인관계 특성

모든 사람의 성향이 각양각색이듯 개인의 주된 프레임에 따라 대화나행동의 특성이 다르기 마련이다. 어떤 프레임의 성향이 가장 바람직한지에대한 답은 없다. 각 프레임은 지향하는 초점이 다를 뿐 그 적절성은 상황에따라 다를 것이다. 요즘 유행하는 MBTI처럼 누가 어떤 고민을 말했을 때 T형은 그 고민을 분석하려 들겠지만 F형은 공감하는 데 초점을 둘 것이다.또한 그 상황에 적절한 프레임의 반응이라고 해도 제대로 발휘되지 않으면별 의미 없을 것이다. 예컨대, 개인적 사정으로 시험을 보기 어려운 학생에게 원칙만을 강조한다면 융통성 없는 원칙주의자로 오해받을 수도 있을 것이다.

이제 하나씩 프레임별로 대화나 행동 특성들을 살펴보자.

구조 프레임

차를 몰던 두 사람이 차를 멈추고 길가에서 말다툼을 벌인다. 누가 운전을 잘못했는지, 잘잘못을 따지는 중이다. 3분 후쯤 벌어질 싸움의 주제는 무엇일까? "너 몇 살이냐?"는 싸움이 되는 경우를 흔히 본다. 우리나라 사람들에게 볼 수 있는 싸움의 '초점 이동'이다. 자동차 운전과 나이가 도대체 무슨 관계인지 모르겠다.

구조 프레임은 합리적 사고를 지향하기 때문에 감정이 아닌 사실과 논리에 초점을 둔다. 누가 옳으냐의 문제는 관련된 정보를 가지고 사실과 논리로 냉정하게 따져야 할 일이다. 어떤 것을 결정하거나 논의할 때는 개인의 감정이나 관계보다는 논리와 사실이 우선적인 기준이다. 해결안은 논리적인 분석과 세밀한 사고를 통해 모색할 일이다. "사실대로 말해봅시다", "논리적으로 따져봅시다" 등의 표현을 즐긴다면 구조 프레임의 소유자일 가능성이 클 것이다.

인간 프레임

모든 문제가 논리와 사실로만 풀리지는 않는다. 분명히, 상대방의 말은 논리적으로 완벽하고 사실들은 모두 맞지만, 사람들은 그런 접근방식에 거부감을 느끼는 경우가 있다. 인간은 감정의 동물이기도 하다. 상대방의 감정을 조심스럽게 배려하며 공감하는 것은 대화를 부드럽게 풀어가기 위한 기본적인 조건이다.

인간 프레임의 소유자는 상대방에 대한 공감과 배려를 중시하며 상대방의 생각과 의견을 우선시한다. 대부분의 사람은 상대방이 고민을 하고 있으면 조언을 주려고 한다. 그러나 인간 프레임은 자신의 생각보다 상대방의 생각을 듣기 위해 질문에 더 많은 시간을 할애할 것에 중점을 둔다.

따라서 인간 프레임의 리더라면 지시하기보다는 직원의 의견을 듣고 존중하며 그가 스스로 결정하도록 도와준다. 이는 문제를 직원에게 맡기고 자신은 방관자적 태도를 가지라는 것이 아니다. 적절한 질문과 피드백 등을 통해 직원이 해결책을 찾을 수 있도록 하고 이 과정에서 직원이 스스로의 능력에 대한 신뢰와 자신감을 가질 수 있도록 칭찬과 격려를 할 것이다.

정치 프레임

주변 사람들과 두루두루 좋은 관계를 맺고 소위 '적이 없는' 사람이 있다. 사람들 사는 곳에는 어디든 이해관계 차이와 갈등이 있기 마련이다. 이런 상황에서 어떤 사람은 늘 무슨 대가를 치르고라도 이기려 하다가 관계마저 부정적으로 만드는 경우가 있다. 높은 지위에 있거나 권력을 가진 사람은 자신의 힘을 믿고 영향력을 행사하려는 경우도 있다. 그러나 세련된 정치 프레임의 소유자라면 사람들 간의 이해관계 차이가 발생할 때 상호 win–win 할 수 있도록 이해관계를 조율하는 데 대화의 초점을 둘 것이다.

자신의 의도를 관철하기 위해 권력을 휘두르는 정치 프레임은 삼류다. 정치 프레임의 고수는 권력 행사가 필요한 경우 상호호혜를 비롯한 다양한 유형의 권력원천을 은근히 활용하며 상대방과의 우호적 관계가 깨지지 않도록 노력할 것이다.

상징 프레임

영화를 보면 등장인물이 멋진 상징적 언어로 누군가를 설득하거나 감동을 주는 장면이 나오곤 한다. 상징적 프레임의 소유자는 이처럼 상징적

언어나 상징물로서 상대방에게 강력한 메시지를 던질 수 있는 사람이다. 그
는 집단의 결속력을 높이기 위한 상징적 의례를 즐기거나 전통의 가치와 의
미를 최대한 활용하기도 한다. 다른 사람들과 의미가 공유될 수 있는 은유
나 상징적 메시지를 즐겨 던지면서 사람들에게 열정을 일으키거나 사명감
을 가지도록 한다면 상징 프레임이 강한 사람일 것이다.

표 7-3 프레임별 대인관계 특성

프레임	대화과정에서 중요시하는 행동특성
구조	• 사실과 논리에 초점 • 원칙을 중시
인간	• 상대방에 대한 공감과 배려 중시 • 상대방의 생각과 의견을 우선시
정치	• 상호 win-win 할 수 있도록 이해관계를 조율하는 데 초점 • 우호관계 형성을 위한 노력
상징	• 은유, 문화적 가치, 상징적 일화 등을 활용해 설득력 있는 상징적 메시지를 제시

프레임 맞춤 전략

어느 날 한국의 조선소에 외국인이 선주 감독관으로 왔다고 한다. 한국
의 관리자는 전날 밥도 같이 먹고 술도 한잔했으니, 골치 아픈 공정에 이르
렀을 때 적당히 넘어갈 수 있을 것이라고 생각했다고 한다. 그러나 그 외국
인은 왜 도면과 작업이 일치하지 않는지에 대한 원인분석을 요구하면서 원
칙에 입각한 기준을 통과할 때까지 까다롭게 점검하였다고 한다. 공사를 명

확하게 구분하는 구조 프레임의 모습이다. 그런 그에게 식사와 술을 같이 하며 인간 프레임으로 접근했던 것이 별 도움이 되지 않았던 것이다.

구조 프레임을 가진 상대방과의 관계에서 중요한 것은 명확한 원칙에 근거하여 설득하는 것이다. 그들에겐 사실이나 원칙 중심으로 논리를 펼치는 것이 보다 효과적이며, 역할과 책임관계를 분명히 명시하는 것도 경우에 따라서는 필요할 것이다.

다른 사례를 보자.

부서의 분위기 메이커로 통하던 김 대리. 늘 쾌활하게 사람들을 격려하던 김 대리가 무슨 까닭인지 요즘 어딘가 축 처져있는 느낌이다. 얼마 전에는 본부장에게 제출한 신사업 기획안이 평소의 그답지 않게 허술하여 대폭 보완하라는 지적을 받았다. 회장님께 기획안 보고할 날을 이틀 앞두고도 마무리되지 않은 채, 오늘은 개인적인 일이 있다고 하면서 일찍 퇴근을 하려 한다.

이런 상황에서 당신이 기획안 책임을 맡고 있는 관리자라면 김 대리를 불러 어떻게 대응할 것인가? 현실적으로는 기획안의 중요성과 책임의식 부족을 지적할 수 있을 것이다. 그러나 이 경우에는 따뜻한 감성의 인간 프레임이 더 필요해 보인다. 김 대리에게 지금 필요한 것은 업무보다 '사람'의 문제일 가능성이 높기 때문이다. 힘든 심리 상태를 이해해주는 누군가의 따뜻한 말 한마디는 마음을 추스르고 업무에 다시 매진할 수 있는 힘이 될 수 있다. 자신의 마음을 이해해 주지 못하는 상대방과는 속 깊은 이야기를 선뜻 나누기 어려울 것이다.

정치 프레임을 가진 사람에게 프레임 맞춤 전략은 어떨까? 자신의 입지 측면에서 다양한 사람들과의 협력적 관계를 중시하는 사람에게는 그의 주요 관심, 상호 이익에 초점을 맞춘 정치 프레임과 관련된 접근이 효과를 발휘할 것이다. 정치 프레임을 가진 사람은 자신의 권력이 성장하는 것에 관심이 있다. 따라서 자신의 정보, 자원, 전문지식 등을 원천으로 누군가에게 영향력을 발휘할 수 있다는 사실은 커다란 동기유발 요인이 된다. 여기에 영향력 있는 사람과의 관계를 이용한다면 상대방을 설득하는 것이 훨씬 순조로울 수 있을 것이다.

상징 프레임의 소유자에게는 그에게 의미 있는 메시지에 가치를 두는 적절한 상징을 사용하는 것이 효과적일 것이다. 상징 프레임이 강한 사람과의 대화에서 상징적 의미를 주는 일화나 은유는 의사소통의 촉진제 역할을 할 수 있다.

▨ 멀티프레임으로 설득하기

프레임을 맞추라는 것은 하나의 상황에 하나의 접근법만이 해결책이라는 의미가 아니다. 경우에 따라서는 다양한 접근법이 동시에 필요하거나 도움이 된다. 예컨대, 논리로만 접근하면 너무 건조해질 수 있으니 감성적인 태도와 어울린다면 더욱 효과적일 것이다. 다음의 사례를 보자.

경영전략실은 사장의 지시로 이 회사의 중장기전략 및 비전수립을 위한 Vision2040 태스크포스를 구성하려고 모든 팀에 팀별로 대표사원 한 명씩 선발해달라고 요청을 했다.

일반적으로 이렇게 사람을 차출해 달라고 하면 일선에서 볼멘소리가 나오기 마련이다. 현재 인력도 역부족이니 자신의 팀은 빼달라고 애원할 수도 있고, 허울 좋게 무슨 비전이냐고 반발할 수도 있다. 이런 경우 어떻게 설득하면서 적극적인 참여를 유도할 수 있을까?

　단 하나의 프레임 맞춤전략도 좋지만 프레임별로 다양한 접근방법을 생각해 볼 필요가 있다. 구조 프레임으로 접근한다면 사장의 지시라는 점과 모든 팀이 참여해야 하므로 예외를 주기 어렵다는 원칙론을 제시할 수 있을 것이다. 인간 프레임으로는 감성에 호소하는 것이다. 상대방의 어려움에 공감하고 충분히 이해하는 자세와 함께 정중히 요청하는 자세도 도움이 될 것이다. 정치적으로 접근할 수도 있을 것이다. 추후 인력보강이 이루어질 때 우선적으로 지원하겠다는 식으로 차후를 약속하면서 협조를 구하는 것이다. 또는 각 팀의 현안과 향후 전략방향에 대한 논의 과정에서 이 팀의 요구사항이 제대로 반영이 안 될 수도 있음을 상기시킨다면 협조하는 것이 이로울 것으로 생각할 것이다. 상징 프레임도 생각해볼 수 있을 것이다. 예컨대 영업팀에게는 "영업이 우리 회사의 꽃"이라는 상징성을 들어 적극적인 참여를 설득할 수도 있을 것이다.

　이처럼 이들 네 가지 프레임의 접근방법이 모두 동원될 수도 있고 일부만 필요할 수도 있다. 분명한 것은, 대화가 필요한 어떤 상황에서 우리가 생각해볼 수 있는 접근방식은 자신에게 익숙한 한두 가지 방법만은 아니라는 점이다. 다양한 프레임 접근방식을 활용할 수 있다면 상황에 맞는 보다 효과적인 커뮤니케이션에 도움이 될 것이다.

체크포인트

1 프레임은 리더십의 기초가 된다.

 • 구조적 리더는 조직목표를 명확히 설정하고 조직구조와 환경과의 관계를 주시하면서 목표달성에 가장 적합한 구조와 제도를 추구한다.

 • 인적 리더는 커뮤니케이션을 통해 부하들을 동기유발시키고 상호이해를 촉진시키는 데에 주력한다.

 • 정치적 리더는 주요 이해집단들을 분간해내고 그들과 연대를 맺으면서 갈등을 생산적으로 관리할 줄 아는 리더이다.

 • 상징적 리더는 보이지 않는 상징의 힘을 간파하고 활용할 줄 아는 리더이다.

2 상당수의 리더들은 한두 가지의 프레임에 의존하고 있지만, 효과적인 리더십을 행사하기 위해서는 다양한 프레임의 리더십에 능숙해져야 한다.

3 원활한 대화를 위해 상대방의 프레임에 맞출 필요가 있다. 그러나 하나의 프레임에만 의존할 것이 아니라 다양한 프레임의 접근방식을 활용한다면 보다 효과적인 커뮤니케이션과 대인관계에 도움이 될 것이다.

실습 1

    최근 당신은 대학 내에서 광고 동아리를 만들었다. 당신은 많은 회원들이 참가해서 활발한 활동을 하고, 가치 있는 성과물들을 성취하고 싶다. 리더로서 동아리를 어떻게 운영하는 것이 좋을까? 네 가지 프레임 측면에서 방안들을 각각 제시해 보자.

실습 2

제2차 세계대전을 배경으로 하는 영화 "Enemy at the Gates"(2001)는 실화를 바탕으로 만든 영화이다. 제2차 세계대전 당시 소련이 독일에게 강력히 저항하게 되자 독일은 소련을 장악하기 위하여 소련의 마지막 보루인 스탈린그라드의 침공을 강행한다. 그렇게 스탈린그라드는 전쟁의 최고 격전지가 되고 독일군의 파상 공세에 소련군은 점차 위기에 몰리게 된다.

벼랑 끝에 몰린 소련에게 있어 마지막 방어지인 스탈린그라드에서의 전투는 물러설 수 없는 것이어서 스탈린은 흐루시초프를 현지 책임자로 파견한다.

이 상황에서 과연 어떤 프레임에 기초한 리더십이 효과적일 수 있을까? 영화를 보기 전에 생각해보고, 영화에서 어떻게 그려졌는지 확인해보자.

실습 3 : 리더십 프레임 진단*

　　다음은 당신이 지금까지 살펴본 네 가지 프레임의 리더십을 어느 정도 가지고 있는지 측정하는 질문들이다. 각 문항의 항목(a~d)별로 자신에게 해당되는 정도에 따라 최고 4점에서 최저 1점을 준다.

전혀 아니다 = 1　　아니다 = 2　　그렇다 = 3　　매우 그렇다 = 4

1. 나의 가장 자신 있는 기술은?

　　a. 분석력　(　　)

　　b. 대인관계 기술　(　　　)

　　c. 정치적 기술　(　　　)

　　d. 연기력　(　　　)

2. 나를 가장 잘 나타내는 말은?

　　a. 정교한 전문가　(　　　)

　　b. 훌륭한 경청가　(　　　)

　　c. 능숙한 협상가　(　　　)

　　d. 신바람을 일으키는 리더　(　　　)

3. 내가 가진 능력 가운데 가장 큰 도움을 주었던 능력은?

　　a. 올바른 의사결정 능력　(　　　)

　　b. 사람들에 대한 코치 및 개발 능력　(　　　)

---

* *Leadership Orientations Inventory* (www.leebolman.com/frames_selfrating_scale.htm)

c. 다른 사람과의 연대 및 권력의 구축 능력　(　　)

d. 다른 사람들에게 신바람을 일으키는 능력　(　　)

4. 다른 사람들이 나에게서 발견할 수 있는 가장 두드러진 모습은?

a. 세부적인 사항에도 주의를 기울임　(　　)

b. 사람에 대한 관심　(　　)

c. 갈등과 적대를 물리치고 성공하는 능력　(　　)

d. 카리스마　(　　)

5. 내가 가지고 있는 가장 중요한 리더십 속성은?

a. 명확하고 논리적인 사고　(　　)

b. 다른 사람들에 대한 배려와 후원　(　　)

c. 강인함과 공격성　(　　)

d. 상상과 창의성　(　　)

6. 나를 가장 잘 표현하는 말은?

a. 분석가　(　　)

b. 인본주의자　(　　)

c. 정치가　(　　)

d. 꿈을 추구하는 사람　(　　)

[리더십 프레임의 점수 계산]
• 구조적 리더십 = 1번~6번까지의 a값의 합계
• 인적 리더십 = 1번~6번까지의 b값의 합계
• 정치적 리더십 = 1번~6번까지의 c값의 합계
• 상징적 리더십 = 1번~6번까지의 d값의 합계

[진단]

리더십 프레임의 측정 기준은 조직과 리더십에 대한 네 가지 개념에 기초한 것이다. 아래 <표 7-4>는 미국에 있는 기업과 교육 분야, 관공서에 소속된 약 700명의 관리자들을 대상으로 조사한 결과로, 이들의 프레임별 리더십의 분포를 보여준다. 예컨대 구조 프레임의 경우, 상위 10%만이 23점 이상이라고 스스로를 평가했다. 반면 하위 25%는 12점 미만으로 평가하였다.

표 7-4 프레임별 리더십의 분포

700명의 경영자 표본	구조	인간	정치	상징
상위 10%	23점 이상	24점 이상	17점 이상	21점 이상
상위 25%	19~22점	22~23점	13~16점	17~20점
상위 50%	16~18점	19~21점	11~12점	14~16점
상위 75%	12점 이상	16~18점	9~10점	11~13점

이제 자신의 점수를 각각 도표의 해당되는 축에 기입한다. 위 설문조사를 기준으로 했을 때, 각 축의 끝은 프레임별 상위 10%의 값이다. 따라서 자신의 리더십 성향을 다른 사람들과 상대적으로 비교해 볼 수 있다.

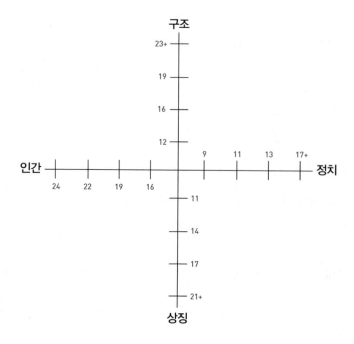

참고문헌

1) Lee G. Bolman, Terrence E. Deal (2003), Reframing Organizations: Artistry, Choice, and Leadership, 3d edition. San Francisco: Jossey−Bass.

2) Charles Handy (1990), *The Age of Unreason*, Harvard Business School Press.

3) 이러한 분류는 다음의 연구를 따른 것이나 프레임의 명칭과 범위는 다소 차이가 있다. Lee G. Bolman, Terrence E. Deal (2003), *Reframing Organizations: Artistry, Choice, and Leadership,* 3d edition. San Francisco: Jossey−Bass.

4) Ken Robinson, Aronica, Lou (2015), **학교혁명**, 서울: 21세기북스.

5) Johns, Gareth R. (1995), *Organization Theory*, 3rd ed., Englewood Cliffs, N.J.: Prentice Hall, 50−52.

6) Schein, E. H. (1965), *Organizational Psychology*, Prentice−Hall, Inc.

7) Peters, T. J., Waterman, R. H. (1982), *In Search of Excellence*, N.Y.: HarperCollins.

8) Johns, Gareth R. (1995), *Organization Theory*, 3rd ed., Englewood Cliffs, N.J.: Prentice Hall, p. 256.

9) Chandler, Jr., Alfred D. (1962), *Strategy and Structure: Chapter in the History of the Industrial Enterprise,* Cambridge, Mass.: MIT Press.

10) Barnard, Chester. (1938), *The Function of the Executive*, Cambridge, Mass.: Harvard Univ. Press.

11) Pfeffer, J. (1994), *Competitive Advantage Through People: Unleasing the Power of the Work Force*, Boston: Harvard Business School Press.

12) Pfeffer, J. (1998), *The Human Equation: Building Profits by Putting People First,* Boston: Harvard Business School Press.

13) Pfeffer, J. (1994), *Competitive Advantage Through People: Unleasing the Power of the Work Force*, Boston: Harvard Business School Press.

14) Arie De Geus (1997), *The Living Company,* Nicholas Brealy: London.

15) Gallup. Oct 8 2013.

16) Maslow, A. H. (1954), *Motivation and personality,* N.Y.: HarperCollins.

17) Heath, Chip, Heath, Dan (2009), **스틱**, 서울: 엘도라도.

18) Herzberg, Frederick; Mausner, Bernard; Snyderman, Barbara B. (1959). The Motivation to Work (2nd ed.). New York: John Wiley.

19) Rosenthal, R., & Jacobson, L. (1963), Teachers' expectancies: Determinants of pupils' IQ gains. *Psychological Reports, 19,* 115−118.

20) D. Mcgregor, *The Human Side of Enterprise*, N.Y.: McGraw−Hill, 1960.

21) Godsey, Kristin D. (1996), "Slow Climb to New Heights", *Success,* October, p.26.

22) Walton Sam (1992), John Huey, *Made in America*, N.Y.: Bantam, 165−164.

23) ServiceMaster, *1995 Annual Report*, Downers Grove, Illinois, p.2.

24) Pfeffer, J. (1998), *The Human Equation: Building Profits by Putting People First,* Boston: Harvard Business School Press. p.71.

25) Waterman, Jr., R. H. (1994), *What America Does Right: Learning from Companies That Put People First*, N.Y.: Norton.

26) Pfeffer, J. (1998), *The Human Equation: Building Profits by Putting People First,* Boston: Harvard Business School Press. 80−81.

27) Peters, Tom (1994), *The Pursuit of Wow!*, New York: VintageBooks, 17−18.

28) Rajiv D. Banker, Joy M. Field, Roger G. Schroeder, and Kingshuk K. Sinha (1996), "Impact of Work Teams on Manufacturing Performance: A Longitudinal Field Study", *Academy of Management Journal*, 39, 867−890.

29) Thompson, Rhonda, "An Employee's View of Empowerment", *HR Focus*, July 1993, p.14.

30) Fishman, Charles, "Whole Foods Teams', *Fast Company,* April−May 1996, p.106.

31) "Jack Stack(A)," *Case 9−993−009*, Stanford, CA: Business Enterprise Trust, 1993, 2−4.

32) Goleman, Daniel (1995), *Emotional Intelligence*, N.Y.: Bantam.

33) Goleman, Daniel (1998), *Working With Emotional Intelligence*. NY: Bantum Books.

34) 리더피아, http://www.leaderpia.com

35) Schultz, Howard (1999), 스타벅스, 커피 한잔에 담긴 성공신화, 김영사.

36) Robert K. Greenleaf, *The Servant as Leader*, Newton Center, Mass.: Robert K Greenleaf Center, 1973.

37) 한국일보, 2003년 5월 29일.

38) 이 모델은 Argyris와 Schön(1974, 1996)이 개발한 것을 Schwarz(2002)가 수정한 것이다. C. Argyris, and D. A. Schön, *Theory into Practice: Increasing*

Professional Effectiveness, San Francisco: Jossey — Bass, 1974; C. Argyris, and D. A. Schön, *Organizational Learning Ⅱ: Theory, Method, and Practice,* Reading Mass: Addison — Wesley, 1996; Roger Schwarz, *The Skilled Facilitator,* San Francisco: Jossey — Bass, 2002.

39) Johns, Gareth R. (1995), *Organization Theory,* Reading, Mass: Addison Wesley, 1995, p.504.

40) Pfeffer, J. (1978), *Organizational Design,* Arlington Heights, Ill.: AHM Publishing, 1978, p.224.

41) Long, Norton E. (1962), "The Administrative Organization as a Political System", *Concepts and Issues in Administrative Behavior,* eds. S. Mailick and E.H. Van Ness, Englewood Cliffs, NJ: Prentice — Hall, p.110.

42) Powerplay, 1984, p.283.

43) Reich, Charles A. (1970), *The Greening of America: How the Youth Revolution Is Trying to Make America Liveable,* N.Y.: Random House.

44) 취업포털 잡링크, 2004년.

45) John P. Kotter, *What Leaders Really Do?,* Boston: HBS Press, 104쪽.

46) 로버트 치알디니 (2003), **설득의 심리학,** 21세기북스, 68쪽.

47) 김석우 (2001), **왕건에게 배우는 디지털 리더십,** 느낌이 있는 나무.

48) R. M. Kanter, *The Change Masters: Innovations for Productivity in the American Corporation,* N.Y.: Simon & Schuster, 1983.

49) R. Fisher, W. Ury, *Getting to yes,* Boston: Houghton Mifflin, 1981.

50) Block, Peter (1987), *The Empowered Manager: Positive Political Skills at Work,* San Francisco: Jossey — Bass.

51) Peters, T. J., Waterman, R. H. (1982), *In Search of Excellence,* N.Y.: HarperCollins.

52) 김영진 외 공역 (1990), **비전시대의 조직패러다임,** 미래경영연구원, p.364.

53) J. Martin, M. Powers, "Organizational Stories: More Vivid and Persuasive than Quantitative Data", in *Psychological Foundations of Organizational Behavior,* ed. B. M. Staw, Glenview, Ill.: Scott, Foresman, 1982, 161 — 68쪽.
T. E. Deal & A. A. Kennedy. *Corporate Cultures: The Rites abd Rituals of Corporate Life,* MA: Addison — Wesley, 1982, 37쪽.

54) Gerstner, Louis (2003), *코끼리를 춤추게 하라,* 서울: 북앳북스.

55) Bolman, Lee G., Deal, Terrence E. (2003), *Reframing Organizations: Artistry,*

Choice, and Leadership, 3d edition. San Francisco: Jossey－Bass, 378－379.

56) Gawande, Atul, "The Checklist: If Something So Simple Can Transform Intensive Care, What Else Can It Do?" New Yorker, December 10, 2007, 86－101.

57) Bolman, Lee G., Deal, Terrence E. (2003), *Reframing Organizations: Artistry, Choice, and Leadership*, 3d edition. San Francisco: Jossey－Bass.

58) Sandel, Michael (2014), **정의란 무엇인가?**, 서울: 와이즈베리.

59) Kotter, John P. (1999), *What Leaders Really Do?*, Boston: Harvard Business Review Press.

60) 매일신문, 2005년 7월 7일.

61) Niccolo Machiavelli (1961), *The Prince*, N.Y.: Penguin Books.

62) Peter Drucker (2001), **변화리더의 조건**, 청림출판.

63) Bolman, Lee G., Deal, Terrence E. (2003), *Reframing Organizations: Artistry, Choice, and Leadership*, 3d edition. San Francisco: Jossey－Bass. 349－351.

64) Collins, James C. (2001), *Good to Great: Why Some Companies Make the Leap and Others Don't*, N.Y.: Harper Collins.

65) 뉴스저널리즘(https://www.ngetnews.com). 2023.05.17. "삼성 이병철, '기업은 사람이다'".

66) Nelson, Bob (1999), "The Ironies of Motivation", *Strategy & Leadership*, January/Febrary.

67) Kotter, John P. (1982), *The General Managers*, N.Y.: Free Press.

68) Bennis, W., & Nanus, B. (1985). *Leadership: The strategies for taking charge.* New York, NY: Harper & Row. p.21.

69) E. M. Bensimon, "The Meaning of 'Good Presidential Leadership': A Frame Analysis", *Review of Higher Education*, 1989, 12, 107－123쪽; E. M. Bensimon, "Viewing the Presidency: Perceptual Congruence Between Presidents and Leaders on Their Campuses", *Leadership Quarterly*, 1990, 1, 71－90.

70) R. K. Wimpelberg, "Managerial Images and School Effectiveness", *Administrators' Notebook*, 1987, 32, 1－4.

71) 고수일, 조은별 (2012), **조직과 사람을 읽는 멀티프레임.** 지필미디어.

고 수 일

저/자/소/개

한국외국어대학교를 졸업한 후, 프랑스 Paris IX-도핀대학교에서 D.E.A(박사기초학위)를 받고
Paris I-소르본느대학교에서 인적자원관리 박사학위를 받았다. 현대경제연구원 연구위원을 거쳐
현재는 전북대학교 경영학과 교수로 재직하고 있다. 액션러닝의 러닝코치로 활동하면서 리더십과
액션러닝 교수법을 강의하고 있다. 전북대학교 최우수 수업상을 수상하였고 2012년 SBS 대학
100대 명강의로 선정되었다.
주요 저서로는 「쉽게 이해하는 조직행동」, 「창의적 문제해결」, 「창의적 리더십」, 「프레임
리더십」, 「멀티 프레임」, 「액션러닝으로 수업하기」, 「성공적인 조직생활전략」 등이 있다.

제2판
프레임으로 이해하는 조직과 경영

초판발행   2019년 12월 26일
제2판발행   2024년 2월 26일

지은이   고수일
펴낸이   안종만·안상준

편 집   김다혜
기획/마케팅   최동인
표지디자인   유지수
제 작   고철민·조영환

펴낸곳   (주)**박영시**
              서울특별시 금천구 가산디지털2로 53, 210호(가산동, 한라시그마밸리)
              등록 1959. 3. 11. 제300-1959-1호(倫)
전 화   02)733-6771
f a x   02)736-4818
e-mail   pys@pybook.co.kr
homepage   www.pybook.co.kr
ISBN   979-11-303-1913-1   93320

정 가   20,000원